"十二五"医学人文系列规划教材
专家委员名单

（按姓氏笔画排序）

王　强	司传平	孙宏伟	李　伟
李　霞	李一鸣	李运才	金明善
钟永诚	姜继玉	秦玉明	郭爱英

YIXUE RENWEN XILIE GUIHUA JIAOCAI

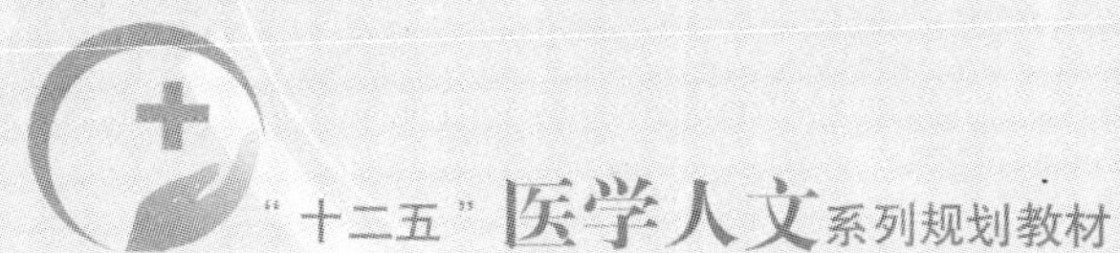

医学应用文写作

YIXUE YINGYONGWENXIEZUO

主 编 李一鸣 王爱香

山东人民出版社

编委会成员名单

前言

一

应用文是人类社会实践和发展的产物，在我国富有悠久历史。

殷墟出土的甲骨文证明，从有文字开始，我国即有应用文写作。先秦的《尚书》，记载了虞、夏、商、周四代的部分文件、训令和誓词，书、檄文、辞令和盟书4种应用文在春秋战国时期日渐成熟；秦汉时期，公文文体分类和格式初步确立；魏晋南北朝时期，应用文得到进一步发展，曹丕的《典论·论文》、刘勰的《文心雕龙》将文章划分数十类，其中多属应用文文种；唐宋时期，应用文写作被置于“政事之先务”的主导地位；明清时期，文体分类日趋详细；民国时期，应用文得到继续发展；新中国成立后，中共中央办公厅、政务院秘书厅颁布《公文处理暂行办法》，此后又几经修订，使我国公务应用文日益成熟，其他应用文种也随着时代的进步和社会的发展不断完善。

21世纪，随着科学技术的迅猛发展，人类进入网络化、数字化、信息化时代，管理科学化、传输电脑化、办公自动化的背景，对应用文的发展提供了科技支撑，提出了更高要求，开辟了广阔前景。

二

作为直接处理日常事务和实际问题而进行的写作活动，应用文写作与人们的工作、生活、学习关系最密切、最直接，也最具实用价值。

一是反映时代。古人说，文章乃“经国之大业”，为文“合为时而著”。纵观古今中外，在历史发展的各个不同阶段，应用文写作都与当时社会的政治、经济、文化、社会生活紧密相连。在新世纪新阶段，应用文写作更要与时俱进，体现时代特征，应和时代要求，感应时代脉搏，传达时代声音，反映时代变化，记载时代前进的脚印，为时代发展和社会进步服务。

二是引导公民。应用文在现代政治、经济、文化、社会生活中，对于公民群体具有重要的引领指导作用。如国家机关、社会团体、企事业单位对下级单位和部门实施领导和指导，通常都要以发布公文的形式来进行，通过公文发布，传达上级组织的决策，部署安排工作任务，明确团体目标，凝聚整体合力，实行集体行动。又如调查报告、通讯等应用文体，通过传播形成强大舆论力量，引导人们正确认识形势，明确当前任务，促使人们在自己工作学习生活的进程中发挥更大的主动性、积极性和创造性。这都体现了应用文的引导功能。

三是促进交流。社会是人与人交流、沟通的产物。在当今国际化、全球化、市场化、信息化时代，各种社会组织之间、组织和个人之间、人与人之间的交流更为频繁，应用文无疑是人们交流、沟通的重要桥梁。它通过文章的形式，拓展组织之间的联系渠道，融通人们之间的交往，从而发挥高效协调作用。

四是服务管理。管理往往要依靠各种应用文来实施。如“请示”、“报告”可以使上下级沟通联系，处理各种工作中的问题；“通知”、“函”可以在上下左右相互之间传播有关事项和信息。可见，应用文不仅可以做到上情下达、下情上知，而且可以联系内外、互通左右，从而建立畅通的管理体系，维持工作有序开展。又如各种法律、法规和规章制度文件，一经有关机关通过并发布实施，便立即在其有效范围内对组织和个人的行为发挥规范约束作用和有令则行、有禁则止的机制效应。

五是提供凭证。应用文记载着国家机关、社会团体和各种组织在不同历史时期发布的各种政令、文件及法规规章，真实反映着各个历史阶段的政治、经济、文化、社会的原貌，沉淀、积累着社会变革、历史变迁、时代变化等重大事件，具有有据可依、有文可查的历史凭证作用。另如法律文书、经济合同等文本，经过当事人双方协议签订或法院判定之后，就成为履行责任和义务的重要依据。而如各种病案，则是患者从入院到终结医疗行为全过程的真实记录，具有不可替代的凭证功能。

应用文写作具有如此重要的作用，但是，真正掌握、善于写作应用文的人数却并不令人乐观。大学生无论作为知识群体，还是他们所担负的使命，决定了他们应该也必须走在大众前列。在大学生中开设《应用文写作》课程，可谓应运而生。

三

培育大学生的应用文写作能力，进而提升大学生的人文素质，应是《应用文写作》课程的根本目的。

世界是由3种不同的基本要素构成的，即“事实”、“价值”和“意义”(石中英：《知识转型与教育改革》)，这3种要素不同形式的组合构成3类不同的世界，即自然世界、社会世界和人文世界。人正是在处理与自然、与社会、与自身的关系中，在认识和改造自然世界、社会世界、人文世界过程中，不断成长成熟，获得自身发展。人的发展，根本在于人文素质的提升。人文素质的提高，靠实践，更靠教育。国学大师钱穆先生认为，教育应培育学生格天、格物、格心的能力，格天、格物是处理人与自然、人与物的关系，而格心则是针对人本身的心性而言，这道出了教育的本质。

因此，《应用文写作》的教学，绝不仅仅是对学生文字能力的教育和训练，它必须把着眼点牢牢放在增强大学生正确认识和处理与自然、与社会、与自身关系的能力上，放在提高大学生把握事实、价值和意义内在统一的认知水平上，切实提高大学生的人文素质。相对于“科学主义”，要使学生更加关注人的生命、价值和意义；相对于“工具理性”或“技术理性”，要让学生坚定奉行价值理性；相对于“实用主义”，要培养学生更加崇尚人的精神追求。在应用文写作技能的训练和获得基础上，提高生命质量，塑造优秀人性。

为此，我们确定，本部教材编写的总体思路是：以提升大学生的人文素质为根本，以应用文写作理论传授和技能培训为切入点，以理论与实践相结合为原则，突出实用性，重视案例性，增强训练性，体现人文性。在体例上，除了设置通用应用文文类以外，根据医学院校的培养目标、服务对象和教学改革的需要，按照超前接触临床、提早进行临床思维训练的要求，单独设了“医疗文书”一章，意在培育医学生对于西医病案、中医病案、护理病案的认知和写作能力。在“科技文书”中，增加了医学科研论文、医学文献综述与述评等内容；在“经济文书”中，突出了医药广告、医疗合同及协议书、医药说明书等内容；在“法律文书”中，强调了医学事故认定与法律处理制度、医疗纠纷鉴定书等书写训练。为满足大学生在校期间和毕业前的需要，教材专门增设了“学位论文”、“职业生涯规划”以及“求职自荐信”等写作内容。

在此，特别感佩我们的同仁：王景艳、秦琳琳和张金秀、肖涛、黄文静、张立等所有参编的同志，他们的责任意识、勤勉作风、妙笔抒写，成就了这部教材。特别感谢山东人民出版社的编辑，他们的前瞻眼光、创新意识和负责精神，是值得我们永远学习的。

我们也要表达这样一种心情：毕竟这是一次探索。是否适应高等院校特别是医学院校教学需要、是否切合广大学生的要求，这都需要在实践中不断摸索、不断改进、不断提高。

需要说明的是，在编写这部教材过程中，我们参考和借鉴了一些专家和同仁的研究成果，不能一一列举，在此一并致谢！

李一鸣
王爱香
2009年11月26日

目 录

第一章 绪论

应用文写作是人们为了处理日常事务和实际问题而进行的写作活动。它对于服务时代发展、规范公民行为、促进人际交流、强化科学管理，具有重要价值。深入学习应用文写作的理论知识，熟练掌握运用应用文写作的基本技能，对于大学生的成长成才具有重要意义。

第一节　应用文的涵义

一、应用文的涵义

应用文是国家机关、企事业单位、社会团体和公民在日常工作、生活和学习中，处理事务、传播信息及从事其他交际活动时所使用的具有一定格式的文章的总称。它是管理的手段、交流的工具、传达的媒介。

二、应用文的分类

随着时代的发展和科学技术的进步，人们的社会活动领域日益拓宽，应用文的使用范围日趋广泛，新文种也日渐出现。根据内容、功用和使用范围的不同，本教材对应用文分为以下九大类。

（一）管理文书

主要指行政公文，即国务院 2000 年 8 月 24 日发布的《国家行政机关公文处理办法》中列出的 13 种公文："命令（令）、决定、公告、通告、通知、通报、议案、报告、请示、批复、意见、函、会议纪要。"

（二）事务文书

主要包括计划、总结、调查报告、规章制度等。

（三）科技文书

主要包括科技论文、学位论文、医学科研论文、医学文献综述与述评等。

（四）医疗文书

主要包括西医病案、中医病案、护理病案等。

（五）经济文书

主要包括市场调研与预测、医药广告、医疗合同及协议书、医药说明书等。

（六）法律文书

主要包括医学事故认定与法律处理制度、起诉状、上诉状、申诉状、答辩状、医疗纠纷鉴定书等。

（七）礼仪文书

主要包括介绍信、证明信、慰问信、贺信、贺词、欢迎词、欢送词、答谢词、请柬、聘书等。

（八）传播文书

主要包括新闻、消息、通讯等。

（九）专用文书

主要包括求职自荐信、述职报告、演讲稿、职业生涯规划写作等。

三、应用文的特点

应用文作为一种独立的文章样式，虽然与其他的文体有许多共同之处，但它又具有自身的显著特点。

（一）应用性

应用文具有直接的应用性，即实用价值和现实效用，这是应用文区别于其他文种的主要标志。人们使用应用文体有明确的功利目的，即为了解决学习、工作、生活中的实际问题。国家权力机关要管理国家，进行国际交往和交流，政府机关、社会团体、企事业单位要商洽事宜，问题要请示汇报，情况要反映通报，信息要传递交流，产品要宣传推销，法律事务要书写文本，经济合同要签订协议，这些任务都由应用文来担当。

（二）范式性

应用文的范式性是指应用文格式的规范性。应用文的每一个文种在长期的使用过程中都形成了固定的格式，写作时必须根据应用文的具体类型，遵守各自的固定格式。这些格式有的是法定的，有的则是约定俗成的。无论是法定的还是约定俗成的格式，一旦确定，便要求人们普遍遵守，按照惯用格式进行拟写，而不能随意变更、破格而为。当然，这些格式也不是永恒不变的，随着社会的发展，应用文的格式也必将不断完善和创新。

(三)真实性

真实性是指应用文内容必须做到真实确凿、实事求是。管理公文要为解决现实问题、指导实际工作服务,因而文中所发布、传达的上级指示精神要确切,不能采用任何艺术加工。事务性文书,如调查报告,所写的数据、材料等也必须真实、准确,不能虚构和杜撰,否则得出的结论就会偏离实际。载入医疗文书的内容,必须是原始医疗行为的真实记录,如果不是这样,在医疗纠纷中就会造成严重的后果。

(四)特指性

特指性是指应用文的读者对象明确具体,不像文学作品那样广泛。无论是行政公文中的"请示"、"通知",还是法律文书中的"起诉状"、"上诉状"等,都有明确的读者对象,即使是"欢迎词",也是直接面对特定的听众的。

(五)质朴性

应用文尚质求实,要求语言简朴、表达明确,一般不用拟人、夸张、比喻、双关等修辞格。应用文多数具有法定权威、行政约束力或明显的规范作用,因此用词必须准确,不能含糊其辞、模棱两可,以免产生歧义或误解。

(六)效能性

应用文是为解决已经出现或可能出现的各种具体问题而写的,所以,它对时间的要求极为严格:紧急通知、会议简报,有时要求争分夺秒、立即成章。即使计划、总结、一般书信等,时间性也很强。因此,应用文写作既要严密周详,又要快速成篇,讲究效率,提高效益,确保效能。

第二节　应用文的基本要求

应用文的特点决定了我们在写作过程中只有明确与把握应用文写作特质,掌握应用文写作规律,才能写出合式得体的应用文章,达到代言交际的目的。

应用文的基本要求可以用"五明"来概括,做到以下 5 个要求:

一、政策明达

要十分熟悉政策和法规,具有较高的政策水平。应用文写作,特别是公文写作的政策性很强，一定时期的应用文反映党和国家这一时期的方针政策。要写好应用文，首先要掌握党和国家的方针政策，深刻领会中央有关精神。明确了方向，才能写出好的应用文。

二、简洁明快

要求内容要简洁、明确、条理清楚，把存在的问题、提出的请求，或根据具体情况做出的指示、表达的思想等，讲得清清楚楚。语言要简洁明了，做到要言不烦，言约事丰，用语精确，拒绝浮文，尽量使用白话语体，不用方言土语，不用意思晦涩的语句，讲究汉语语法规范，正确使用简化字与标点符号。

三、准确明晰

写作应用文特别讲究准确性。首先内容要准确，情况要真实，材料要确凿；其次格式要确当，请示和报告不能混用，指示和函也要分清，根据对象、内容、性质、目的的不同，要使用不同的语气；再次语言要明晰，用最恰当的词语和句子反映客观事物，表达思想感情，传达准确信息。

四、朴质明白

朴质明白是要求写作者态度朴朴素素、实实在在、明明白白。要站在人民群众的立场上，以民生为先，以为民谋利为重，真实反映群众愿望，真情体恤群众疾苦，务必使文章感情真挚，平易近人。要崇尚朴实无华，防止标新立异，不做作、不生造、不溢美、不虚饰，一是一，二是二，恰当得体，符合规范。

五、周密明确

为保证质量，提高效率，应用文要特别注意周密性，亦即不仅让人看得懂，还要做到周严细密而无疏漏。如契约、合同等，应做到条件、文字周密，不会发生解释分歧，不会产生效力争议。

第三节　应用文的构成

应用文的构成要素主要有主旨、材料和结构。

一、应用文的主旨

(一)应用文主旨的涵义和特性

应用文的写作具有明确的目的性,或阐明作者的主张、观点、意图;或下达指示,传达政策,通知事项;或传递信息,交流情况,总结经验;或记录事实,书写过程,以备查鉴。

应用文的主旨是指应用文的中心意思或基本观点,是写作主体对客观事物的总的看法和评价,表达着写作活动的行为意向。

应用文的主旨具有从属性和规定性。正是因为主旨来源的间接与被动,决定了应用文作者应该在规定的、预设的主旨基础上发挥自己的写作才能,不能随意独创、自由选题,或是另立新意。尤其是行政公文的写作,其主旨是发文单位领导者意图与客观需要相结合的产物,或者是领导集体意志的体现,作者更要避免按个人的意向或思维习惯去自由行文,只能把政策内容和领导者的指导精神、决策思想在应用文中反映出来。作者只是法定机关与部门的代言人,在行文过程中无权改变主旨,对事物的认识和理解既不能越位,又不能错位,更不能缺位。应用文的作者只有积极地建立起对社会群体意识的认同,并在此基础上产生支配写作行为的“群体意识”,才能完成主旨的确立。

应用文主旨是应用文的灵魂。朱光潜在《写作论谭》中写道:“每篇文章必有一个主旨,你须把着重点完全摆在这主旨之上,在这上面鞭辟人里,烘染尽致,使你所写的事理情态成一个世界,突出于其他一切世界之上,像浮雕突出于石面一样。”主旨是作者行文目的的最集中体现。没有主旨的文章,就像人没有灵魂。主旨也是应用文的统帅,起着提纲挈领的作用,作者思维的走向、材料的取舍、结构的安排、语言的运用,都必须围绕主旨而展开。

(二)应用文主旨的特质和要求

应用文主旨的特质和要求有如下几点:

1. 主题正确

主题正确,是保证应用文主旨得以确立的首要标准和基本要求。主题正确,就是要求应用文必须符合党和国家的大政方针,符合法律法规,符合客观实际,能够反映事物的内在联系和质的规定性,经得起实践的检验。要确保应用文主题正确,保证文章发挥其应用价值和现实效用,就要求作者必须具有正确的世界观、人生观和价值观,全面把握党和国家的方针政策的精神实质,掌握本地本单位的大局大势,能够用全面、辩证、发展的观点分析情况、解决问题。

2.立意集中

立意集中，是指一篇应用文只能有一个中心、一个主旨，其他分论点必须紧紧围绕、从属于全篇的主旨，达到有机的统一。只有集中单纯的行文目的和文章主旨，才能便于读者准确理解文章内涵，统一思想，不至于产生歧义，更不会与文章内涵背道而驰。要保证立意集中，就要求作者善于抓住事物的主要矛盾，找准主要矛盾的主要方面，把握问题的实质或要害，有效地分析和解决问题。

3.态度鲜明

态度鲜明，是指应用文的主旨必须突出，基本思想和观点要十分明确，不能模棱两可，雾里看花。要将行文主体提倡什么，反对什么，允许什么，禁止什么，开展什么，为什么办，怎么办，办到什么程度等，都表达得清清楚楚，毫不含糊。对提出问题、解决问题、沟通信息、反映情况，也都要交代明白。这就要求作者必须努力增强认识客观事物的洞察力、透彻力，强化对行文目的认识的清晰性和坚定性。

4.论述深刻

论述深刻，是指对现象和问题能揭示事物的内在本质，反映事物内部的规律和作者的独具慧眼。见人所不能见，发人之不能发；见人所未显见，发人所未深发。主旨的深刻取决于作者对客观事物认识的深刻。这就要求作者必须对材料反复思考，深入挖掘，认真琢磨，潜心提炼，高屋建瓴地把握客观事物的深层内涵。

（三）应用文主旨的表达与体现

应用文的主旨要直接、鲜明地表达出来，一般采用直叙或平叙的叙述手法。如果说文学创作的主题常常通过人物形象、情节安排、环境渲染等含蓄委婉地传达出来，那么应用文的主旨却是作者在文本中特别指出来，并通常将主旨放在文章的明显位置，比如标题或正文的第一句话或段落的开头。开门见山，开宗明义，是应用文主旨表现的基本原则。

在篇幅较长、内容较复杂的文体中，如总结、调查报告、经济预测报告等，尤其强调在开头段对全文的中心、写作目的和意图做出概述或交代，发挥“凤头”和“纲”的作用，为受文者将文本内涵转化为实践活动提供尽可能多的方便。

值得注意的是，在某些容量较大的文本中，每一段开头也可用小标题或段旨句的形式将主旨逐一显示出来。有时，文章结尾处还可再次点明主旨，形成首尾呼应之势，使主旨的揭示更加鲜明有力。

二、应用文的材料

（一）应用文材料的涵义和作用

应用文的材料是指写作主体为表现应用文的主旨所搜集或积累的一系列事实、数据或论据。

应用文的材料主要分为理论材料和事实材料两大部分。应用文的材料，既包括作者注意到其内在价值，并予以收集但尚未加工提炼的原始资料，也包括经过作者的选择、提炼写入文章中的那部分材料；既包括作者亲身观察、实践得来的直接材料，也包括作者通过某种传播媒介获得的材料，如通过查询各种记录、报表、报刊、书籍、部门或单位的档案、网络等方法获取大量的间接材料；既包括来自于社会生活的事实现象，也包括从实践中得到检验的意见、观点、结论以及作为人类思想成果的科学原理、定义、定理、格言、警句等。

应用文材料是应用文的血肉，是文章写作的物质基础。巧妇难为无米之炊，不能大量地掌握和占有材料，就难以写好应用文。材料又是主旨形成的基础，应用文的主旨不是从作者头脑中凭空想象产生的，而是对具体材料的内涵、思想的准确概括与提炼。古人所谓“夫立言之要在于有物”、“不使事难于立意”，都强调了材料对提炼、形成和表现主旨的重要作用。

（二）应用文选材的原则

应用文的材料选择，要把握如下几个原则：

1. 确保真实

真实是应用文的生命，也是应用文材料的可信性标准和要求。应用文是为解决问题、处理实际事务而写，所以它必须真实客观地反映问题，必须是来自于生活的、原原本本的真人真事。事件不可编造，人物不可歪曲，数字不可掺假。时间、地点、人物、事件、范围等都要遵循事物的本来面目。蔡元培说：“应用文，不过记载与说明两种作用。前者是要把所见的自然经历或社会现象给别人看。后者是要把所见的真伪善恶美丑的道理与别人讨论。都只要明白与确实，不必加别的色彩。”这道出了应用文选材的基本要求。

2. 突出典型

典型的材料，是指最能反映事物本质、主流和规律的材料。应用文写作的准备阶段，材料采集得越丰富越好，但进入写作后，材料要尽量做到少而精。这不仅是因为受文章篇幅的限制，更是因为从读者角度考虑，过多雷同、相似的例子会造成读者接受的疲劳，对进一步说明观点毫无益处。反之，精当典型的材料具有广泛的代表性和充分的说服力，能集中深刻地说明事物的本质和规律，起到以一当十、以少胜多地支撑观点的作用。值得注意的是，与文学创作“杂取种种，合成一个”的典型相比，应用文中的典型必须是客观存在的典型。无论是正面典型，还是反面典型，都必须是实有其人其事，不能集多人多事的特点于一身，创造出共性的典型。

3.务求新颖

新颖的材料是指那些具有新鲜感和时代特色的材料。清人李渔曾说：“人惟求旧，物惟求新。新也者，天下事物之美称也。而文章之道，较之他物，尤加倍焉”。由于应用文必须反映和回答当前现实生活中提出的亟须解决的现实问题，所以如果其材料陈旧过时，就失去了写作的意义。应用文只有使用那些符合新的形势要求、能说明当前公务活动中最迫切问题的材料，如新人、新事、新成果、新经验、新情况、新思想等，才有真正的价值。而且，从接受心理学的角度看，求新是所有读者的普遍心态。面对经济社会与信息时代的发展，应用文的作者需要下工夫去寻找新颖的材料。这不仅包括那些很少或从未被人用过的材料，也包括对旧材料的新用，即从新的角度、以新的研究方法去使用旧材料，化腐朽为神奇，给读者富有时代精神的新启示。

4.切合主题

所谓切合主题，就是材料要符合表现应用文主旨的需要。凡是能够有力地表现主旨的材料就采用，凡是与主旨无关或者关系不大的材料，哪怕再真实、典型、新颖，也要忍痛割爱，不能采用。

(三)应用文材料的使用

使用材料的恰当与否，直接关系到主旨的表达是否正确和文章质量的高低。因此，写作者一定要精选深思，恰当使用。

1.紧紧围绕主旨

材料是为主旨服务的，作者选用材料，必须紧紧围绕主旨，切实突出主旨，将最能体现主旨的材料筛选出来，明确哪些材料是主要的，应该重点叙述论述，哪些材料是次要的，只需简略交代，使材料反映主旨、体现主旨、为主旨服务。

2.深入分析综合

作者要根据主旨需要，反复审读材料，深入对材料进行去粗取精、剔抉爬梳的优化组合。在安排顺序时，要充分考虑材料的主次顺序、时间的先后顺序、空间的多维顺序、材料间的逻辑顺序、人们认识事物的规律、事物发展的过程等诸多因素，特别注意整理那些在逻辑上交叉、不完整、不相容的材料，把材料中相容的因素聚合起来，组成新的经过综合性思维后的材料。只有经过这样的分析综合，才能使文章主旨顺理成章地表现出来。

3. 注重凝练升华

作者要对材料采取去伪存真、由此及彼、由表及里、含英咀华的分析，认真研究材料，厘清本质属性和非本质属性、表层本质和深层本质、个别和一般、特殊和普遍、偶然和必然，从而由表层本质探到深层本质，从表层现象挖掘出事物的本质，从具体的、经验的材料上升到理论的高度，得出带有普遍性、必然性的正确观点和结论。

三、应用文的结构

（一）应用文结构的涵义

应用文的结构是指应用文内部的组织构造，就是文章谋篇布局的框架和脉络。应用文要把主旨更好地表达出来，就要求作者必须围绕主旨，将材料主次分明、条理明晰地组合连缀起来，统一在一定的结构形态中。应用文的结构是文章的“骨架”，如果一篇应用文没有恰当的结构，那么材料的“血肉”就无从依附，主旨的体现就无从谈起。

（二）应用文结构的构成

应用文的结构与一般文章一样，包括开头和结尾、段落和层次、过渡和照应。

1. 开头和结尾

任何文章都有开头和结尾，对应用文来说，其开头要直截了当，通常采用以下几种方式：概述式，概括地写出主要内容、基本情况或主要问题，交代有关背景、缘由，多用于调查报告、简报、总结、会议纪要等文种；目的式，起笔就说明写文章的目的与缘由，常用于情况通报、通告、通知、意见等文种；根据式，根据法律、法令、文件精神、对方来文、存在的问题、突发事件等行文，多用于决定、调查报告、市场预测报告、合同等文种；提问式，开头就提出问题，发人深思，然后引出正文，多用于调查报告、会议纪要、毕业论文、新闻等文种；说明式，指开头先对要写的对象的背景、情况作一些说明，在此基础上再引出正文，这种开头多用于调查报告、新闻、通讯、广告等文种。结尾则主要有以下几种方式：总结式，指结尾归纳全文，给出结论，点明主旨，以加深人们对文章的印象，多用于总结、调查报告、通报等文种；号召式，文章结尾归纳全文，提出希望，发出号召，多用于总结、决定、会议纪要等文种；说明式，结尾对主体部分的未尽事宜作一些补充说明，或者对与内容有关的问题作一些必要的交代，多用于公告、通报、通告、规章制度等文种;惯用式,是指以习惯用语和固定格式结尾,这种形式多用于公文、经济合同、诉讼文书等文种。

2.段落和层次

段落与层次是应用文内容层次与逻辑关系的直接体现,可使文章思路清晰,易于阅读。层次一般大于段落,一个层次由几个段落组成;有时层次等于段落,一个段落就是一个层次。段落的划分要注意单一完整,既避免把几个相对独立的意思放到一个自然段里,又避免一个意思在一个自然段里说得残缺不全。层次的安排应根据应用文的具体内容来确定,或按照事物发展的时间先后,或根据事物的空间顺序,或依据事物的性质特征,或按照事物的内在逻辑联系。层次有以下3种表述方法:用小标题表示;用数量词表示,例如,一、二、三、四……(一)、(二)、(三)、(四)……用表示顺序的词或词组表示,例如,"首先"、"其次"、"最后"、"会议认为"、"会议决定"等。

3.过渡和照应

过渡与照应是应用文内部结构的重要组成部分。应用文的过渡是指上下文之间的衔接、转换。应用文内容过渡的方式大致有4种:用特定词语过渡、用承上启下的句子过渡、用一个相对独立的段落过渡、靠文章内容的内在联系自然过渡。应用文中常见的过渡主要在以下3处:内容开合处,即文章内容由总到分或由分到总时;意思转换处,即文章内容由一层意思转入另一层意思时;表达变动处,即文章内容由叙述转入议论或由议论转入叙述时。常见的过渡方式主要是用过渡段、过渡句和关联词语,如"综上所述"、"总之"、"为此"、"故此"等。应用文的照应是指文章前后内容的关照、呼应,主要有以下3种形式:首尾照应,即开头与结尾相呼应;前后照应,即前面的内容为后面的内容埋下伏笔,相互呼应;题文照应,即题目与文章的内容相呼应。

(三)应用文结构的要求

应用文的结构总体上应该追求规范性、规律性和清晰性。

1.遵守规范性

应用文的结构必须符合不同文种、不同体裁的规范。这种规范体现在大至内容的编排顺序、行文的组成格式、版面格式的完整正确,小至字号的要求、标点的准确。应用文的格式有着较强的稳定性,如公文具有法制性、权威性和严肃性,必须严格按照权威部门规定的统一格式规范行文。又如书信类的称谓、问候语、结束语、署名和日期等,都要齐备无缺。

2.遵循规律性

应用文的结构必须遵循客观事物内在的规律性。应用文内容顺序的程式化处理，反映着事物自身的发展规律和人们的认识规律。人们对事物认识得越深刻透彻，反映得也就越清晰明白。比如，叙事类应用文，如调查报告的“情况”部分，一般根据事物或事件发生的自然时序线索，即发生、发展、结局来安排结构；而议论类应用文，如经济活动分析报告的具体结构是：情况、分析、解决对策；而一些指令性、法规性公文总是先讲目的意义，再提具体要求。它们实质上是按照3个“W”，即“What”（是什么）——“Why”（为什么）——“How”（怎么办）的逻辑思维来安排结构的，与人们进行社会实践的规律和思路紧密相连。总之，应用文的内在结构不是凭空想象、任意创设出来的，必须合乎事物发展规律和人们的认识规律。

3. 遵行清晰性

应用文的结构必须做到清晰条理。在外在结构上，应用文写作要注意文面格式和版面标记的整洁美观，避免杂乱无序；在内在结构上，应用文写作又要做到巧于谋篇布局，开篇开宗明义，结尾戛然而止，主文中前后呼应、条贯统序、环环相扣、简洁有序，各个组成部分详略得当、比例匀称、线索单纯、醒目清晰，满足现代社会快节奏、高效率运转的需要。

第四节 应用文的表达

表达方式是作者将内容传达出来所运用的具体方法和手段。应用文最常见的表达方式有叙述、说明、议论。

一、叙述

（一）叙述的涵义

叙述是对人物的行动或事件的发展变化过程进行叙说和交代的表达方式。它主要用于交代背景，介绍文章涉及的人、事、物的概况，记叙事件的发生、发展、结局，以及为议论文提供事实依据等。完整的叙述一般有时间、地点、人物、事件、原因、结果6个要素。作为基本的表达方式，叙述在应用文写作中运用最为广泛、最为普遍，如决议中提供的事实论据，报告中对事件前因后果的汇报，通报中对先进事迹或错误事实的交代，都要使用叙述。如决议中提供的事实论据，报告中对事件前因后果的汇报，通报中对先进事迹或错误事实的交代，调查报告和总结中对事件和现象的转达，都要使用叙述。

（二）叙述的方法

按照叙述的时间顺序不同，叙述可以分为顺叙、倒叙、插叙、补叙 4 种类型。顺叙，就是完全按照事件发生的时间先后顺序叙述，顺叙的段落层次跟事情发展的过程基本一致。倒叙，就是将事情的结局或某个最重要或最突出的片断提到前面叙述，然后再按时间顺序叙述事件的全过程。倒叙实质上只是顺叙的局部变异或调整，是局部的“倒插”，而不是将时间顺序完全倒过来叙述。插叙，是在叙述中心事件的过程中，插入另一段相关事实的叙述，然后再接叙原来的事情。插叙可以对人、事、景物做说明、补充和解释。补叙，是根据内容的需要，对前面所写的人或事作一些简短的补充交代。补叙和插叙虽然都是对主要叙事的补充和交代，但补叙大都无情节，较为简单。

按照叙事详略程度的不同，叙述还可以分为概叙和详叙两种类型。概叙，就是概括叙述事件梗概或基本面貌，其特点是篇幅简短、语言简明、事实完整，能使读者了解事物概要。详叙，就是详细叙述事物的面貌或某一事件的具体过程，使读者有具体细致的了解。详叙的特点是详尽具体、细节丰富、篇幅较长。

（三）叙述的要求

1. 要素全

在叙述过程中，围绕“六要素”将时间、地点、人物、事件、原因、结果交代清楚。其中事件是最主要的，但事件就是人物的行动，不涉及人物的事件是没有的。事件发生的时间和地点如果不清楚，读者就无法认识和评价这一事件的意义。原因和结果，实际上是事件的组成部分。这些要素，在叙述中不得无故残缺。在实际写作过程中，对这些要素的把握可以有一定的灵活性，根据具体情况而定，个别要素有时可以省略。

2. 线索清

叙述时，作者的思路需要有一个依附，使事实材料能够有序展开不至于零乱，这就是线索。线索可以是时间，可以是空间，可以是贯穿事件首尾的物体，也可以是作者赖以分别认识事物的标准。线索要做到求显忌隐，求单一忌繁多，多用直笔，少用曲笔，尽可能地使叙事的各要素指向一个主题，给读者一个完整、清晰的印象。

3. 专语明

应用文叙述中，要十分重视专用语的使用。如称谓词，涉及机关时，一般应直呼机关的全称或规范化的简称。涉及个人时，要直呼对方的职务或“××同志”、“××先生”。在表述指代关系的称谓时，第一人称用“本”、“我”，后面加上所代表的单位的简称；第二人称用“贵”、“你”，后面加上所代表的单位的简称；第三人称多用“该”，可用于指代人、事物或单位。引叙词，常用“根据”、“按照”、“为了”、“收悉”等。经办词，多用“兹经”、“业经”、“前经”等。承转词，多用“为此”、“据此”、“故此”、“综上所述”、“总之”等。期请词，多用“希即遵照”、“希”、“敬希”、“请”、“拟请”等。商洽词，常用“当否”、“妥否”等。受事词，常用“蒙”、“承蒙”等。命令词，常用“特命”、“着即”、“严格办理”等。目的词，常用“请批复”、“批转”、“遵照办理”、“参照执行”等。表态词，常用“同意”、“可行”、“不宜”等。结尾词，常用“此致”、“此布”、“特此报告”、“为要”、“为盼”、“是荷”、“谨致谢忱”等。

4. 详略当

总体来看，应用文在事实完整清楚的前提下，尽量简略。针对应用文的主旨，反映主旨的地方就详细叙述，与主旨关系不大就一笔带过。详略得当，文章的重点和主旨会更加鲜明、突出。

二、说明

(一)说明的涵义

说明，是应用文写作中对事物或事理的各种属性进行客观解释和介绍的一种表达方式。说明主要是对客观事物的形状、性质、特征、成因、构造、功能和对事理的概念、内容、规律、特点、关系等进行解说。

(二)说明的分类

说明可分为事物说明和事理说明两大类型。事物说明以客观的现实存在物为对象，事理说明则以抽象的概念或科学道理为对象。事理说明虽不直接指向某一具体事物，但介绍的知识都是客观事物的基本特征和规律，仍有很强的客观性。具体而言，说明可分为以下几类：

1. 定义说明

定义说明，就是用简明准确的语言把事物的本质属性揭示出来，重在讲明事物或事理的质的规定性。定义说明常常表现为一个科学而严密的判断。

2. 分类说明

分类说明，就是将被说明事物按一定的标准划分为不同类别，逐类分别加以说明的方法。进行分类说明时，要注意每次分类只能选用一个标准，不能多标准并用。分出来的各类加起来应穷尽或“包举”该类事物，如不便穷尽就加“等”字。划分出来的各类必须是并列关系，不能互相交叉或包容。

3. 数字说明

数字说明，是用确凿的数据来说明事物和事理，表明其特征或本质。数字是事实的高度概括，用数字说明表述简便，能够更科学、精确、简洁地勾勒出事物的客观面貌，具有较强的说服力。

4. 引用说明

引用说明，就是将现成的材料拿来作说明依据以充分说明内容的方法。引用说明可以引用的材料包括各种文献、名言警句、诗词谚语、科研成果等。

5. 比较说明

比较说明，是将不同事物或事理进行类比、对比来说明的方法。在使用比较说明时，比较的事物之间要有可比性，比较的标准应统一。比较时，可在同类事物间比较，可在不同事物间比较，也可对同一事物的前后状况或不同方面进行比较。运用比较说明时，要用人们熟知的事物与要说明的事物来比较，以达到令人明白易懂的目的。

6. 举例说明

举例说明，是列举具体事例，对事物或概念进行说明的方法。其作用是把比较抽象、复杂的事物和事理解说得明确具体、浅显易懂。通常有典型举例和列举性举例两种。举例要典型、真实、具体、生动，否则就不能达到变复杂为简明的目的。

（三）说明的基本要求

1. 把握主要特征

所谓特征，即此事物区别于彼事物的标志。使用说明时必须对被说明的事物有深入细致的了解，抓住区别于其他同类事物的外部特征和内在本质，准确地反映事物的结构、状态、规模、性质等情况，说明事物的独到之处。

2. 周密安排顺序

说明的顺序一般有时间顺序、空间顺序、时空顺序、逻辑顺序。选用什么顺序进行说明，看被说明对象情况而定。运用逻辑顺序说明，要注意从总到分、从主到次、由浅入深、由表及里的逻辑顺序，分条分类地进行。

3. 注重精确表达

一是对事物的阶段、层次、构造的把握要精确，这样才能保证说明过程脉络清楚、层次分明。二是说明的文字，意义要明晰、精练、准确，不冗繁、不含混、无歧义，这样才能恰当地表现出客观事物的本来面目。写作应用文在使用说明时，要注意说明的客观性、内容的科学性和语言的准确性。

三、议论

（一）议论的涵义

议论就是对某一事件或问题发表见解，表明观点和态度，并以充分的材料证明自己观点的一种表达方式。议论的目的一是表明观点，二是说服读者。这种表达方式在议论文中运用得最多，在应用文中也大量运用。

（二）议论的构成

议论主要有 3 个要素，即论点、论据和论证。

1. 论点

论点是作者对所论述的事物或者问题所持的观点、见解和主张，是议论价值的体现。论点分为中心论点和分论点。中心论点是文章论述的核心，也称作基本论点。一篇议论文只有一个中心论点。分论点是支撑中心论点的小论点，是各个层次的中心意思。中心论点和分论点之间是纲与目的关系，分论点是从不同角度证明中心论点的。在证明中心论点时，分论点一般以并列式或层进式的方式出现。

2. 论据

论据是作者用来证明论点的事实、根据或道理。论据是为论点服务的，是证明论点的材料，是议论的基础。论据主要包括事实论据和理论论据。事实论据指客观存在的人物、事件、数据等，要尽量有典型性和代表性；理论论据指被实践证明了的正确的理论，如公理、定理、格言、警句等，要有权威性。论点统帅论据，论据支撑论点，两者相辅相成。论据要确凿可靠，符合客观实际，要有足够的代表性和说服力。

3. 论证

论证是运用论据证明论点的过程和方法。论据不会自动证明论点，必须靠揭示二者之间内在的逻辑联系才能达到，论证的目的就是揭示论点与论据之间的逻辑联系。它要按照一定的逻辑关系，把论点和论据组织起来，证明论点是正确可信的。论证要严谨，合乎逻辑，能真正体现论点和论据间的内在联系，符合客观事物的发展规律。论证常用的基本方法有演绎、归纳、类比等推理形式。

论点、论据和论证在议论文中是紧密相连的。在一个完整的议论过程中，论点是核心，它是论据和论点证明的对象；论据是基础，它解决“用什么去证明”的问题；论证则是论点和论据之间的桥梁，解决"怎样进行证明"的问题。这三者一同构成一个完整的论证过程。

（三）议论的方式方法

从证明论点的方式来分，议论有立论和驳论两种类型。立论，又称证明，是运用论据从正面证明自己的见解和主张。驳论则是揭露和反驳对方的错误观点，以确立自己的观点。

常用的立论、驳论方法有以下几种：

1. 例证法

就是通过列举事实来直接证明论点的方法。例证要真实典型，有说服力，防止以偏概全。

2. 引证法

即引用经典性言论、公理和定理等来证明论点的方法，是运用理论论据时采用的一种论证方法。引证法所引用的材料大多具有较高的权威性和鲜明的理论性。

3. 对比法

就是把性质、特征相反的事物或者同一事物的不同方面加以比较和对照，以证明论点的论证方法。对比的目的是使那些彼此不同的性质和特点显现得更加鲜明突出。

4. 因果法

就是通过分析事理，揭示论点和论据之间的因果关系来证明论点的方法。因果论证法便于阐明道理、说明原因、指明发展趋势。

5. 类比法

就是将性质特点相近的一类事物放在一起比较，以达到准确认识事物的目的。类比法和对比法都是比较法，但要注意二者的不同。

6. 反驳论点

直接证明对方的论点是错误的，多采用例证、引证、因果推论等方法。

7. 反驳论据

指出对方赖以产生论点的论据不可靠。论据不能成立，论点也就不攻自破。

8. 反驳论证

即通过揭示对方论证过程中的逻辑漏洞，论证对方的推理不能成立，结论当然也不可靠。如指出对方在论证过程中偷换概念、自相矛盾等。

叙述、说明和议论是应用文的主要表达方式，这并不意味着应用文就拒绝抒情和描写的手法。通讯、消息、贺词等文类，甚至强调审美性、文学性和艺术性。只要有益于表达，有益于应用文写作目的的实现，各种表达方式都可以灵活运用。

【思考题】

1.写作应用文的基本要求有哪些？

2.应用文主旨的特点和要求有哪些？

3.应用文选材的原则是什么？

4.怎样使用应用文的材料？

第二章
管理文书

管理文书主要指公文。公文作为党政机关、社会团体、企事业单位处理公务、行使职责、实施管理的一种规范式体例文书，具有强烈的政治性、法定的权威性、明确的实用性、严格的程序性、格式的规范性等特点，在社会组织和社会生活中具有特别重要的作用。具体表现为领导和指导作用、规范和准绳作用、宣传和教育作用、联系和沟通作用、依据和凭证作用。

根据机关之间的不同行文关系，可以将机关的行文分为上行文、下行文和平行文 3 个方向，并根据机关工作的需要分为以下几种不同的行文方式：下行文分为逐级下行文、多级下行文、直达基层组织和群众的下行文；上行文分为逐级上行文、多级上行文、越级上行文；平行文是同级机关，或者不相隶属的，没有领导与指导关系的机关、部门、单位之间的一种行文。公文行文规则的内容归纳起来有 7 个方面，即根据机关之间的工作关系行文，选择适宜的行文方式，正确选择公文的主送、抄送机关，"同级"机关才能联合行文，行文前应对有关问题协商一致，"请示"应一文一事，"报告"中不得夹带请示事项。

公文的格式体现了国家机关行政公文的合法性和权威性，是公文的组成部分。它的规定有利于统一管理、存档和使用，使其能更好地发挥应有的作用，本章详细介绍了公文的文面格式以及公文的特殊格式要求。公文具有很多类型，其中国务院发布的《国家行政机关公文处理办法》所规范的 13 种行政公文是传达贯彻国家的方针、政策，发布行政法规和规章，履行行政措施，请示和答复问题，指导、布置和商洽工作，报告情况，交流经验的重要工具。本章重点介绍决定、通知、报告、请示、批复、函、会议纪要等几种具体公文格式，它们的文体结构、公文格式、行文规则都有其特定的规定和要求，需要逐个学习和掌握。

要写好公文，除了必须遵从诸如文通字顺、观点与材料统一、层次分明、结构合理等文章写作通则之外，还必须遵循下列一些基本要求：如符合党和国家的路线、方针、政策和法律、法规以及有关规定，具有合法性；实事求是，讲求实效；主题明确，结构完整，格式规范；用语庄重严谨、简明通顺、平实得体。

第一节 公文的概念和作用

一、公文的概念

公文是国家行政机关在行使职权、办理公务、商洽工作和传递信息时所制发和使用的文书。国务院在 2000 年 8 月 24 日颁布的《国家行政机关公文处理办法》(以下简称《办法》)中，给行政公文下了一个明确的定义:“行政机关的公文(包括电报)，是行政机关在行政管理过程中形成的具有法定效力和规范体式的文书，是依法行政和进行公务活动的重要工具。”

公文的基本内涵包括以下几个方面:①公文有特定制发者。制发者一般称为作者，是指国家机关、单位或团体等一切合法存在的组织与机构。有时国家领导人和一些机关首长也可以制发公文，但必须是在代表国家机关行使职权的情况下才能施行。②公文是处理公共事务的重要工具。无论是上级机关制订方针政策或发布指令部署工作、下级单位请求指示和汇报工作，还是不同部门之间协商事务和传递信息等，都要借助于公文办理。③公文具有规范的程式。包括制发程序、行文规则、特定格式和管理制度等。从标题到署名，从正文到各种附加标记，从文面到用纸等，从签发到归档，以及文本的结构和语言的运用等，都有严格的规范，必须遵照执行。

二、公文的作用

公文的作用，可以用一句话加以概括，就是起行政工具的作用。具体而言，可归纳为以下 5 个方面:

(一)领导和指导作用

党和国家的领导，主要是通过路线、方针、和政策的制订传达与贯彻执行来实现的。公文是传达贯彻党和国家方针、政策和各项指令的有效形式。各级党政领导机关经常通过公文来传达决定和意见、部署工作和任务、提出具体措施与要求，对下属机关的各项工作实施有效的领导与管理。

(二)规范和准绳作用

国家机关制订的各种法律条文，有关部门制订的各类条例、规定等，都是通过公文的形式来发布、宣传和贯彻执行的。这些法规一经发布，便成为了规范全体公民行为的准则，并以强制力来保证贯彻实施。如果有人违反了这些法规，就会遭受相应的惩罚。这些法规性公文，对于维护社会公德、保障人民合法权益以及规范管理秩序等，发挥着十分重要的作用。

（三）宣传和教育作用

宣传和传达党和国家的方针政策，是公文所负载的重要任务。由于公文是以文字材料为原本，比口头传达和会议报告形式更具有精确性和凭据性，能够使广大干部群众从中了解信息、明白道理，思想获启发，行动受鼓舞，从而起到了更好的宣传与教育作用。

（四）联系和沟通作用

公文在公务活动中具有联系社会的桥梁和纽带作用。公文的使用过程，就是单位与单位之间、单位与个人之间相互沟通联系的过程。借助于公文的传递，可以有效地帮助彼此之间相互商量协调工作，及时解决问题、增进了解、沟通信息、交流经验，从而保证机关工作正常开展和顺利进行。

（五）依据和凭据作用

各种公文都反映了制发机关的意图，都具有法定的效力，收文机关则以此作为处理工作、解决问题的依据和凭证，即使是下级或互不隶属单位往来的公文，同样也可作为交换情况、协商工作的依据和凭证，至于公文在在处理完毕后，经整理、立卷、归档，作为历史资料保存，更具有依据和凭证的性质，从而保证公务活动有条不紊地开展。

第二节　公文的特点和分类

一、公文的特点

行政公文作为一种特殊的应用性文体，它的特点是和一般文章相比较而言的，也是区别于其他文体的标志。公文的内涵、性质和功能，决定了它的特点如下：

（一）强烈的政治性

公文是人类历史发展到一定阶段的产物。自产生之日起，其内容就与国家的政治、政策密切相关，总是体现着统治阶级的意志，并为统治阶级服务，因而带有极为鲜明的政治色彩。我国现行的公文，是人民管理国家的工具，是贯彻党和国家的路线、方针、政策的工具。党和国家公务活动的强烈的政治性，决定了公文也具有强烈的政治性。

（二）法定的权威性

公文的法定权威性，是指公文在法定的时间和空间范围内，能对受文者的行为产生强制性的影响，具有约束力。公文之所以具有权威性，首先是由于公文作者的法定性。所谓法定性的作者，是指根据法律成立并能以自己的名义行使法定的职权和承担义务的组织和个人。法定作者制订的公文，是代表制发机关的职能权限发言的。其次是由于公文作者的权威性。公文的作者是国家机关和企事业单位，具有法定的社会管理的权力与职能，它所制发的公文，就是其权力和意志的体现。因此，国家各级行政机关和企事业单位依据各自的职权范围所发布的公文，都在法定的时空范围内对受文者产生约束力，具有法定的权威性。

（三）明确的实用性

公文的实用性，是指公文以完成待定的公务活动为目的，承担着某种具体而明确的公务职能。它以公务活动的实际需要为出发点，以解决工作事务中出现的问题为目的。例如，报告是为了向上级反映工作进程的具体情况或困难，以求上级了解或支持；指示是为了完成某项工作而要求下级知晓、执行或办理等。总之，公文以满足公务活动的需要为存在的前提，是为了解决现实中的具体问题而写作的。

（四）严格的程序性

程序性是指公文从制作、审核、签发直到生效，必须经历一个严格的程序化的过程。一般性的公文，须经机关负责人对此进行全面审核后再签发。联合制发的公文，由各联合机关的负责人逐一全部审核后再签发。法规性公文，一定要经过正式会议审核通过，才能由主管领导签署发布。为了加强责任感，避免公文的遗失或者接而不办，公文的收发还规定了严格的处理程序，包括登记、分办、拟办、批办、承办和催办等，从而保证了公文的运作通畅与贯彻执行。

（五）格式的规范性

公文必须具备国家统一规定的规范格式，这是它与其他文章显著的区别之一。为了使公文规范化、制度化，维护公文的权威性，保持公文的严肃性，提高公文处理工作的效率和质量，国务院办公厅先后多次修订了《国家行政机关公文处理办法》，党和国家的领导，主要是通过路线、方针和政策的制订、传达与贯彻执行来实现的。公文是传达贯彻党和国家方针、政策和各项指令的有效形式。各级党政领导机关经常通过公文来传达决定和意见，部署工作和任务，提出具体措施与要求，对下属机关的各项工作实施有效的领导与管理。

国家质量技术监督局还颁布了《国家行政机关公文格式》，对公文格式进行了明确的规定。这个标准格式是通过长期实践并吸收了历史上和现实中正反两方面的经验教训而总结出来的基本格式，任何机关制发公文，均不能违背这个特定的格式。

二、公文的分类

国务院颁布的新《办法》规定，我国行政机关现行公文的种类主要有：命令(令)、决定、公告、通告、通知、通报、议案、报告、请示、批复、意见、函和会议纪要等十三类十三种。这些公文从不同的角度可以划分为不同的类型：

(一)按承载的职能划分

公文所承载的职能，是指公文在实施社会管理过程中所具备的功能、作用与法定效力。据此可以将公文划分为指令性公文、知照性公文、报请性公文等三大类。指令性公文是上级机关表达决策意图，指挥下属机关行动的公文，包括命令(令)、决定、批复、意见和会议记录等，是最具有强制性和约束力的一类公文。知照性公文是向有关对象通报具体情况、关照某种事项的公文，包括公告、通告、通知、通报和函等。报请性公文是指向上级主管机关汇报工作、请示问题和提出建议的公文，包括议案、报告、请示等。

(二)按行文方向划分

行文方向指公文的制发与接收单位之间的关系。据此可将公文分为上行文、下行文和平行文。上行文是指下级机关呈给它所属的上级机关的公文，如报告、请示等。下行文是指上级机关发给具有隶属关系的下级机关的公文，如命令(令)、决定、意见、批复、通知、通告、通报等。平行文是指平行机关或不相隶属机关商洽工作的公文，如公函等。

(三)按缓急程度划分

公文按缓急程度可划分为特急、急件和一般公文三类。前两类通常在文面上注明“特急件”或“急件”字样，有时还以“特急电报”或“急电”形式出现。特急件应当在接到来文后一天之内办理完毕，急件应当在三天内办理完毕。

(四)按保密级别划分

公文按保密级别可依次划分为绝密、机密、秘密和普通公文等 4 个等级。公文的保密一般都有时间限制，经过一段时间后，可以按规定进行降低和解除密级处理。

第三节 公文的行文方式及规则

一、公文的行文方式

根据机关之间的不同的行文关系，可以将机关的行文分为上行、下行和平行3个方向，并根据机关工作的需要分为以下几种不同的行文方式。

（一）下行文

下行文是指上级领导机关或业务主管部门对所属下级机关或业务部门的一种行文，根据发文的不同目的和要求，下行文可分为以下几种行文方式：

1.逐级下行文

逐级下行文，就是指采用逐级下达或者只对直属下级机关下达的一种行文方式，比如，国务院要部署一项工作，虽然是全国性的，但是由于需要各地结合本地区的情况布置安排，就可以考虑采用逐级下行文的方式，也就是说国务院文件先发到各省、自治区、直辖市人民政府，然后由各省、区、市人民政府结合本省的实际情况下达贯彻执行。

2.多级下行文

多级下行文，就是指党政领导机关根据工作需要，同时下达几级机关的一种行文方式，比如党中央的一些文件，往往采取多级下行文的方式，发到县团级以上的各级党组织。采用这种多级下达的行文方式，可以使下属几级党组织迅速而及时地传达最高领导机关的文件，便于及时全面地领会和贯彻文件精神，免去了逐级传达和层层转发的环节，达到提高实效的目的和要求。

3.直达基层组织和群众的下行文。

这种下行文是指党政机关直接发到最基层的党政组织或者直接传达到人民群众的一种行文方式。这种直接与人民群众见面的行文方式能使基层组织和广大人民群众及时地、原原本本地了解文件的精神和全部内容，使党和政府的方针政策与法律、法规文件能迅速地为广大人民群众所掌握，从而起到宣传教育群众和组织动员群众的作用。

（二）上行文

上行文是指下级机关或业务部门向所属上级领导机关或业务主管部门的一种行文。根据发文机关的实际工作需要，上行文又可以分为以下 3 种行文方式：

1.逐级上行文

逐级上行文就是指下级机关直接向所属上级领导机关的一种行文方式。这是上行文中最基本、最常用的一种方式。正常情况下，下级机关一般都应采用这种逐级行文的方式向所属上级领导机关请示和报告工作，以保证正常的领导关系和业务工作关系。

2.多级上行文

多级上行文是指下级机关同时向自己的直属上级机关和更高级的上级领导机关的一种行文方式，比如，市委行文给省委并报党中央，市人民政府行文给省人民政府并报国务院等。但这种行文方式只是在少数特殊需要的情况下采用的，往往是问题比较重大，需要同时报请直接上级机关和更高级的领导机关了解、指示和批复。

3.越级上行文

越级上行文就是指在非常必要的时候，下级机关可以越过自己的直接上级领导机关，向更高一级的领导机关直至中央的一种行文方式。不过，这种越级上行文不可随意采用，而是在一些特殊必要的情况下才可以采用。比如，发生战争或特别严重的洪涝灾害，经多次请示直接的上级机关长期没有解决的问题，上级机关交办的并指定越级上报的问题，对直接上级机关进行检举、控诉的问题，直接上下级领导有争议而无法解决的问题，咨询或联系极个别的必要的具体问题。

（三）平行文

平行文是指同级机关或者不相隶属的，没有领导与指导关系的机关、部门、单位之间的一种行文。

具体地说，平行文可以在不分系统、级别、地区的党政、军机关以及社会团体、企业、事业等单位之间使用，这些机关事业单位相互联系工作都可以直接使用公函，采取平行文的方式行文。这样就可以免去按系统传递、增加运转层次的麻烦，以利于节省人力和时间，提高办事效率。

二、公文的行文规则

公文是国家行政机关为行使职权、进行管理而在公务活动中产生和使用的，不同于在报刊上发表的一般文章。为确保公文行使职权、进行管理的权威性和现实执行效用，国务院办公厅颁布的《国家行政机关公文处理办法》中对公文的行文规则作了明确规定。各级国家行政机关，应当根据自己的职权范围和相互的隶属关系确定行文方向和行文方式。正确掌握和遵守行文规则，不仅关系到公文能否发挥效用，而且直接影响到如何撰写公文．如确定文种、公文语气等。

（一）根据机关之间的工作关系行文

各机关相互之间的工作关系是确定行文方向的根本依据。这种关系取决于各自的隶属关系和职权范围。各机关相互之间的工作关系主要有3种类型：

1．隶属关系

同一组织系统中上、下级机关之间为隶属关系，也称领导与被领导关系。如国务院与山东省人民政府，山东省人民政府与山东省各地、市人民政府，国务院与农业部等之间属隶属关系。

2．指导关系

同一组织系统中的上级业务主管机关与下级业务主管机关的关系称为业务指导关系。如农业部与各省、自治区、直辖市农业局属指导关系。

3．不相隶属关系。

（1）同一组织系统中的同级机关之间的关系。如农业部与林业部等国务院各部委局的关系。

（2）非同一组织系统的任何机关之间的关系。如农业部与北京市环卫局的关系。

机关之间的这几种关系决定了公文的基本传递方向，即：有隶属关系、指导与被指导关系的上下级机关能各自分别向对方制发下行文和上行文；有不相隶属关系的机关或组织之间只能互相制发平行文。

（二）选择适宜的行文方式

根据机关之间的工作关系确定公文的行文方向后，还要依据组织系统结构层次的划分，综合公文的发文目的、具体内容等情况，选择适宜的行文方式。

1．逐级行文

按组织系统的结构层次逐级下达上报或只对直属上一级与所属下一级机关制发公文。为维护正常的领导、指导关系，有直接隶属关系或业务指导关系的机关之间，多采用逐级行文的方式。

2．多级行文

即同时向下或向上几级机关制发公文。使用这种行文方式的目的是使公文尽快地传递到若干级上、下级机关。

3.越级行文

即越过直接上级或下级机关直接向更高级上级机关或更低级下级机关制发公文。为维护各机关合法的职权范围和正常的工作秩序，一般应避免越级行文，尤其是上行文中的请示，更应避免。只有在遇到下列情况之一时，方可越级行文：

(1)情况特殊或紧急，逐级上报下达会延误时机造成重大损失时；

(2)经多次请示直接上级机关，问题长期未予解决时；

(3)上级机关交办并指定越级上报某些事项时；

(4)检举、控告直接上级机关时；

(5)直接上下级机关产生争议且无法解决时；

(6)需直接询问、答复、联系具体事项时；

(7)反映或处理不涉及直接上级或下级机关职权范围的偶发事件或问题时。

遇到以上特殊情况必须越级行文时，一般应抄送被越过的直接上级机关或下级机关。

4.直接行文

即不受组织系统结构层次的制约直接向各有关机关制发公文。不相隶属机关之间制发公文，均采用直接行文。此类直接行文都是平行文。

(三)正确选择公文的主送、抄送机关

机关的行文应当分清主送机关和抄送机关。向上级机关的行文，或者要求对方机关办理答复的公文，应当主送一个机关，以便收文机关能及时迅速地进行办理。如需其他相关的上级机关阅知或文件内容涉及其他机关部门的业务范围，可以抄送。但切勿多头主送，否则就会造成谁也不批、谁也不理，结果误时误事。凡受双重领导的机关上报公文，应根据公文的内容写明主送机关和抄送机关，由主送机关负责答复其请示的事项；上级机关向受双重领导的下级机关行文时，应同时抄送另一上级机关。向上级机关的行文如需报送其他相关的上级机关，则可用抄送的形式；向下级机关的重要行文，应当同时抄送发文机关的直接上级机关。

(四)“同级”机关才能联合行文

所谓“同级”是指处于相同或相近级别层次。“同级”机关包括：同级政府、同级政府各部门、上级政府部门与下一级政府、政府及其部门与同级党委和军队机关及其部门、政府部门与同级人民团体和行使行政职能的事业单位。例如，北京市人民政府与山东省人民政府是同级机关，可以联合行文；农业部与中宣部、国家教委、广播电影电视部等是同级机关，可以联合行文；农业部与山东省人民政府是同级机关，可以联合行文；农业部与中国科协是相同级别层次，可以联合行文。

联合行文要从实际出发.的确有必要时才实行联合行文，同时要注意单位不宜过多。

（五）行文前应对有关问题协商一致

在机关的实际工作中，有时会遇到行文中的内容涉及其他机关的职权或业务范围的情况。在这种情况下，如果是下行文，为保证公文的权威性和政令的一致性，公文制发机关行文前必须同其他相关机关就有关问题协商一致，否则一律不得各自按自己的意见向下级机关行文。如擅自行文，公文制发机关的上级机关有权责令纠正或撤销。如果是请示，也必须如实地向上级机关说明有关机关对此的意见，以便上级机关进行协调，使问题得到解决。

（六）“请示”应一文一事

“请示”必须一文一事.不可数事混杂.尤其不能把不同性质、类别的事项写在一份“请示”中。这是因为上级机关的部门在业务上有分工，问题解决的难易程度也不一致，一文数事不便于上级批复，也容易延误批复时间。

（七）“报告”中不得夹带请示事项

“报告”的主要目的是下情上达，即向上级机关汇报工作、反映情况、提出意见或建议，是一种呈报性公文，不需要上级机关批复，如果在“报告”中夹带请示事项，有可能得不到上级的批复，从而影响工作的开展。

第四节 公文的格式

一、公文的格式

公文的格式体现了国家机关行政公文的合法性和权威性，是公文的组成部分。它的规定有利于统一管理、存档和使用，使其能更好地发挥应有的作用。

根据《国家行政机关公文处理办法》的规定，公文一般由秘密等级、紧急程度、发文机关标识、发文字号、签发人、标题、主送机关、正文、附件说明、印章、成文日期、附注、主题词、抄送机关、印发机关和印发日期等部分组成。

（一）公文的文面格式

公文的文面格式是指公文的各组成部分在公文文面上所处的位置和书写的形式。这些组成要素不是随意规定的。它是由党和国家有关部门颁布的法规性公文规定的，任何单位在拟制公文时都必须按规定执行。

公文一般由文头、正文、文尾三部分组成。

1.国家行政机关正式公文的文头一般由文件名称、发文字号、签发人、紧急程度、秘密等级等组成。占文件首页的三分之一到五分之二，用横隔线与正文分开

（1）文件名称由发文机关全称或规范简称加上“文件”二字组成（函只署发文机关名称），置于首页的上端，用庄重、醒目的字体套红印刷。两个以上机关联合行文，牵头主办机关排列在前，也可只用主办机关的名称。党委和政府联合行文，党委排列在前。

（2）发文字号由发文机关代字、标于括号内的年份、顺序号组成，位于文件名称之下、横隔线之上正中位置（函的发文字号标注在标题的右上方）。两个以上机关联合行文，只标明主办机关的发文字号。

（3）上报的文件，应当在发文字号的同一行右端标明签发人姓名。

（4）秘密等级、紧急程度，应视文件内容需要从上至下依次标注在文件名称的左上角。秘密等级分为“秘密”、“机密”、“绝密”三种；紧急程度分为“急件”、“特急件”。机密、绝密文件应标注份号。

（5）政府令的文头由套红印刷的“政府令”和编号组成。政府令的编号为“第××号”。

2.公文的正文部分一般包括标题、主送机关、正文、附件、发文机关等

（1）标题。公文标题应当准确、简要地概括公文的主要内容，一般由发文机关名称、内容提要和文种三部分组成。公文标题的作用：一是揭示内容，点明主题，使人一目了然；二是给公文定名，标题就是该公文的名称，便于收文机关登记管理，便于查找询问。公文标题位于横隔线之下居中位置。公文标题中除法规、规章名称加书名号外，一般不加标点符号，不能以引用文件字号代替内容提要。

（2）主送机关。指收受、办理文件的单位。俗称“抬头”。除“公告”、“布告”、“通告”以外，正式公文一般都应标明主送机关。主送机关名称位置一般在标题之下，正文之上左端顶格位置书写。“决定”、“命令（令）”、“会议纪要”等文种，主送机关可置于文尾主题词之下，发送栏内抄送机关的上方，标为“主送：×××”或“分送：×××”。向上级机关的请示，只写一个主送机关，如需同时送其他机

关,用抄送形式。

(3)正文。即公文的具体内容,是公文的核心部分。需要使用序数符号标明层次时,一般排列顺序是:第一层用“一”,第二层用“(一)”,第三层用“1”,第四层用“(1)”。行政规章视需要按章、节、条、款、项标明层次。正文的位置在主送机关以下。较长的公文一般由开头、主体、结尾三部分组成。正文的写法从内容上讲,要把事情交待清楚,什么事、什么问题,准确无误。观点要鲜明,需要受文单位做什么,解决什么问题,准确明白。从形式上讲,条理层次清楚,文字简练确切,标点符号准确无误,篇幅力求短小。

(4)发文机关。是指正文之后、附件之下所署的发文机关名称。发文机关的位置在正文之后偏右下方。如果正文占满了公文纸的全页,不得不在下一页落款时,可将落款放在空白页,同时,必须在落款前的空白处用括号加以注明:“此页无正文”。发文机关应写机关全称或规范化的简称(也可用单位的印章代替)。

(5)成文时间。是以领导人签发日期为准。经会议批准的文件,以会议通过的日期为准,电报以发出日期为准,几个机关联合发文的,按最后一个领导人签发的日期为准。成文日期使用公元纪年,用汉字书写。成文日期的位置一般在发文机关的下面。成文日期是文件生效和查阅的重要依据,要求准确、完备、具体,不能忽视。

(6)印章。印章是发文机关表示对公文负责并标志公文生效的凭证。公文除会议纪要外,都应加盖印章。联合上报的非规章性文件,由主办单位加盖印章。联合下发的公文,联合发文机关印章都应加盖在成文日期处,上边沿不压正文,下边沿骑年盖月。会议通过的“决定”,日期可注于标题之下,印章可盖在正文末尾发文机关处。

(7)附件。公文如有附件,附件名称注在正文之后,文件落款之前,如有两个以上附件应注明附件的顺序。附件与主件订在一起发送,如不能订在一起,应在附件首页左上角注明主件的发文字号和附件的顺序号。

(8)抄送机关。即指除主送机关以外需要了解该公文内容的有关机关。在实际工作中,需注意几个方面:抄送机关不能滥抄滥送,也不能漏抄漏送;请示公文不要同时抄送下级或同级机关;向下级机关的重要行文要抄报直接上级机关;向下转发上级机关的文件,不要再抄报上级机关

3.文尾部分包括主题词、发送栏、印发机关与印发日期、共印份数等项

(1)主题词:标于文尾部分发送栏之上。上报的文件从受文机关制发的主题词表中选词标注,其他文件可从本机关制订的主题词表中选词标注。标注主题

词不少于2个不超过7个。标注主题词应准确,规范。

(2)发送栏:位于主题词之下、印发机关与印发日期栏之上。抄送范围如涉及各方面机关,一般按党委、人大、政协、纪委、法院、检察院、军队、政府部门的顺序排列。发送机关的名称用全称或规范化简称。正文中已标明主送机关的,发送栏只标明抄送机关。

(3)印发机关与印发日期栏位于发送栏之下,左端标注公文印发机关名称,右端标注印发日期。翻印文件,此栏标注翻印机关名称和翻印日期。

(4)文件印制份数标注在印发机关与印发日期栏之下右侧,标注有"(共印××份)"。

主题词、发送栏、印发机关与印发日期栏之间分别加横线分开。

(二)公文的特殊格式要求

1. 排版规格

正文用3号仿宋体字,一般每面排22行,每行排28个字。

2. 制版要求

版面干净无底灰,字迹清楚无断划,尺寸标准,版心不斜,误差不超过1mm。

3. 印刷要求

双面印刷,页码套正,两面误差不得超过2mm。黑色油墨应达到色谱所标BI.100%。

红色油墨应达到色谱所标Y80%、M80%。印品着墨实,均匀。字面不花、不白、无断划。

4. 用纸要求

公文用纸采用A4型,幅面尺寸为210mm×297mm。

5. 装订要求

公文应左侧装订,不掉页,包本公文的封面与书芯不脱落,两页页码之间误差不超过4mm。

二、常用公文的格式

(一)决定

1. 决定的含义

决定是党政机关、社会团体、企事业单位或某种会议就某项任务、某项工作,特别是重大行动阐明方针主张、具体处置办法时所使用的公文。一般说来,"对重要事项或重大行动做出安排",用决定。决定既可以经会议讨论通过而产生,也可以由领导机关直接行文，一旦成文下发，就要求下级机关和有关人员必须贯彻执行。所以，决定是一种重要的指令性下行文。

2.决定的分类

根据用途和内容，决定可分为以下3类：

（1）知照性决定。又称“处置性决定”，是一种处理、布置并告知具体事项的决定，常用的有表彰决定、处分决定、机构设置或调整的决定、人事安排的决定等。这类决定内容单纯、行文简洁，将所决定的事项简要地传达给有关部门、单位或个人就行了。

（2）部署性决定。“部署性决定”就是对重大行动做出安排的决定。这些决定有的是由机关直接发出的，有的是由会议直接发出的，有些特别重大的行动是由机关制文又要经会议讨论通过方才发出的。这类决定所涉及的都是有关部门改革开放和社会主义建设的重大事项或迫切需要解决的重大问题。如《全国人民代表大会常务委员会关于迅速审判严重危害社会治安的犯罪分子的程序的决定》等。

（3）法规性决定。“法规性决定”是用来公布重大法规的决定。这类决定的结构一般比较简单，先简要地说明公布决定的目的，然后逐条列出法规的内容即可。

3.决定的特点

（1）决断性。决定是对某些重大行动或重要问题做出决断，阐明方针、政策和主张，提出规划、安排、意见和结论的一种公文。行文郑重严肃、语气肯定果断，体现出权威的决断力量，具有必须坚决照办、不容置疑的特性。

（2）指令性。对上级机关已经做出的决定，所属下级机关和有关人员必须坚决贯彻执行，令行禁止，绝不允许阳奉阴违。如有违背和违反，将视其情节轻重予以严肃处理。决定的这种指令性和行政约束力近似于命令，但与命令又有所不同。命令的行文，一般只作论断性的说明，而不作工作方针、政策、立法上的陈述。

（3）广泛性。决定的广泛性一方面是指应用范围的广泛，政治、经济、文化、科技、教育等部门都可运用，因而从总体上看，其内容范围涉及面广，具有多样性和丰富性。另一方面是指决定只注明印发或传达范围而不写主送机关。它是在规定的范围内广泛地进行指挥，而不是向具体对象发号施令。

4.决定的基本结构和写法

（1）标题。标题由发文机关、事由、文种三部分组成。

（2）成文日期。决定的成文日期的写法有两种：一种是将成文日期年、月、日标写在落款之下，与发文机关错开并偏右下方；另一种是特殊的标写方法，即凡属会议集体讨论通过的决定，把会议通过的年、月、日用括号括入，直接标写在标题之下居中的位置。

(3)正文。决定的正文一般由引语、主体、结尾三部分组成。引语写出决定的依据、原因、目的，有时还要讲到所决定事项的具体情况和它的意义。主体包括决定的内容、落实决定的要求和措施。可视具体情况而采用不同的写法。有的内容简单，可用一个自然段行文；有的内容复杂，可以分条列款表述；大型的决定可分成几个部分，列小标题，在部分之下又分条列款。大多数决定都有结束语，即在最后写上一段希望、号召、要求之类的文字。

【例文】

中共××市委

关于表彰先进基层党组织和优秀共产党员的决定

(×年×月×日)

在改革、稳定、发展和三个文明建设中，我市基层党组织和广大共产党员创造性地贯彻执行党的路线、方针、政策，认真贯彻“三个代表”重要思想，为振兴我市经济和各项社会事业做出了积极贡献，市委决定对成绩卓著的基层党组织和优秀共产党员予以表彰，授予××厂党委等50个基层党组织“先进基层党组织”称号，授予×××等70名同志“优秀共产党员”称号。

这些先进基层党组织和优秀共产党员，是全市2万多个基层党组织和34万党员的杰出代表.他们的先进思想和模范事迹，集中反映了新时期工人阶级先锋队的觉悟、智慧和精神风貌，为全市基层党组织和共产党员树立了榜样。

市委号召，全市各级党组织和全体共产党员要认真学习他们的模范事迹和先进经验，学习他们坚定地贯彻执行党的路线、方针、政策的自觉性；学习他们奋力拼搏、改革创新、争创一流的进取意识；学习他们把共产主义的远大理想化为行动的实干精神；学习他们为国家的兴旺发达、人民幸福而奉献的高尚情操。

要以他们为榜样.更加深入广泛地开展争先创优活动，进一步加强党的建设，充分发挥战斗堡垒和先锋模范作用.带领全市人民锐意进取，求真务实，为实现我市改革、发展稳定的各项目标做出更大贡献。

附：受表彰的先进基层党组织和优秀共产党员名单(略)

(二)通知

1.通知的概念

《办法》规定:“通知适用于批转下级机关的公文,转发上级机关和不相隶属机关的公文,传达要求下级机关办理和需要有关单位周知或者执行的事项;任免人员。”因它有传达上级指示、布置工作、任免干部的作用,以及知照事项、联系工作的功用,故通知既是下行文,有时又是平行文。

2.通知的特点

(1)使用范围广。通知这一文种,不受机关级别的限制,任何一级行政机关均可使用,也不受内容繁简的制约,布置工作、传达指示、知照事项等都可使用。

通知的内容非常广泛,上可涉及国家活动和政府工作,下可涉及社会生活的各个方面。

(2)使用频率高。通知是现行公文种类中使用频率最高的文种,要占各级行政机关发文总量的一半以上,这是由于它的使用范围广而带来的必然结果。

(3)时效要求强。通知的事项都是要求在一定时期内应知或应办的,具有较强的时效性,不得拖延。即所通知的都是应立即办理、执行的事项。布置的工作若时间性较强,则一定要在开展此项工作前的一定时间内通知到下级机关,以便有一段准备时间。

3 通知的种类

从内容上分,通知可分为如下几种:

(1)发布性通知。主要以通知的形式公布行政规章及规范性的文件,要求有关的部门在规定范围内执行。撰写这种通知,一般要写明发布文件的名称,并表明对这一文件的态度,有的还要写明发布的意义和实施要求,或只说明实施要求。发布的文件或规章,如果是重要项目的规章,用“颁布”或“发布”;如果是一般的规章,则称为“印发”。通知的用语一般比较严肃。通知正文一般只有一个段落,首先说明制订所发布的规章的目的,然后写明发布事项,最后提出执行要求。

(2)批转性通知。此类通知是批示转发下级机关发来的文件的通知。其写法既有对所批转的公文表明“批准”或“同意”的态度,或者做出评价与简要批示,要求受文单位贯彻执行;又有在表明态度之后,还要针对所批转公文的内容作进一步的阐明与论证,指明意义,提出执行要求与注意事项。需要说明的是,随批转性通知下发的公文应是反映带有普遍性问题或具有普遍指导意义的公文。

(3)转发性通知。此类通知是指用来转发上级机关、同级机关、不相隶属机关的公文的通知,如果上级机关、同级机关和不相隶属机关的公文,对本机关及所属下级机关工作具有指示、指导或参考借鉴作用,可发布通知要求结合本地区、本单位、本部门实际予以贯彻，并应对受文单位提出如何贯彻执行的指示性意见。

(4)指示性通知。此类通知又称规定性通知或布置性通知。上级机关宣布要求下级机关办理或执行的事项，但限于发文机关的权限，或因其内容不宜用命令(令)或决定的，可用指示性通知。撰写此类通知，要明确阐述制发通知的政策、法规依据与发文目的，并要具体交待工作任务与执行要求。这类通知多用于上级机关指示如何开展工作，针对工作中出现的较带普遍性的问题提出解决办法，要求下级机关执行。其作用相当于“指示”，对下级具有强制性的约束力。

(5)告知性通知。它是指要求某些单位办理某项事项、事宜或告知事情所使用的一种通知。这类通知是机关日常工作经常会用到的公文文种。比如，可以告知设立或撤销机构、迁移办公地点、启用或更换印章、修改行政规章、修正或补充文件内容、调整办公时间等各种事项。此类通知也多用于处理日常工作中带事务性的事情，常把有关信息或要求用通知的形式传达给有关机构或群众，诸如开会通知、放假通知、缴费通知等。

(6)任免性通知。在以往的实际工作中，任免国家高级领导干部和其他重要岗位的工作人员，一般使用命令这一文种；任免一般干部或一般工作人员，通常使用通知这一文种。《办法》在 2001 年 1 月 1 日起则进一步规定：通知适用于“任免人员”，任免对象不再限于干部，范围有所扩大。

4.通知的写作方法

(1)标题。标题多采用“发文单位加事由加文种”或“事由加文种”，前者如《中共中央办公厅、国务院办公厅关于切实减轻农民负担的紧急通知》，后者如《关于召开教育工作会议的通知》，如若是批转性、转发性通知，标题中应标明“批转”、“转发”字样，并要列出原发文单位和原文件名称。

(2)主送机关。通知必须有主送机关，即指此通知的承办、执行和应予知晓的主要受文机关。通知的主送机关应写全称或规范性的简称，在正文上面的首行顶格写明。

(3)正文。通知的正文，一般由通知原因、通知事项、通知结语三个部分组成。

①通知原因。即指正文开头写明制发通知的依据、目的，以增强说服力。

常采用“据……”、“经……”、“由于……”等简明精炼的语句，然后以“特通知如下”、“现通知如下”、“现将有关事项通知如下”、“特作如下紧急通知”等惯用语引起下文。

②通知事项。这是通知内容的核心部分，要求将通知的具体事项交待得清

清楚楚。如事项单一，可以一气呵成；如事项较多，可采用分条列项的办法写出。

③通知结语。这是正文的结尾部分，也是提出希望、号召和执行要求的用语。惯用的结尾用语有："本通知自下发之日起执行"、"上述通知，望认真执行"、"特此通知"等。

④落款和发文日期。通知的落款写法，与其他公文落款的写作格式基本相同。如同联合发文，主办机关应排列在前，发文日期可写在全文末尾的右下方，有的也可以提前置于标题之下。

5.通知的写作要求

(1)内容要具体、集中。通知内容要求只明确说明一件事，布置一项工作，不宜在一项通知中涉及多项事情，通知事项应单一而集中。

(2)重点突出、针对性强。通知的任务事项交待要清楚，并要突出重点。使受文者能够正确领会，从而认真地去办理通知的事项。

(3)依据明确，理由充分通知要清楚写明原因、缘由，根据什么情况、什么目的来撰写通知，这样发文的理由才充分，办文的目的才明确。

【例文】

国务院办公厅文件

国办发〔2000〕×号

国务院办公厅关于发布《国家行政机关公文处理办法》的通知

各省、自治区、直辖市人民政府，国务院各部委、各直属机构：

现发布《国家行政机关公文处理办法》，自 2001 年 1 月 1 日起施行。1993 年 11 月 21 日国务院办公厅发布，1994 年 1 月 1 日起施行的《国家行政机关公文处理办法》同时废止。

附件：国家行政机关公文处理办法

（印章）　　国务院办公厅

二〇〇〇年八月二十四日

（三）报告

1.报告的概念和种类

(1)报告的概念。报告是"适用于向上级机关汇报工作，反映情况，答复上级机关的询问"的公文。报告为上行文。

(2)报告的种类。

①综合报告。是定期向上级领导机关汇报全面的工作情况而写的报告。

②专题报告。是针对某项工作或问题而写的报告,汇报工作的进展情况、成绩和经验以及存在的问题等。

③答复报告。用于答复上级机关的询问而写的报告。

④递送报告。用于向上级机关送文、送物而写的报告。

2.文体结构

(1)标题。常规形式。由制发机关、事由、文种三部分组成。

(2)主送机关。为直属上级机关。

(3)正文。正文由导语、主体和尾语组成。

导语写报告的目的或缘由。写完后多用“现将有关情况报告如下”的过渡语进行过渡。

主体即报告的具体内容。一般包括情况(做法)、问题、原因(责任)、今后的意见。

报告的尾语,多用“特此报告”。

(4)落款。在正文右下方注明成文时间,并于机关领导审核签发后加盖公章。

3.写作要求

(1)综合报告的要求:

①内容要求写明工作进程、工作成绩、经验、存在的问题与下一步工作安排。

②主要运用记叙方式。

③重点突出,点面结合。要避免把工作报告写成面面俱到的流水账。

④实事求是。报告中所列成绩或问题都必须属实,并能从中揭示出一定的规律。

⑤在报告中可以写设想、提建议,但不可写请示事项。

(2)专题报告的要求:

①在内容上要求反映新事物、新问题、新情况,要有助于推进当前工作的开展。

②写作要及时,做完一项专门工作或解决某项问题之后,立即报告。

(3)答复报告的要求:要针对上级的询问,实事求是地回答问题。既不夸大成绩,也不隐瞒问题,具体真实,把握分寸。

(4)递送报告的要求:写作内容简单,将报送的材料(文件、物件)的名称、数量写清楚就可以,结尾用“请收阅”、“请查收”等结束。

（四）请示

1. 请示的概念及适用范围

请示是下级机关向上级机关请求指示和批准的公文文种，是上行文。

请示主要用于以下情况：

（1）对上级机关的方针、政策，法规、规章，决定、指示等不理解或难以执行的，请求予以指示或认可。

（2）请求审核批准本机关制订的法规、规章或决定、报告等。

（3）请求批准本机关无权处理的重要事项。

（4）请求审定本机关对某些重要问题所提出的处理方案和办法。

（5）请求协调超出本部门职权之外，涉及多个部门和地区的事务。

（6）根据规定必须履行审批程序的事项。

2. 请示的特点

（1）请示是一种使用比较广泛的上行文。

（2）请示属于要求领导机关必须予以回复的公文。

（3）请示的内容属于本机关职权范围内无权处理或难以处理的问题或事项。

（4）请示在表达方式上采用叙述和说明，忌用议论。

3. 请示的写法

请示主要由标题、主送机关、正文、落款、日期等组成。

（1）标题。通常由机关、事由、文种三部分组成，前两者有时也可省略。

（2）主送机关。为直属上级机关，一般只报送一个主管的领导机关，可抄送其他机关。

（3）正文。正文由事由、请求事项和结语组成。事由需写明为什么提出请示，应写得充分、具体、恰当，以便上级充分了解情况、做出决策。请求事项是写明怎么做，说明请求的具体项目，是请示的最重要的内容，要求清楚确切，一般分项叙述。结语用“以上意见当否，请批复”、“以上要求，请审批”。

（4）落款，署上请示单位名称。

（5）日期。写在落款下面。

4. 请示的写作要求

在写请示时，应当注意以下事项：

（1）主题集中，要坚持一文一事。

（2）层次清楚，请示事项的文字表述必须明确、具体、可行。

（3）不要作多头请示。请示应主送直接主管机关或主管领导，其他确需了解请示事项的领导机关或领导人，采取抄报形式处理。如是受双重领导的机关，也应根据请示内容，择要报送一处领导机关，由主送机关答复请示的问题，对另一领导机关采取抄报形式。

(4)一般不得越级请示。个别需要越级请示的，常采用两种方式：一种是转呈式，可以既避免越级，又明确主送机关，另一种是在越级请求的同时，把请示抄报被越过的主管部门。

(5)不要把请示写成报告或请示报告。

(6)除领导直接交办的事项外，请示不要直接送领导者个人，或既写主送机关，又同时主送、抄送给主送机关领导人。

(7)一般情况下，不得在上报请示的同时抄送平级和下级机关。

5. 请示和报告的异同

请示和报告既有相同之处，又有区别。相同之处是两个都是写给上级的上行文，公文里都有陈述意见、反映情况的内容。区别是：第一，时间有别，请示跟报告相比，时间要求更紧迫，它所写的情况是未解决的，属于将来时，报告写的情况是已做过的，属于过去时；第二，内容的侧重点有别，请示着重于请示批准，而报告着重于汇报工作；第三，要求有别，请示要求上级必须回复，报告则不必，只供上级参考。

【例文】

国家旅游局、公安部文件

×旅字〔××××〕×号　　　　　　　　签发人：×××

关于中国公民自费出国旅游管理暂行办法的请示

国务院：

随着对外改革开放的不断扩大，人民生活水平不断提高，近年来，中国公民自费出国旅游人数不断增加，为适应改革开放形势，加强中国公民自费出国旅游的管理，特制订了《中国公民自费出国旅游管理暂行办法》。

附：中国公民自费出国旅游管理暂行办法

以上暂行办法如无不妥，请批转发布执行。

国家旅游局(盖章)

公安部(盖章)

×××年×月××日

(五)批复

1. 批复的概念

批复是上级机关据下级机关的请示而制发的公文。任何接到请示的有关机关、部门、单位都可以使用批复。提出请示的下级机关就是批复的主送机关。如果批复的请示事项具有普遍的指导意义或具有某种程度的规定性质,则这一批复也可以抄送各有关下级单位。

2. 批复的特点

(1)权威性。批复的内容是上级机关的行政决策,应认真遵守与执行。

(2)被动性。先有请示,后有批复,批复是根据请示而制发的。

(3)针对性。批复只印发给请示过的单位,内容只针对请示的事项。

3. 批复的写法

批复通常由标题、主送机关、正文、落款与日期等几个部分组成。

(1)标题。标题要写明发文机关、内容和文种,与其他公文的不同在于,批复一般在标题中标明作者对所请示问题的态度。

(2)主送机关。批复的主送机关与请示的发文机关一致。

(3)正文。正文一般由事由和答复事项组成。事由即批复的原因和根据。开头通常采用引文的形式,引述来文的标题和发文字号,从而点明批复的对象和依据,然后再针对请示的内容,逐条予以明确的答复。常见的表达形式为:"你处《关于××××的请示》(×发19××号)收悉,经研究批复如下",最后以"此复"、"特此批复"、"专此批复"等收束用语作结,有时也可省略不写。

(4)落款。批复机关的名称,写在正文之后的右下方。

(5)日期。在落款下标明成文时间。

4. 批复的写作要求

批复的写作要求如下:

(1)行文前认真地进行调查。

(2)用语简要准确,语气肯定。

(3)批复的内容必须围绕请求的事项逐一答复。

【例文】

关于《中国公民自费出国旅游管理暂行办法》的批复

国家旅游局、公安部:

国务院原则同意《中国公民自费出国旅游管理暂行办法》由你们发布施行。

附《中国公民自费出国旅游管理暂行办法》

国务院

××××年×月×日

（六）函

1.函的含义

《国家行政机关公文处理办法》对函的含义作如下表述：

适用于不相隶属机关之间商洽工作，询问和答复问题，请求批准和答复审批事项。

《中国共产党机关公文处理条例》对函的含义规定如下：

用于机关之间商洽工作、询问和答复问题，向无隶属关系的有关主管部门请求批准。

理解函的定义时，关键要把握住“不相隶属机关”这一概念。一个系统内部的平级机关是不相隶属机关；另外，凡是双方在行政或组织上没有领导与被领导关系、业务上没有指导与被指导关系的，都是不相隶属机关，无需考虑双方的级别大小。

2.函的分类

（1）根据用途不同，分为：

①商洽性函：商量和接洽工作。主要用于不相隶属机关之间商量洽谈办理某一问题，如联系参观学习、商洽干部调动、请求帮助支持等。

②询问性函：询问问题，征求意见，主要用于向对方询问某一事项。

③答复性函：机关之间回复问题。主要用于向对方答复某一事项。

④请求性函：请求帮助或配合工作，以及向有关主管部门请求批准某一事项。

（2）根据行文方向不同，分为：

①去函：本机关为询问事项或请求批准而主动制发的函。

②复函：为答复受文机关所提出的问题或回复批准事项而被动制发的函。

3.函的特点

函主要具有如下3个特点：

（1）使用范围具有广泛性。函的使用范围比较广泛，既可用于相互商洽工作、询问答复问题，又可用于向主管部门请求批准事项。

（2）行文方向具有多向性。函既可平行，又可以上行、下行，但较多的时候，还是将函看作平行文。

（3）短小精悍，简便灵活。函一般比较短小，内容单一，语言简洁，简单明了。

4. 函的写法

函通常由标题、主送机关、正文、落款 4 个部分组成。

(1)标题。函的标题有全要素标题，即包括发文机关、事由及文种。其中事由应是对正文主要内容的精练概括，如《交通部关于在高速公路主干道设立检查站点有关问题的函》。也有的标题由事由和文种组成，如《关于催促贯彻全国方便食品科技会议情况的函》。

(2)主送机关。去函的主送机关一般只有一个，但有时因问题涉及两个以上机关，也可以同时把两个以上机关写上。

(3)正文。函的正文是文件的主要部分，强调就事论事，直陈其事。第一部分是叙述事项，第二部分说明希望和要求。

去函的正文先写商洽、请求、询问或告知的事项，然后提出希望、请求或要求，最后明确提出“以上意见可否，请函复”、“敬请函复”、“特此函告”等。“事项”部分基本是叙述和说明的写法，是什么就写什么，既简明扼要，又要交代清楚。“要求”部分可多可少，如果事项很简单，而且没有过多要求，就同事项写在一起，一气呵成；如果事项复杂些，或要求多些，可以单列一段来写，甚至分条列项来写。

复函正文的一般结构是：先引述来函，可引来函的文件名称、发文字号、主要内容，也可以直接写“电悉”、“函悉”；然后写答复的主要事项，所答复的内容要围绕来函，要准确表达本机关的意见，态度要鲜明；复函的结尾一般可写上“此复”、“特此函复”等话语。在复函中，要针对来函中提出的问题予以答复：同意或不同意，同意将怎么办、不同意是什么原因或应该怎么办、不应该怎么办等。

(4)落款。函的正文写完之后，最后要有署名和日期，并要加盖公章。

【例文】

××学校关于请求帮助解决进修教师住宿问题的函

××大学：

为培养师资，我校选派了五名教师到××学院进修，但因该院基建工程尚未完工，我校进修教师的住宿问题至今仍未得到解决。请贵校为我校五位教师提供帮助，解决其住宿问题。住宿费用等事宜，按贵校有关规定办理。

请予支持为荷。

××学校

××××年×月××日

（七）会议纪要

1. 会议纪要的概念

会议纪要是传达重要会议的主要精神和决定的事项，以便与会者和有关单位遵照执行的公文。

会议纪要是根据会议记录和会议文件综合整理而成的，要求真实、准确、完整地反映会议本来面貌，抓住会议要点，反映会议实质。

2. 会议纪要的写法

会议纪要由标题和正文两部分组成。

(1)标题。一般由会议名称和文种组成。标题下面一行用括号注明纪要通过的时间。

(2)正文。一般由会议概况、议定事项和希望要求等三部分组成。

①会议概况。是正文的开头，主要用简短的文字介绍会议的名称、召集单位、议程、时间、地点、进行情况等。

②议定事项。是正文的主体，其内容是对会议讨论研究和议定事项进行归纳整理，概括出来的要点，主要反映会议研究了什么问题，提出了什么意见，做出了什么决定，总的要求是在原始记录（或录音）的基础上，认真综合整理，突出重点，概括要点，准确完整地表述会议的主要精神和决定的事项。一般用“会议认为”、“会议决定”、“会议要求”等作为引语，来叙述会议的综合意见。

③希望要求。是会议纪要的结尾，有时可以省略，主要作用是号召有关单位贯彻会议精神，完成会议提出的任务。

3. 会议纪要的写作要求

(1)必须客观真实地反映会议基本精神。纪要中归纳的主要问题，必须是会议一致通过或与会者多数认可的，不能把少数人的观点或没有统一的看法写到“会议认为”、“会议强调”、“会议要求”之中去。

(2)做到眉目清楚、层次分明。要防止观点和内容本末倒置、张冠李戴或喧宾夺主。

(3)语言要平实、简练。

【例文】

市政府常务会议纪要

第30号

××市人民政府办公室　　2×××年×月×日

12月14日，市长×××同志主持召开了市政府第30次常务会议。参加会议的有：常务副市长王××、唐××，副市长张××、邢××、袁××、林××、刘××，市政府办公室及其他有关部门的负责同志。市委副书记李××，市人大常委会党组副书记程××，市政协副主席关××应邀列席了会议。现将会议研究决定的事项纪要如下：

一、关于当前工作

城市经济方面：（略）

农村经济方面：（略）

二、会议同意成立"×××市机关事业单位职工社会养老保险管理处"。……由王××同志牵头，组织有关部门协调落实。

三、会议就成立×××市地方税务局稽查分局的问题进行了讨论。一致认为……有关具体事宜由市地方税务局按程序向市编制委员会报批。

（以下各点均略）

发：各县人民政府，市政府各部门、各直属机构

【思考题】

1. 什么是公文？它有何特点和作用？

2. 我国现行的公文有多少种？一般划分为几大类？

3. 请示和报告有何异同之处？

4. 通知有哪些类型？批转、转发性通知怎样写？指示性通知怎样写？

5. 写作练习题：

莱阳科普学会计划今年8月上旬召开第五次年会，按有关规定，会议需经省科协批准，并提供会议经费。该学会的常务理事会经过讨论，对有关事项做出具体安排如下：

（1）指导思想：以党的四项基本原则为指导，以实施"科教兴国"战略为目标，通过总结一年来的工作成绩和经验教训，进一步加强科普实践和理论研究，把学会的工作进一步做好。

(2)会议内容：

×××会长讲话

×××秘书长作工作报告

宣读论文

讨论今后的工作

×××副会长做总结报告，并提出下一年度的工作安排

(3)会议拟开5天，地点在×××农科院农作物研究所，日程安排请秘书长确定。

(4)会议经费预算，由秘书长具体核定。

根据以上内容，完成下列练习。要求每篇公文的字数在300～500字左右。

请以该学会的名义，向省科协写一份请示；

请以省科协的名义，写一份表示同意的批复。

第三章
事务文书

事务文书指机关单位、社会团体或个人在处理个人事务、工作事务和日常机关事务中所使用到的应用文。它使用范围十分广泛，具有广泛性、指导性、规范性、灵便性、及时性等特点，在实际工作中起到宣传教育作用、管理促进作用、凭证、鉴证作用以及准绳、规约作用。

常用事务文书有计划、总结、会议纪要和规章制度等。它们是使机关工作、管理工作规范化、制度化的重要文书。它们的文体格式和写作方法也不尽相同。

古代孙武曾说："用兵之道，以计为首。"计划对工作既有指导作用，又有保证监督作用，还有利于总结经验。计划具有目的性、预测性、可行性、灵活性等特点，写作结构分为标题和正文两部分，有很多具体的写作要求。

总结是对前一阶段工作或学习进行回顾、检查和分析研究，从中找出经验和教训，获得规律性的认识，以便指导今后实践的一种事务文书，是应用写作实践中的一种常用文体。总结是推动工作前进的重要环节，具有概括性、客观性、议论性等特点，写作时有许多具体结构和细则，比如观点与材料相统一、点面结合掌握分寸等。

调查报告是对社会上某一个问题或事件进行专门调查研究之后，将所得的材料和结论加以整理而写成的书面报告。调查报告是调查研究成果的运载传递工具，是其转化为社会效益、发挥社会作用的桥梁，为决策和贯彻调整决策提供依据。写作调查报告时，立场、观点要正确，调查态度要端正，调查目的要明确，调查方法要讲究。

规章制度是国家机关、社会团体、企事业单位为了建立正常的工作、学习、生活秩序，依照法律、法令、政策而制订的具有指导性和约束力的文件。本章重点介绍规章制度的格式和写法、制订规章制度的要求，尤其提到医疗卫生规章制度的作用及种类，对现实具有重要指导意义。

撰写事务文书，立意要新、材料要典型、形式要灵活、语言要质朴简练。写作态度要实事求是，实事求是的态度是写好事务文书的重要条件，对事务文书写作态度的要求，往往就是对工作态度的要求。

第一节 计划

一、计划的概念和作用

(一)计划的概念

计划是党政机关、企事业单位、社会团体以及个人在工作、生产、学习以及日常生活中,为了实现某一管理目标、完成某一特定任务、开展某项工作而预先拟定的目标要求及措施办法。

计划只是个总称,平时人们习惯于使用打算、设想、安排、要点、意见、方案、规划等具体的计划名称,说法不一,内容要求也不同。安排、打算适用于时间较短、内容比较具体的计划;规划适合于带有全局性和长远性、内容比较概括的计划;设想适合于初步的、非正式的计划;方案常用于开展某项活动或完成某次任务,目标较具体,措施也更周密;意见和要点比较偏重政策指导性,一般适用于上级机关对下级布置工作,属于纲要式计划。

制订计划可以提高工作预见性和自觉性,使工作能围绕目标更好地开展,同时,也可为今后检查工作进度,总结、评价和考核工作的完成情况提供必要的依据。

(二)计划的作用

1. 计划具有指导作用

《礼记·中庸》中写道:“凡事预则立,不预则废。”无论做什么工作,尤其是复杂一些的工作,有了计划,才会有明确的工作目标、具体的工作要求,才可以减少盲目性、随意性,增强自觉性、主动性,才会充分发挥每个子系统和个体的作用,使工作协调地、顺利地进行。这就是计划对工作的指导作用。

2. 计划具有保证监督作用

计划制订出来以后,不仅仅是指导工作的工具,而且还是上级机关和领导检查、督促实际工作的重要依据。实际工作完成了没有,完成的程度怎么样等,都要依据计划进行评价。

3. 计划有利于总结经验

制订计划是在总结前段工作的基础上进行的,而计划完成的情况,又为总结工作提供了材料。计划客观上又成了总结工作的一个标准。

二、计划的特点和种类

(一)计划的特点

1. 目的性

计划要有明确的目的,在什么时间,完成什么任务,达到什么目标,收到什么效益等,都要有明确的表述,让人一目了然,心中有数。

2. 预测性

计划是为未来工作目标或实践活动做的一种预想性的部署和安排,具有一定的预测性。任何计划都不能凭空想象、随意捏造,应该用科学的理论和全面的分析对未来一段时间的形势变化、工作发展等做出科学合理的预测。

3. 指导性

任何计划,无论是针对某一时期,还是针对某一范围、某一方面工作的,都应对该时期或该方面的工作具有指导意义。计划一旦制订,就成为该时期或该方面工作不断开展和深入推进的指导和依据,甚至成为一种行动纲领。

4. 可行性

任何计划都不是空中楼阁,它除了要有明确的目标、任务外,还必须指出为完成这些目标任务采取的措施,制订切实可行的落实方法和工作举措,以确保计划的实施。否则,再好的计划、再诱人的目标也只能是一纸空文。

5. 灵活性

客观形势和外部环境都是发展变化的,计划虽然用科学的理论为指导,对一个时期的工作发展情况做出了预测,但随着形势的发展变化,计划中做出的预测和安排可能与实际出现一些偏差,这时就需要根据客观实际和实践的发展变化对计划做适当的调整。

(二)计划的种类

计划可以从不同的角度进行分类:

按计划的内容分,可分为工作计划、生产计划、教学计划、科研计划和学习计划等。

按计划的时间跨度分,可分为年度计划、季度计划、月份计划、五年计划、十年计划、远景规划等。

按计划的范围分,可分为国家计划、单位计划和个人计划等。

在写作计划时,根据内容和性质的差别,可以使用不同的名称。常见的计划名称有“规划”、“纲要”、“设想”、“意见”、“要点”、“安排”、“打算”等。这些不同的名称在内容上是有细微差别的：“安排”和“打算”适用于时间比较短、内容比较具体的计划，“设想”表示初步的非正式的计划；“要点”往往是粗线条的正式的计划；“方案”和“意见”往往是领导机关向所属的机关单位布置一定时期的工作、交待政策、提出方法和要求的计划。

三、计划的结构和写法

(一)标题

(1)由计划单位名称、计划时限、计划内容、计划名称四要素组成的完整式标题，如《××市公司××××年营销工作计划》。

(2)省略式，即视实际需要省略某些标题要素，有的省略时限，如《××公司营销方案》；有的省略单位，如《2005年工会工作要点》；有的省略单位和时限，如《毕业生就业工作计划》；凡省略单位的标题必须在正文后署名。

(3)公文式，即由发文机关名称、事由、文种组成。如《××总公司关于××××年机构改革工作的部署》。

若计划尚不成熟或未经批准，则在标题后或正下方注明其成熟度，如“草案”、“讨论稿”字样，并加上圆括号。

(二)正文

计划正文一般由前言、主体和结语构成。

1.前言

一般写以下四方面的内容：

(1)说明制订计划的依据；

(2)概述本单位的基本情况，分析完成计划的主、客观条件；

(3)提出总的任务和要求，或完成计划指标的意义；

(4)指出制订计划的目的。

前言通常以“为此，特制订计划如下”或“为此，需抓好以下几方面的工作”为过渡语，引出主体部分。

2.主体

一般必须写清以下三方面的内容：

(1)目标任务，即在某一时段内要完成的工作任务，通俗地说就是写清楚“做什么”。

(2)措施。写清楚采取何种办法，利用什么条件，由何单位何人具体负责，如何协调配合以完成任务。措施即是写明“怎么做”。

(3)步骤程序。即写明实现计划分几个步骤或几个阶段,即“何时完成”。

目标、措施、步骤程序,可以分开写,也可以将措施和步骤程序放在一起写。根据计划的内容和表述的需要,可以把计划写成条文式、图表式,或条文图表结合式。

不便在正文里表述的内容,可另作“附件”。

3.结语

可以说明计划的执行要求,也可以提出希望或号召。也有的计划不专门写结语。

四、计划的写作要求

(一)首先要通晓党和国家的方针政策

虽然当今我国已经改变了计划经济一统天下的局面、市场经济发展迅速,但是中央的“大的方面管住管好,小的方面放开放活”的精神,就是各单位制订计划时须认真贯彻的。也就是说,制订计划时,不能背离国家的调控原则。总之,制订计划要符合党和国家的方针政策。

(二)收集研究信息

在市场经济体制日益发展的今天,市场竞争非常激烈,传统的“卖方市场”已向“买方市场”转变,很多企业由生产型向生产经营型发展。这就给制订计划提出一个必须解决的问题,即制订计划之前,应收集、研究信息,并作可行性研究,这样制订的计划才有实效性。

(三)可行性研究

为保证计划的顺利实施,圆满完成任务,在制订计划前,需要做好调查研究工作,分析主客观条件,找出实现计划的最佳方案。绝不能单从主观愿望出发,按个人意志行事,否则,计划将难以执行。

(四)指标要留有余地

计划的指标要适当、积极,就是必须经过努力才能达到。指标低了,不费力气就能达到,不利于调动群众的积极性;指标高了,会变成搁置一边的一纸空文。

(五)内容具体明确

工作计划的目标、措施、方法、步骤和责任者等表述十分清楚,既便于执行,也便于检查。

(六)注意协调一致

计划要注意综合平衡、协调一致,使部门之间步调统一,防止执行起来前后左右不衔接或互相牵制。

(七)要走群众路线、集思广益

把计划变成群体的共同意志,以保证计划的认同和可行性。这样在执行计划中就能更好地发挥群众的积极性,减少阻力。

【例文1】

××造纸厂2003年质量管理工作计划

随着我国加入WTO,企业的外部环境发生了很大变化,进入国际市场的机遇越来越多,面对的竞争也越来越激烈。提高产品质量,降低产品成本,成为增强企业竞争能力的重要手段。2003年是本厂产品质量升级、品种换代关键的一年,为进一步提高产品质量,特制订本计划。

一、质量工作目标

1.一季度增加2.5米大烘缸二台,扩大批量,改变纸页温度。

2.三季度增加大烘缸轧辊一根,进一步提高纸页的平整度、光滑度。此项指标要达到QB标准。

3.四季度改变工艺流程,实现里浆分道上浆,使挂面纸板和水泥袋纸板达到省内同行业先进水平。

二、质量工作措施

1.强化质量管理意识,进行全员质量意识教育,培养质量管理干部。

2.成立以技术副厂长×××为首的技改领导小组,主持为提高产品质量以及产品升级设备引进、技术改造工作,负责各项措施的落实和检查工作。

3.由上而下建立好质量保证体系和质量管理制度,把提高产品质量列入主管厂长、科长及技术人员的工作责任,年终根据产品质量水平分配奖金,执行奖惩办法(奖惩办法由劳资科负责拟订,1月15日前公布)。

4.本计划纳入2003年全厂工作计划。厂部负责监督、指导实施。各部门、科室要协同配合,确保本计划的完满实施。

××造纸厂
2003年1月5日

【例文2】

××省财政厅20××年工作计划

20××年是争取实现财政经济状况根本好转的关键性一年。财政厅20×

×年的主要任务是：在认真搞好整党的同时，继续贯彻执行调整、改革、整顿、提高的方针，围绕解决思想、放宽政策、搞活经济、开创工作新局面这个主题，大力促进企业扭亏增盈，进一步落实集中资金的各项措施，坚持搞好××××方面的改革，不断改善和完善现行财政体制，继续保持财政收支平衡，并有一定的结余。

为了完成上述任务，我们拟定了今年财政工作的总目标，即：在促进企业扭亏增盈、提高经济效益上有所突破；在完善财政体制、实行×××第二步改革上要迈出步伐；在加强财政税收管理、严格财政监督上，要采取新措施；在争取财政经济状况根本好转上要取得新进展，做到"一个较大增长，三个基本消灭"。20××年全省财政收入要继续保持超过生产的增长幅度，保证增长百分之×以上，完成国家下达的任务；基本消灭企业经营性亏损、市县工业盈亏相抵后的亏损和市县的财政赤字。

围绕这个总目标，要重点做好八项工作：

(一)认真搞好整党，做到整党和业务工作两不误(略)

(二)大力促进企业提高经济效益，狠抓扭亏增盈(略)

(三)努力开源节流，实现财政收支平衡(略)

(四)坚决贯彻国家集中资金的措施，继续为支援国家重点建设做出贡献(略)

(五)继续搞好×××方面的改革，以适应整个经济体制改革和搞活经济的需要(略)

(六)进一步加强财政、财务管理和监督，真刀真枪地建立起严格的财经纪律(略)

(七)坚持求深、求细、求实的工作作风，认真做好调查研究工作(略)

(八)加强思想政治教育，做好机关各项工作(略)

20××年×月×日

归纳总结

依案例，我们可以归纳出计划写作的惯用格式模板和表达方式。

惯用格式模板和表达方式：

模式1：综合分类表述法

□□□□□□□□□计划(方案、规划等)

为了□□□□□□□□□□□□□□□，特制订本计划：

一、任务与目标

□□□□□□□□□□□□□□□□

二、措施

(一)□□□□□□□□□□□□□□□□□

(二)□□□□□□□□□□□□□□□

(三)□□□□□□□□□□□□□□

三、实施步骤

(一)□□□□□□□□□□□□□□□

(二)□□□□□□□□□□□□□

(三)□□□□□□□□□□□□□

×年×月×日

模式 2:单项分类表述法

□□□□□□□□□计划(方案、规划等)

为了□□□□□□□□□□,特制订如下计划:

一、□□□□□□(方面 1)

(一)任务

□□□□□□□□□□

(二)措施

□□□□□□□□□

(三)步骤

□□□□□□□□□□

二、□□□□□□□□(方面 2)

(一)任务

□□□□□□□□□□

(二)措施

□□□□□□□□□□□

(三)步骤

□□□□□□□□□□□

三、□□□□□□□□□(方面 3)

(一)任务

□□□□□□□□□□□

(二)措施

□□□□□□□□□□□

(三)步骤

□□□□□□□□□□□

×年×月×日

第二节　总结

一、总结的概念和作用

(一)总结的概念

总结是单位、部门或个人对前一段的实践活动进行回顾、检查、分析和研究，从中找出经验教训和规律性的认识，以指导今后实践而写成的应用文书。我们通常说的总结主要是指工作总结。

(二)总结的作用

总结是某时期实践活动全过程的本质概括，是由感性认识到理性认识的升华，是从物质到精神的飞跃。总结作为工作中常用的一种公文，其作用具体如下：

1. 总结是推动工作前进的重要环节

任何一项工作，不论是个人或群体去进行，都需要多次反复操作、辛勤劳动才能完成。每一次具体实践，都有成绩与失误、经验与教训。及时总结，就会及时取得经验教训，提高认识和工作技能。不断总结，那么人们对客观事物的认识也就越来越深刻，知识越来越广，智慧越来越高，所进行的事业通过总结才会不断发展、前进。

2. 总结是寻找工作规律的重要手段

任何一种事物，都存在着内在联系、外部制约，都有它自身的发展、运动规律。遵循这些规律办事，就能顺利达到预期的目的，否则就会受到违背规律的惩罚而招致失败。而要找寻、发现客观规律，就需要总结。

3. 总结是培养、提高工作能力的重要途径

一个人的工作能力是指这个人能否承担某项工作或执行某项任务的能力。具体表现有两个方面：一是专业知识水平，二是解决、处理实际工作中所遇问题的能力。在实践中，二者常常是糅合在一起的，相得益彰。运用所学到的知识，处理实际工作中的问题，并不断总结经验的过程，就是工作能力不断提高的过程。因此，总结是提高工作能力的重要手段。

4. 总结是团结群众，争取领导支持的好渠道

一项工作任务完成之后，必须进行总结。总结能全面深入地回顾、检查，对

成绩与不足、成功与失败、经验与教训，实事求是地做出正确评价，使大家认识统一。这样的总结群众心服口服，把群众最大限度地团结起来。同时，通过总结把成绩、经验、问题和今后的努力方向等向领导汇报，能引起领导重视，争取领导更大的支持和指导。

二、总结的特点和种类

（一）总结的特点

1. 概括性

总结的目的不单单是回顾过去的工作情况，更主要的是通过对各种零星、芜杂、表面、个别的现象进行分析、研究、归纳，从中概括出事物的本质和规律。

2. 客观性

工作总结是通过综合分析大量材料进行再创造的成果，不允许任何虚构与夸张。总结注重以客观事实为前提和基础。因此，只有反映客观事物的本来面目，才能使总结出的经验体会具有实际指导意义。

3. 议论性

工作总结的核心部分，常常采用议论的表达方式来分析复杂的事实材料，论证观点和看法，阐述经验体会并得出结论。

（二）总结的种类

总结一般有以下几种分类方法：

（1）按照性质来分，有经验总结、成绩总结、问题总结。

（2）按照内容来分，有工作总结、思想总结、学习总结、生产总结等。

（3）按照范围来分，有地区总结、部门总结、班组总结。

（4）按照时间来分，有年度总结、季度总结、月份总结等。

上述各种总结，是我们日常工作中常见到的总结分类。从写作方法的角度来分，基本可分为三类：

1. 全面总结，也叫综合性总结

是单位、部门对一定时限内所做的各方面工作进行的综合性的分析、总结。是全方位、多角度、深层次的总结。它反映的是工作的全貌，内容包括基本情况、过程、成绩、经验、缺点、教训、今后努力方向等诸多方面。如《××学院2005年工作总结》，就是对学院在该年度的教学工作、科研工作、学生工作、后勤工作、财务工作等进行的全面总结。要求对材料的选择和处理既要全面，又要重点突出，做到点面结合。它一般要求作者掌握全面的情况，具有较高的分析、概括能力。

2. 专题总结，又叫经验总结

专题性总结，是在某方面的单项工作如生产、思想、宣传等某项特定的任务完成之后所进行的总结。这类总结内容集中单一，重点突出，针对性强，偏重于总结成功经验，一般不专门谈问题和教训。

写这类总结要求有一定的思想深度，要概括出规律性的东西（经验），一般理论性较强。在内容上，要求写得更具体、更细致、更感人。

3. 个人总结

它主要总结个人在工作、学习或思想等方面的情况、经验和教训。写法或按全面总结，或按专题总结。

写这类文章切忌停留在生活过程的回顾或一般缺点的检查上，要抓住主要收获，突出实践中的主要经验教训。切忌没有个人特色，写得一般化。

三、总结的结构和写作

（一）标题

总结的标题常见的有以下3种形式：

1. 公文式标题

由单位名称、时限、事由、文种构成，如《×××公司关于××××年度的工作总结》。这种标题多用于综合性总结。

2. 文章式标题

即概括文章的内容或基本观点的标题。标题中不出现文种“总结”两字。这种标题一般用于专题总结，如《股份制使企业走上成功之路》。

3. 双标题

这种标题的正题揭示主题或概括经验体会，副题标明单位、时限、事由和文种等，如《一本书一页纸一句话——职业技能考证学习方法浅谈》。

（二）正文

正文由开头、主体和结尾三部分组成。

1. 开头

也叫前言。要求概述基本情况，通常简述工作或任务是在什么形势下、遵循什么思想或方针完成的，有哪些主要成绩，存在哪些主要问题。介绍时要有所侧重，或重在单位基本情况，或重在指出成绩。不论哪一种形式，前言都要开门见山，简明扼要，紧扣中心，统领全文，有吸引力。

2. 主体

主体一般有以下3个方面的内容：

(1)基本做法、成绩和经验。多数总结把这部分内容作为重点。要写明在什么思想指导下做了哪些工作,采取了哪些措施,取得了哪些成绩,其主客观原因是什么,有哪些体会等。成绩、做法是基础材料,经验体会是重点。要点面结合,重点突出,数据具体,具有较强的说服力。切忌面面俱到,不分主次,或者写成流水账。

(2)问题与教训。要求以一分为二的观点看问题,写出工作中的存在问题与不足,并分析其主客观原因,及由此得出的教训等。不同的总结,可以有不同的侧重。如果是着重反映问题的总结,就要把这部分作为重点来写;如果是典型经验总结,或者工作中确无大的失误,这部分就不必写。也可以把这部分内容合并到"努力方向"中去写,如果是常规工作总结,就要概括写存在的主要问题。

(3)今后的工作和努力的方向。这部分内容要写得简单明了。

主体部分切忌事无巨细,一一罗列。这一部分内容很多,既需要写基本做法,又需要进行理论分析、归纳,在写作时要以合适的方式来安排结构。常见的结构方式有以下3种:

①分部式结构。按"情况——成绩——经验体会——问题——今后设想"或者"做法——效果——体会"的顺序,分成几个大部分来写。每部分可用序号列出,也可恰当地运用小标题,每部分内容用一个小标题表示,或采用段旨句表示,即把观点置于每一段的开头,这是总结中最常见的写法。这种形式适应于单位总结、个人小结或体会。

②阶段式结构。把工作的整个过程按时间顺序划分成几个阶段来写。每个阶段写一个部分,在各个部分中再以块式结构来安排内容。这种形式适合写时限较长而又有明显阶段性的工作总结。

③观点式结构。根据内容归纳出几个观点,每个观点就是一个大层次,使用"一、二、三……"序号排列,逐条叙述,条文之间具有比较严密的逻辑关系。这种结构形式,能较有效地提升总结的理论性。这种形式较适于写专题经验总结。

3.落款

在正文右下方署上单位名称,名称下面标明时间。如果单位名称已署在标题下面,则可不再落款。

四、总结写作注意问题

(一)实事求是,不主观臆造

实事求是就是指从客观实际出发,恰如其分地反映实践活动的真实面目,对取得的成绩不任意拔高,不虚报、不臆造,对存在的问题不掩饰。

（二）挖掘本质找规律

总结要善于发现新事物、揭示事物的本质和规律，总结新经验，运用典型的事例、典型的数据，通过本单位的特殊点、闪光点揭示事物的普遍规律。

（三）观点与材料相统一

总结要求有正确鲜明的观点，有典型生动的材料。观点是总结的灵魂，材料是总结的血肉；观点统帅材料，材料说明观点，两者缺一不可。观点是从大量材料中（实践活动等）提炼归纳出来，靠材料来说明观点，这就有对材料的选择、取舍、安排的问题。既要充分说明观点，又不要罗列材料，使观点与材料和谐统一。

（四）点面结合掌握分寸

透过现象，探求本质，要说明某一规律，必须有面有点，点是面中一例，做到点面结合。阐述观点不可绝对化，要有分寸，做到无懈可击。另外，总结是本单位写本单位，是自己写自己，作为成就业绩的总结、成功经验的总结，客观上起着宣扬自我的作用。因此，在阐述过程中，要点面结合，努力反映出事物的本来面目。切忌贬低他人，或把他人之功归为己有。

【例文1】

企业围绕市场转　产品随着效益变

——××钢厂开展“转、抓、练、增”活动的经验

××××钢厂是全国独立型特钢企业，全国500家最佳经济效益企业。长期以来，××钢厂始终坚持了“育人为奉、管理为头、质量为命、效益第一”的指导方针，立足高原，艰苦创业，以深化改革为主线，以市场经济为导向，加速企业机制转换，在调整产品结构、提高产品质量的同时，增产降耗，加强经营管理，克服了重重困难，使企业得到了长足的进步和发展，经营生产年年持续跨上新台阶，为振兴西北地方经济、发展我国钢铁工业做出了应有的贡献。总结××钢厂在转机制、抓管理、练内功、挖潜力、增效益方面的做法，主要有以下几个方面：

一、深化企业内部配套改革，加快转换企业经营机制

（一）解放思想，转变观念，走转机制、抓管理的新路子。近年来，多次派人外出考察、学习，开阔了眼界，拓宽了思路。××××年以来，根据国内外市场需求情况和自己的实际条件，制订了企业战略目标，确立了“企业围绕市场转、产品随着效益变”的经营方针，树立了大市场、大企业、大流通的观念，加强了市场预测、经营决策和营销服务工作。树立了创建全国第一流特钢的观念，积极进取，大胆实践，在建立社会主义市场经济体制中，走出了企业转机制、抓管理的新路子。

（二）坚持实行“两保一挂”承包方式，进一步完善内部经济承包责任制。1. 以全厂利益为重，始终坚持国家、企业、职工三者利益兼顾，责权利相结合，职工报酬与企业效益、个人劳动成果相联系的原则；坚持以市场为导向，突出经济效益的原则；坚持突出成本、质量的考核，增大对成本、质量、安全指标否决力度的原则。从而使企业内部经济承包责任制逐年走上程序化、标准化、规范化的轨道。2. 不断完善企业内部经济承包责任制的“指标、考核、保证”体系。把企业对国家的承包指标，逐级分解，层层落实，实行全员承包，设计并完善了多种承包形式。

（三）深化以“三项制度改革”为重点的企业内部配套改革，不断完善分配机制和竞争机制。

二、强化管理，深挖内潜，努力增加效益

（一）加强以标准化为重点，以班组建设为落脚点的基础管理。在标准化工作中，在积极采用国际标准和认真执行国家际准、部颁标准的同时，重新补充、修订了企业技术标准。在信息管理中，建立了厂信息中心和 17 个分中心，扩大信息网络，聘用外部信息员，扩大信息来源。在班组建设中。始终坚持以班组建没为落脚点的基础管理，贯彻落实。

（二）不断提高专业管理水平，向管理要效益，加强以质量为中心的生产管理。××钢厂始终坚持“生产经营以质量为中心，企业管理以全面质量管理为中心”的经营思想。多年来，在全厂范围内先后开展了“西钢质量巡查”、“质量万里行”等活动，进一步增强了全体职工的质量意识，促进了产品质量的提高。加强新形势下的营销管理，建立健全营销组织机构，成立了经销处和进出口公司、青海西钢物资实业总公司。把开拓两个市场、抓好物资供应和产品销售这“两头”作为营销工作的重点，始终坚持“以销定产、以销保供”的原则，积极开展营销业务。加强以成本为中心的财务管理。××钢厂一贯重视成本管理，加强成本核算。针对上游产品不断涨价的严峻形势，紧紧抓住降低产品成本这个关键环节不放。

（三）大力推广和应用现代化管理方法，积极推进企业管理现代化。先后推广和应用了方针目标管理、网络技术、价值工程、正交试验法等 15 种现代化管理方法和手段，微机已广泛应用于财务、劳动人事、生产、质量、统计等专业管理，都收到了较好的效果。

三、坚持科技兴厂方针，加快技术改造步伐

（一）加快技术改造步伐，提高装备水平，增强企业发展后劲。始终坚持“小步快跑、滚动发展、保证重点”的技改方针。在各项技术改造过程中，把科学管理和现代化管理方法及手段运用于实践，取得了投资省、质量好、达产快的效果。去年，完成了炼钢电炉、650连轧等8项主要工程和公辅设施的配套改造，在资金紧张的情况下，坚持自我积累、自我发展和“自行设计、自行施工、自行制造、自行安装、尽快见效”的方针，重点对炼钢进行改造，进一步改善了企业的装备水平。

（二）依靠科技进步，积极开发“三新”。××钢厂坚持市场急需、适销对路的产品研制开发方向，充分发挥新产品研制开发体系和研制开发管理网络的骨干带头作用。根据有关文件规定，每年按销售收入的1.5%提取技术开发费，确保技术开发工作得以顺利开展。同时，对技术难度高、对全厂经济指标影响大的攻关项目和“三新”开发项目等实行了技术承包，进一步调动了科技人员的积极性。

目前，××钢厂围绕建立现代化企业制度进行公司制改造，本着“管好主体、放活辅助、加强基层、服务现场”的指导思想，重点抓好经营机制的转换，逐步实现主辅分离，为建立现代化企业制度、进行公司化改制打好基础。

××××年××月××日

【例文2】

××省财政厅省直预算单位清产核资工作总结(节选)

为了配合我省部门预算编制改革，按照财政部部署，省财政厅于2000年下半年选择了省府办公厅、省公安厅等七个部门开展了预算单位清产核资试点工作；2001年2月，经省政府同意，省财政厅在全省范围内组织开展了预算单位清产核资工作，其中省直单位2001年全面铺开了预算单位清产核资工作，各地市预算单位清产核资工作结合本地机构改革和预算管理改革实际需要逐步推开。经过组织准备、宣传培训、清查核对、复查核实、审核批复、检查验收、建章建制等阶段，至2003年6月，省直预算单位清产核资工作已全面完成。现将省直预算单位清产核资工作情况汇报如下：

一、清产核资工作的主要成效

改革开放以来，省直一些行政事业单位经历了撤销、合并、改变隶属关系以及由行政事业性质改为企业经营单位等情况变化，加上有些单位财务管理不规范，许多单位不同程度地存在着资金管理混乱、“家底”不清、账账不符、账实不符等现象。通过本次清产核资，我们基本摸清了省直预算单位的“家底”，核清了省直预算单位人员结构状况及各项收支情况，核实及处理了账外资产、资产盘盈、资产损失，弄清了省直预算单位及资产管理上存在的主要问题，建立完善了财务、资产管理制度。同时,这一次资产核资522.13亿元;负债总额261.60亿元,其中行政单位53.98亿元,事业单位207.62亿元;净资产总额467亿元,其中行政单位153.73亿元,事业单位313.27亿元。

(一)核清了预算单位人员结构及各项收支情况。(略)

(二)规范了管理,完善了制度。(略)

预算单位清产核资工作的指导思想是立足于为财政中心工作服务,为部门预算改革服务,摸清预算单位“家底”,为编制部门预算、细化预算以及制订科学的定额定员标准提供真实的依据。主要做法及特点是:

(一)加强领导,健全机构。(略)

(二)精心组织,充分准备。(略)

(三)协调督导,措施落实。(略)

二、清产核资暴露出的主要问题

长期以来,行政事业单位普遍存在“重收入、重购置、轻管理”的思想,资产管理意识淡薄,资产管理混乱,缺乏一套规范和有效的内部管理机制,随意购置,任意处理,贪大求全,不讲效益。这次清产核资反映出相当部分单位财务资产管理方面存在的主要问题,如制度不健全、管理不规范、日常资产管理工作与账务管理脱节、有物无账、账卡不符、账账不符、账实不符,形成大量帐外资产无人负责、无人管理等,具体表现在:

(一)基础工作不规范。(略)

(二)资产处置随意性大。(略)

(三)“非转经”管理松懈。(略)

(四)账外资产、闲置资产以及资产浪费、损失现象严重。(略)

(五)部分单位财会人员业务素质不高。(略)

三、巩固清产核资工作的意见和建议

根据本次清产核资反映的情况和问题,现就巩固清产核资工作成果提几点意见和建议。

(一)认真做好清产核资的后续工作,巩固清产核资工作成果。(略)

(二)建立完备的资产清查制度,防止前清后乱。(略)

(三)提高认识,进一步加强国有资产管理。(略)

(四)进一步提高财会人员业务素质,规范会计基础工作。(略)

这次省直预算单位清产核资工作,从2001年2月印发清产核资工作文件,3月底召开全省预算单位清产核资工作会议,4月进行政策、业务和软件操作培训，经过户数清理，人员结构、经费和收支状况以及资产清查，进行复查、核查，资金核实申报及批复，建章建制，至2003年5月底基本完成检查验收工作，历时两年多，各部门(单位)投入了大量的人力、物力和财力，付出了艰辛的劳动，保质保量地完成了几个阶段清产核资工作任务。为了进一步推动各部门(单位)清产核资工作的深入，从体制上、制度上解决当前各部门(单位)在资产、财务工作上存在的问题，我们将以党的十六大精神和"三个代表"重要思想为指导，解放思想，与时俱进，认真研究预算单位资产、财务管理中的一些深层次的问题，如资产管理与部门预算的关系、资产管理与财务管理的关系、政府财政部门和政府其他部门在行政事业单位资产管理上的职责分工以及组织机构设置等问题，努力推行行政事业单位资产财务管理工作上新的台阶。

2003年7月15日

归纳总结

依例文1和例文2，我们可以归纳出总结写作的惯用格式模板和表达方式。

惯用格式模板和表达方式：

经验总结基本模式：

□□□□□□□□□□(总结)

——□□□□□□□□(单位)关于□□□□□□工作的经验总结

□□□年来，我们开展了□□□□□□工作，取得了显著成绩。现将主要经验总结如下：

一、认识

□□□□□□□□□□□……

二、做法：

□□□□□□□□□□……

三、效果：

□□□□□□□□□□……

□□□□□□(单位)

××××年×月×日

工作总结写作模式：

□□□□□□(单位)□□□□□(时限)□□□□□□(内容)工作总结

□□□□□年，在□□□□□的领导下，在□□□□□的共同努力下，□□□□□开展了□□□□□□□工作，取得了□□□□□□□的成绩，现将本阶段工作总结如下：

一、工作的基本情况

□□□□□□□□□□□□□□

二、成绩及做法

□□□□□□□□□□□□□□

三、存在的问题及原因分析

□□□□□□□□□□□□□□□

四、今后努力方向

□□□□□□□□□□□□□

第三节 调查报告

一、调查报告的概念和作用

(一)调查报告的概念

调查报告是根据某种特定的需要,有计划有目的地对人物、事件或问题进行调查研究后写成的反映事物规律的书面文体。调查报告有时又称为“情况调查”、“调查汇报”、“考察报告”等。

调查报告与公文中的“报告”有所不同。公文中的“报告”侧重于汇报日常工作,供主管领导部门指导工作时参考;而调查报告不限于日常工作,凡与工作有关的重大情况、典型事件、经验或教训等带有普遍意义的问题,都可用调查报告的形式予以反映。调查报告的范围较为广泛,内容也较复杂,可供内部参考,也可公开发表。

调查报告能够为党和国家的路线、方针、政策的制订和修改提供有价值的第一手材料,供上级领导机关进行科学决策时参考;也可以扶持新生事物,传播典型经验,指明方向;还可以揭露批评丑恶现象,克服弊端。

(二)调查报告的作用

(1)是掌握和研究某种情况,制订方针政策、措施的重要依据。

(2)是检验路线、方针、政策贯彻执行情况,借以解决和回答一个时期上级提出的问题的一种有效方法。

(3)可以通过典型事例的分析、总结,得出具有方向性和普遍意义的经验,推动工作。

(4)用调查的事实教育说服群众,明确有关问题的真相。

(5)调查有关案件和事故真相等,分清和明辩是非,以便做出正确的处理。

二、调查报告的特点和种类

(一)调查报告的特点

1. 真实性

调查报告的基础是客观事实,其主旨是调查研究后所揭示的客观事物的本质和规律。因此,撰写调查报告就需要深入调查,对材料的真实性要反复核实。如果了解的仅仅是事物的表象,那么得出的结论要么是假的,要么是非本质规律的。

2. 典型性

调查对象是否典型,所运用的材料是否典型,是调查报告成败的关键。材料不典型,就不能很好地揭示现实事物的本质和规律。因此,必须选择具有典型意义的事实或材料撰写调查报告,这样才具有现实意义和普遍指导意义。

3. 论理性

调查报告不是材料的堆积,也不是对事物的具体描述。它主要通过对大量的材料进行分析和综合,达到揭示事物的本质和规律的目的。所以,撰写调查报告一般是通过对事实的概括叙述和简要说明,出事论理,最后引出结论,在表达上多采用夹叙夹议、叙议结合的方式。

4. 时效性

调查报告要回答当前工作中迫切需要解决的问题,具有较强的时效性。这一点类似于新闻。因此,写作者要抓紧时间调查和写作,不能让新事变旧事,失去指导意义。

(二)调查报告的种类

调查报告在我国的运用越来越广泛,形式多种多样,很难有统一的分类。不过,在政府行政机关工作中,常用的主要是综合调查报告和专题调查报告这两种类型。

1. 综合调查报告

综合调查报告是围绕某一部门或某一个涉及面较广的重大事项在某一时间内的总体情况,从多方面进行普遍调查,对取得的材料进行分析研究、归纳整理后写成的文字材料。

2. 专题调查报告

专题调查报告是对一项工作、典型事件、一项业务或问题作系统的调查研究后所写的书面文字材料。

三、调查报告的结构和写作

调查报告一般由标题、署名、正文三部分构成。

(一)标题

标题的形式有单标题和双标题两种。

1. 单标题

单标题形式的写法较灵活,或者是公文式,如《××公司关于正式发放奖金情况的调查》;或者是设问,如《改革定向何方?》;或者只写调查地点和范围,如《××事件的调查》、《兴国调查》等。

2. 双标题

正标题鲜明地揭示主题,副标题指明调查的地点、内容或范围。《一手抓物质文明,一手抓精神文明——广东几个市、县的调查》,副标题写在正标题下一行,前面打上破折号。

(二)署名

调查报告的署名就是写上作者的名字、单位名称,放在标题下一行居中位置,个人署名可署于文尾右下方,也可署于标题之下右下方。

(三)正文

正文分为开头、主体、结尾三部分。

1. 开头

又称前言部分。概括调查对象的基本情况,或提示全文的基本内容,或直接提出调查的问题和结论。开头的写法也较灵活,常用的形式有:

(1)概括介绍式,即介绍调查对象的基本情况;

(2)结论式,即在前言先写调查报告的结论,再阐述主要事实;

(3)议论式,针对调查的问题说明意义,作简要的评述,再叙写事情的经过;

(4)提问式,开门见山,抓住中心问题,引起读者的思考和兴趣。

不管运用何种方式开头,都应该重点突出,简明精要,切入内容要旨。

2. 主体

这是正文的核心部分,是对前言的展开。主体既要具体地叙述调查中的事实情况,又要在事实的叙述报告中引发认识,阐述观点,做到由事入理、叙议结合。主体为了突出段旨，常给各段加上小标题。主体部分的结构形式安排通常有两种方式：

(1)纵式结构，按照事物发生发展的先后顺序组织材料安排层次；

(2)横式结构，按问题的性质或事物的特点来组织材料，加上序号或小标题，分别进行阐述。

3.结尾

调查报告的结尾简明扼要，或者总结全篇主要观点，借以加深读者印象；或者指出存在问题，提出建议；或者对所调查的现状作归纳性说明，并指出其发展远景等。有的调查报告主体部分结束了，意尽言尽，就不需另写结尾了。

四、调查报告的写作要求

(一)要钻研熟悉与调查题目有关的理论知识以及党的有关方针政策

调查报告是反映执行党的方针政策的情况和问题的，必须用党的方针政策、有关的理论知识去观察问题、分析问题。因而，调查报告的撰写者必须认真学习马列主义，特别要钻研与调查题目有关的党的方针政策和有关理论，提高思想水平与政策水平，提高对问题的分析综合能力。

(二)要深入实际，尽可能取得第一手材料

为了写好调查报告，撰写者必须深入实际，到群众中去，采取多种形式倾听意见。调查过程中，尽力了解事实情况发展的全过程，掌握情况必须全面、客观、确凿。掌握和使用第一手材料写的调查报告最深刻、最有说服力。

(三)对调查取得的材料进行整理

分类排队，分析研究。去粗取精，去伪存真，由此及彼，由表及里，找出规律性的东西，逐步形成明确的观点和结论。组织安排材料的原则，就是怎样才能更好地说明问题。凡能说明问题的材料，都要很好地加以安排使用。说明问题必须用实例和数字，不用笼统、空洞地说教。

【例文】

全国9大城市手表消费调查报告(节选)

为进一步了解我国手表消费市场情况，进而把握手表消费现状、预测消费趋势，《中国黄金报》进行了一项全国9大城市手表消费调查。本次调查是2002年4月6日在北京、天津、上海、武汉、沈阳、青岛、深圳等9个城市同时进行的。

调查结果反映了当前各大城市的手表消费情况：

一、消费者对手表的认知情况

1.从手表类型上看，消费者对石英表的喜爱占66.7%，远远高于机械表的35.2%。其中，对石英表认知程度最高的城市是成都，在45份有效问卷中有86.7%的人喜欢石英表；对机械表认知程度最高的城市是北京，在30份有效问卷中，有70.0%的人喜欢机械表。

2.从手表材质上看，消费者对全钢表的认知最高，为37.9%；其次是钨钛合金表，为18.9%；再次为镶钻表，为13.1%。而人们对金表的总体认知度还比较低，没有超过10%，但是在武汉，金表的认知度却远远高于其他城市，已经超过了20%。而消费者对金表的认知度是最低的，就连认知度最高的上海也只有6%。

3.从表带的材质上看，与手表的材质结果一样，全钢表依然独树一帜，消费者的喜爱程度超过50%，比其他4项的总和还多。消费者认知程度最低的是塑胶表带，在天津、西安、沈阳的认知程度全部为0，而在9大城市中总的认知度也只有2.4%。

二、消费者的手表消费情况

1.从消费者拥有的手表数量上看，手表仍是人们日常生活中不可缺少的用品。调查结果显示，在接受调查的375人，拥有2只手表以上的将近2/3，其中拥有3只手表以上的将近1/3，目前没有手表的只有不到1/10。

2.从消费者的手表消费周期看，有半数以上人的手表消费周期是不确定的。另外，在有明确消费周期的受访者当中，消费周期为2年、3年、5年差距不大，总体上占去了将近40%，消费周期为1年和4年的数量不大，总共占了10%。

3.从人们佩戴手表的目的上看，用于计时的达到36.8%，计时和装饰二者兼备的超过了50%。单纯为装饰而佩戴手表的人还很少，不到7%。

4.从手表来源上看，绝大多数被调查者是自己买表，有近30%的人手表是别人送的，只有不到10%的人是从奖品或赠品中获得的。

5.关于买手表的原因，有将近一半的人是在原有的表损坏了的情况下才会买，在结婚、升学、参加工作、送礼等特定情况下才买表的并不多，四项之和才占1/3。

6.从人们现在拥有的手表是国产还是进口划分，国产手表多于进口手表。

7.从购买手表的地点看，专卖店和大商场是人们最爱去的地方。分别为35.5%和49.1%，而一般商店正在慢慢淡出人们的视线，选择者不到15%。

8.被访者中有一半以上的人表示，如果将来买表，进口表将成为首选，这与目前国产表多于进口表的现况不同。

9. 如果将来买表，人民币 100～2000 元（港币 93～1860 元）之间的价位是最受关注的，而且比例较前几年有上升，所占比例为 74.6％，人民币 100 元以下、5000 元（港币 4650 元）以上的虽然关注的人还很少，但比例有所变化，和前几年相比，100 元以下的比例下降了，5000 元以上的比例有所上升。

10. 从人们买表的情况看，人们最为关心的是质量，占 71.2％，其次为款式和价格，分别占 63.2％和 40％。

11. 从人们对国产表的满意度上看，有 48.3％的人比较满意，满意的人为 9.3％，不满意的人所占比例非常小，只有不到 3％。

12. 目前，人们对国产表不满意的地方，首先是质量和款式，不满意率分别为 36.8％和 36％，其次是知名度和宣传，分别占到 28.8％和 19.5％。

13. 从人们对进口表的满意度上看，有一半以上是比较满意的，不满意的所占比例更小，仅为 1.3％。

14. 目前人们对进口表不满意的地方，主要是价格，不满意率达 66.9％，其余各项所占比例都很低。

三、消费者特点

1. 个性化消费仍处于边缘市场。个性化对传统风格的冲击表现在理念上，非常个性化的产品还没有进入主流市场，但在传统款式中都能看到个性化的趋势。个性化正潜移默化地渗透到传统款式中。

2. 消费者购买手表的淡旺季已经趋于模糊。传统消费观念是春秋为旺季，冬夏为淡季，目前季节区分已不明显。

3. 消费层次分化。高、中、低产品的消费群体比例为：人民币 100～400 元（港币 93～372 元）的消费者为最多；人民币 100 元以下与 5000 元以上的低端和高端两个消费群体最少。但在北京消费者有意购买 5000 元以上的占被调查者的 40％。

4. 购买意向偏重于进口表。已经购买和实际拥有仍以国产表为主，主要是进口表门槛太高。将来是否会选国产表，取决于国内表的质量和款式。

5. 关于手表知名度，大部分人都对国内外品牌分不清。而飞亚达、罗西尼、天王、依波被提及的频率是最高的。进口表被提及频率最高的是欧米茄、雷达、劳力士、天梭、西铁城、精工。目前国内已有 40 多个新的进口品牌，多数人对此缺乏了解。北京一位调查对象写出 69 种国内外品牌，为 9 城市 375 位调查者中之最。

6. 购买表的场所主要以大型商场和专卖店为主。修表则以大型商场的专修点和品牌专设维修点为主。信誉好的维修店仅居第三位。街头维修点即将淡出市场。

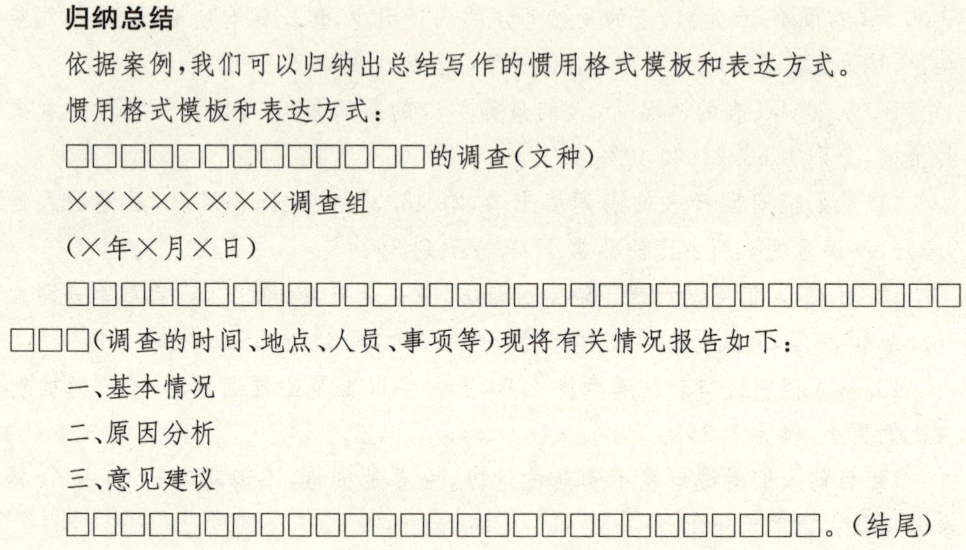

归纳总结

依据案例，我们可以归纳出总结写作的惯用格式模板和表达方式。

惯用格式模板和表达方式：

□□□□□□□□□□□□□□□的调查（文种）

××××××××调查组

（×年×月×日）

□□□（调查的时间、地点、人员、事项等）现将有关情况报告如下：

一、基本情况

二、原因分析

三、意见建议

□□□□□□□□□□□□□□□□□□□□□□□□□□□□□□□。（结尾）

第四节　规章制度

一、规章制度的概念和作用

规章制度是国家机关、社会团体、企事业单位为了建立正常的工作、学习、生活秩序，依照法律、法令、政策而制订的具有指导性和约束力的文件。

建立健全规章制度有利于明确责任、协调工作，统一步伐、严格组织纪律，维护正常秩序；有利于约定行为、规范道德，使社会成员得到教育和自我教育，增进文明建设；有利于企业加强管理，保证产品质量，提高服务质量，取得更大的社会效益。

无论是国家机关，还是人民团体或企事业单位，上至国家领导机关，下至科室班组，乃至社会生活的各个方面，都可以用规章制度的形式来规定应该遵守的某些事项、职权范围或言行标准等，以保证工作、生产、学习、生活等能有秩序地协调进行。

规章制度一旦公布就必须严格执行，违者必须受到制约或惩处。规章制度不能随便更改，否则将失去效力。如果在执行中发现有不足或漏洞，可在一定时间内或经必要手续进行修改。

二、规章制度的特点和分类

(一)规章制度的特点

1. 法规性明确

规章制度对其所确定的范围内涉及的所有事务都要做出明确的规定，什么可以做，什么不可以做，该怎么做，不该怎么做，做好了有什么奖励，违反了怎么处理等，都要具有明确性、法规性、权威性。第一要清楚明白，第二要说了算数，第三要赏罚分明。

2. 可操作性强

规章制度对其所确定的范围内的所有单位和人员都具有法律规范、行政管理和道德约束力。一旦正式公布，单位和人员都必须遵照执行。怎么才叫执行，怎么就叫违犯，要有很明确的界限，执行、检查、落实起来必须具有很强的可操作性，含糊其辞、模棱两可、左右逢源的文字绝对不能出现在规章制度中。

3. 条款性清晰

规章制度的写作要求准确、规范、周密、严整。通常采用条款式写法，逐条排列、内容集中、条理清晰、逻辑性强。每条都采用陈述式语言直截了当地指明什么可以做，什么不可以做，该怎么做，不该怎么做。至于为什么，则不必加以说明。

(二)规章制度的分类

规章制度可分为两类：

1. 法规

法规是国家机关为加强行政管理工作，依法制订并经过一定会议通过的具有极大的强制作用的公文。法规分为条例、规定、办法。国家权力机关或国家行政机关对某一方面的工作作比较全面、系统的规定，称“条例”；对某一方面的工作和事务制订具有约束力的行为规范，称“规定”；对某一项工作作比较具体的规定，称“办法”。条例是党的政策的具体条文化，办法比条例更加具体，有的办法就是为实施条例而制订的。

2. 规章

规章是政党、团体和企业事业为强化管理而制订的具有很强的组织、行政或道德约束力的公文。常用的规章有章程、细则、规则、通则、守则、公约、制度等。章程是政党或社会团体制订的共同遵守的纲领性文件。细则是贯彻某一法规的详细规定，是法令、条例、规定等法规的派生文字。

三、规章制度的结构和写法

规章制度包括标题、正文、落款三部分。

(一)标题

通常由发文单位、事由和文种组成。如《重庆市车船使用税履行细则》；也可只用事由和文种组成，如《安全生产制度》、《借书规则》。

(二)正文

内容简单的规章制度，如守则、公约、须知、制度等，正文多由前言、主体、结尾组成。前言说明目的意义，主体分条叙述，结尾提出执行要求。

内容较复杂的规章制度，如条例、章程、办法、规定等，正文的写法有以下两种格式：

1. 条例式

即由总则、分则、附则三部分组成。每一部分可根据内容多少，分若干章，每章又可分若干条。总则，常常是第一章，简要说明该规章制度的宗旨、任务、性质，对全文起统领作用。分则，是规章制度的主要部分，分章分条写明有关内容。附则，多是最后一章，一般是说明规章制度的生效日期、适用范围，以及修改、解释、批准的权限，未尽事宜的补充说明。附则可以单独成章，也可附在最后不单独成章。如《中国共产主义青年团章程》、《中国共产党章程》就是采用这种结构。

2. 条目式

即先写一个前言。说明依据、目的，然后“特制订本条例”作过渡语，引起下文。条目是主要部分，一般按先主后次，先原则后具体的顺序，逐条写来。如《国务院关于职工探亲待遇的规定》、《聘请科学技术人员兼职的暂行办法》等采用这种写法。

(三)落款

在末尾右侧签署制订本规章制度的单位或机关名称(也可写在标题下方)和发文日期(也可写在标题下方)。

四、制订规章制度的要求

(1)内容必须符合国家的方针政策和法律法规。规章制度的内容必须与国家制订的有关方针、政策中的原则、措施、规定相一致。规章制度是人们工作、学习、生活的准则和依据，具有一定的行为约束力。因此，它必须符合国家政策法令所确定的基本原则，不能与之抵触和矛盾。否则，它将失去法律的依托，丧失其存在的意义。

（2）条文的表述要明确，不能含糊其辞、模棱两可；要具体，有针对性，不能太抽象；要写明实质性的规定，不能空泛议论；要有严密的逻辑性，以保证理解和执行的单一性。

（3）要特别注意写好以下条款：

①立法依据、解释权和修订条款

②重要概念条款

③弹性条款

④统一性条款

（4）语言要精当、庄重。行文应条理清晰、层次分明、逻辑性强、文字简洁，语言采用直陈式，应通俗易懂、准确明白。

五、医疗卫生规章制度的作用及种类

现代化医院管理信息量大，随机性强，工作繁杂，分工精细，协作紧密，如果没有一整套严格、完整的规章制度，将会导致医院工作的混乱，给患者造成不良后果。医疗卫生规章制度属于诊疗护理规范、常规的范畴，是对医疗机构各项技术操作和管理工作做出的必须遵守的规定，它是医院工作客观规律的反映，是科学的工作内容、工作程序和工作方法不断条理化、定型化的结果，起着提高工作效率、保证医疗质量、防止医疗事故的重要作用。从法律层面上看，各项规章制度是医疗机构及其医务人员的行为准则和标准，是医疗卫生行政管理部门及人民法院处理医疗纠纷的重要法律依据之一。因此，医疗卫生工作人员必须熟悉并遵守医院的各项规章制度。

医疗机构规章制度主要有以下几类：

（1）卫生部颁发的医院分级管理标准，国家把医院分为三级十等，一级医院是基层医院，三级医院是大型医院，甲等是优质医院，这就为医院现代化建设提出了技术标准与管理标准。

（2）卫生部门颁发的《全国医院工作条例》、《医院工作制度》和《医院工作人员职责》。如在工作制度中有查房制度，三级（住院医师、主治医师、主任医师）检诊制度，手术管理制度，急症抢救制度，病例讨论制度，差错事故管理制度，值班交接班制度以及病历书写等60余项制度，具体规定了工作人员在上述工作中应该做什么、怎么做、什么时间去做等。

(3)各项技术操作规程，如《医疗护理技术操作常规》，对医疗、护理技术工作的程序、方法和质量等方面做出了要求，用以规范医务工作人员的技术操作，保证质量，防止差错事故。

(4)医德医风和行政管理等方面的制度和规定，如医德规范、住院规定、患者守则、探视制度、陪伴制度等，具体规定了医务人员在治病救人中的道德要求和标准，患者在住院治疗中应遵守的规定。有了这些制度的约束，就能保证医疗护理工作顺利进行，对患者的生命负责，让患者放心。

【例文】

全国无偿献血表彰奖励办法

第一条　为发扬人道主义精神，推动我国无偿献血事业的进一步发展，根据《中华人民共和国献血法》(以下简称《献血法》)有关条款，制订本办法。

第二条　无偿献血奖项分为:“无偿献血促进奖”、“无偿献血先进省(市)奖”。

第三条　国家“无偿献血奉献奖”分为金、银、铜奖，分别奖励自愿无偿献血达四十次、三十次、二十次的无偿献血者。

第四条　国家“无偿献血促进奖”，用以奖励为无偿献血事业捐赠款项人民币50万元以上或捐赠采血车、采血设备价值人民币50万元以上的单位；捐款30万元以上或捐赠采血设备价值人民币30万元以上的个人；长年为无偿献血事业提供公益性服务和宣传的单位及个人；以其他形式为推动我国无偿献血事业做出突出贡献的各界人士及部门。

第五条　国家“无偿献血先进省(市)奖”，用以奖励临床供血达到100%由无偿献血者提供的省(自治区、直辖市及计划单列市)。

第六条　由卫生部、中国红十字会总会等有关部门组成“无偿献血表彰奖励评定小组”，负责对所报评奖材料进行审核、评定。

第七条　全国无偿献血表彰奖励大会每两年举行一次，表彰国家“无偿献血奉献奖(金奖)”、“无偿献血促进奖”和“无偿献血先进省(市)奖”的获得者。“无偿献血奉献奖(银奖、铜奖)”获得者经无偿献血表彰奖励评定小组审批后，委托各省、自治区、直辖市人民政府、红十字会联合进行表彰。

第八条　各省、自治区、直辖市人民政府、红十字会可根据本办法及本地区的实际情况制订地方表彰奖励方法。

第九条　本办法也适用于华侨、港澳同胞及外籍在华人员。

第十条　本办法由中华人民共和国卫生部和中国红十字会总会负责解释。

第十一条　本办法自颁布之日起施行，原《无偿志愿献血奖励办法（试行）》自行废止。

附则　献血量的计算以全血二百毫升按一次、四百毫升按两次计算，成分血每一个机采单位按四次计算。《献血法》颁布前无偿献血次数可累加计算。

本办法表彰的各类奖项为荣誉奖励，个人获奖殊荣供其他部门参考。

2004.12.10

【思考题】

1.领会和掌握计划的写法。

2.针对自己的实际情况，拟写一份大学四年个人成长计划。

3.试写一篇本学期你所在班的班工作总结。

4.掌握调查报告的格式和写作要求。

5.掌握规章制度的格式和写作要求。

第四章 论文写作

科技论文也叫科学论文，或简称为论文。凡以科学技术为内容，运用概念、判断、推理、说明和反驳等逻辑思维手段来分析、阐明自然科学的原理、定律和科学技术研究中的各种问题，表达科学研究的过程及其成果的文章，都属科技论文的范围。具体来说，包括学术论文和学位论文，起到研究科技理论与实践、推动和指导科技进步以及提供科技信息的作用。因此，科技论文的写作是非常重要的，它是衡量一个人学术水平和科研能力的重要标志，具有学术性、创造性、科学性、可读性等特点。

学位论文是高等院校学生毕业前在专业教师指导下选题，并在规定时间内独立完成的总结性作业。学位论文是培养学生理论联系实际和锻炼学生独立工作能力的有效手段，是对学生掌握和运用所学基础理论、基本知识、基本技能以及从事科学研究能力的综合考核。通过学位论文，反映出作者对所学专业领域内的某一课题的研究（或设计）成果，表达出作者对所研究课题的心得体会，反映作者的科研能力及具有的学识水平。学位论文是学术论文的一种，但与学术论文相比，又有自身的特点，比如说专题性、指导性、创新性等。写作基本步骤包括选题、资料的搜集和选择以及拟写提纲，在写作时又有具体的格式。

医学科研论文是科学研究工作的书面总结，是研究者在科研实践认识过程中，根据预先设计方案实施所得结果写出来的文章。医学工作者通过撰写和发表论文来报告研究成果，汇总研究经验，进行多学科、多专业的学术讨论，迅速及时报道推广科研成果为医学实践服务，提供科学记录档案，开展学术交流。发表论文，得到公认。总结工作，交流提高。医学科研论文有具体的写作方法和格式，但首先是对科研工作本身（论文的实际内容）的要求，其次才是对论文写作技巧的要求。要掌握医学论文写作的基本规律，具有驾驭语言文字的能力，必须通过大量的具体时间，结合自己的科研工作，总结规律，才能不断提高自己科研论文写作能力。

文献综述是以作者非直接经验和资料为主而形成的一种论文，通过文献综述，可以了解本专业该研究领域的发展现状，确定自己今后研究所需采用的指标及实验方法，以及确定今后在此领域开展实验研究的可行性。本章从作用、类型和特点、格式以及写作步骤四个维度来论述文献综述的内容，每一个致力于医学科研的人都应该掌握这种文体。

第一节　科技论文

一、科技论文的概念和作用

（一）科技论文的概念

科技论文也叫科学论文，或简称为论文。凡以科学技术为内容，运用概念、判断、推理、说明和反驳等逻辑思维手段来分析、阐明自然科学的原理、定律和科学技术研究中的各种问题，表达科学研究的过程及其成果的文章，都属科技论文的范围。

科技论文是创造性的科研成果的记录，是进行成果推广和交流的手段，是考核科技人员业务能力和学术水平的重要标准之一。它也标志着科研成果汇入人类的知识宝库，成为人类精神财富的部分，并能为科学界有效地利用，对经济建设和社会进步起着推动作用。研究的成果、充分的事实依据和严密的论证，是构成科技论文内容的三大要素。

（二）科技论文的作用

1. 研究科技理论与实践

科技新成果的研究，国内外科技动态的研究，探讨科技发展及其规律，形成尖端、系统、适合我国国情的科学理论，是科技论文的首要功能。

2. 推动和指导科技进步

科技论文的写作目的一方面是表述研究成果，另一方面是为了推动和指导科技进步，无论是宏观上的还是微观上的科技论文、都要为这一目的服务。

3. 提供科技信息

有一些可行性研究报告、预测报告也属于科技论文的范畴，它们能及时地向科技工作者提供信息，促进科学技术的推广和发展。

二、科技论文的特点和种类

(一)科技论文的特点

1. 学术性

学术性亦称为理论性。科技论文可以总结反映某一具体产品,或某一抽象理论,或某一具体实验,但绝不是研究过程的详细叙述或全部指标的罗列,而是经过加工提炼、并上升为理论,也就是说,它侧重于理论的论证。科技论文如果缺乏学术性,也就失去了它的基本特征。当然,自然科学的理论和技术成果,都是在实践中反复探索、研究,并经过提炼、加工才上升为理论的。因此,实践是科技论文的源泉。

2. 创造性

创造性是衡量科技论文价值的标准。创造性大,论文的价值就高,反之论文价值就低。一篇没有创见的文章,可能具有一定的社会价值,但它对科学技术发展没有起作用,没有给科技领域增加新的内容。因此,创造性就是指论文里阐述前人(世界范围内)没有过的新理论、新方法、新技术或是创造性的模仿。

3. 科学性

"科学性"这个词在论文中有以下几重含义:

(1)论文内容的科学性。论文的科学内容必须是客观存在的事实,即要求科学内容真实、成熟、可行。

(2)论文表达的科学性。论文有了科学的内容,就要用语言文字科学地表达出来,即要求语言文字准确、明白、全面。

(3)论文结构的科学性。论文结构的科学性,是指文章结构所显示的科学内容必须符合逻辑推理、论证反驳等思维规律,或反映出逻辑性。

(4)论文格式的标准化。论文写作格式日趋标准化,作者必须严格遵守。按论文国家标准《科学技术报告,学位论文和学术论文的编写格式》(GB7718—877)的规定进行写作。

4. 可读性

可读性要求文字通顺,切忌生涩难懂。科技论文在内容上虽然要求专门化,但首要的是要使人能理解、读懂。科技论文的语言要求准确、明白、简洁、深入浅出,而且要写得通俗易懂,把复杂的问题明白地表达出来。不要过于隐晦,故作"深奥",玩弄"新名词",将一些简单而熟悉的命题套上华丽的外衣,使人读不懂,这样会大大削弱文章的社会效果。

(二)科技论文的分类

根据写作目的的不同,科技论文可分为学术论文和学位论文两类。

1.学术论文

学术论文是科技人员用以表述科研新成果的论文,是论述创新性研究工作成果的书面文件,是某些实验性、理论性、观测性的新知识的科学记录,或是某种已知原理应用于实际中取得新进展的科学总结。

学术论文的内容,应该有所发现、有所发明、有所创新、有所前进、应具有新的信息,而不是简单重复或纯属模仿和全盘抄袭前人的成果。但鉴于我国目前科学技术水平仍较落后,在研究工作中不少工作是重复、模仿、消化国外已有的先进科学技术,推广、应用已有理论和原理于生产实际,属于这类工作成果的也可写论文,但要仿中有创。

学术论文通常在学术会议上宣读、交流,或在学术刊物上发表,用以公布成果、发布信息。它反映了学科最新的前沿科学技术水平及其发展动向,体现了科技工作者取得的成果。

2.学位论文

学位论文是申请者为申请授予相应学位而撰写的论文。这种论文是考核申请者能否授予学位的重要依据。因此,它们除了表达创造性的研究成果外,还要表明作者在掌握本门学科的基础理论、专门知识、基本技能以及从事科学研究的能力等方面已达到国家规定的授予相应学位应该达到的水平。

学位论文可分为学士论文、硕士论文和博士论文。

(1)学士论文:国家学位条例规定,学士论文的作者必须具备两个条件:一是能够较好地掌握本门学科的基础理论、专门知识和基本技能;二是具有从事科学研究工作或担负专门技术工作的初步能力。大学本科毕业生,运用在校期间学得的基础理论和专业知识,去分析、解决某一个不太复杂的科研课题所写的毕业论文,称为学士论文。

(2)硕士论文:它是攻读硕士学位的研究生写的学术性论文。根据国家学位条例规定,对硕士论文的要求是:在本学科上掌握坚实的基础理论和系统的专门知识,具有从事科学研究工作或独立担负专门技术工作的能力。

(3)博士论文:它是攻读博士学位的研究生的学术论文。国家学位条例规定,对博士论文的要求是:在本学科上掌握坚实宽广的基础理论和系统深入的专门知识,具有独立从事科学研究工作的能力,在学科或专门技术上做出创造性的成果,即博士论文对本学科的发展有重要的推动作用,对本学科水平的提高有重要的突破。

上述三级学位论文由浅入深，各级学位论文的学术水平要求不同。一般学士论文在一万字左右；硕士论文在5万字左右；博士论文在5万字以上，甚至多达10～20万字。论文字数是由课题大小、论文的性质和所起的不同作用决定的。

根据研究方法的不同，科技论文还可以分为3种类型：一是理论证明型，主要是通过理论推导或数学运算来表达科研成果；二是实验分析型，主要是通过实验设计和实验结果的分析来阐述科研成果；三是观测描述型，主要是通过观测描述来说明新发现的客观事物以及规律。

三、科技论文的写作要求

(1)要以正确的指导思想指导论文写作。科技论文的写作的目的是为了阐述作者个人科研成果和学术观点，促进学术交流，提高科研水平，丰富理论宝库。因此，写作论文时，要以马克思主义为指导，以国家法规、政策为依据，以时代和社会需要为目的进行科研工作和论文写作。

(2)要以实事求是、严谨科学的学术态度严格要求自己。论文写作的前提是进行长期而又艰苦的科学研究。因此，作为科研成果具体体现的论文在写作时，必须认真求证，反复查考，仔细推敲，不断总结，以真实、客观、全面地反映科研工作的过程及其结果。

(3)要揭示客观事物的本质和规律，指导社会实践活动。论文的作用就是要通过客观事物的现象，抓住其本质，找出原因，摸清规律，提出解决问题的切实可行的方法和途径，这样才能指导人们开展社会实践活动，推动社会和谐、文明进步。

(4)选题要正确，格式要规范。论文的选题很重要，好的选题等于成功的一半。因此，要根据时代和社会的需要与个人实际研究能力选择合适的论题，同时要遵循论文写作规律，严格按照论文写作程序，安排好每项工作。写作时还要根据论文的内容的要求，选择合适的表达方式，做到论点突出、论据充分、论证严密、格式规范、条理清晰、语言准确、富有创造性。

第二节　学位论文

一、学位论文的定义和意义

学位论文是高等院校学生毕业前在专业教师指导下选题，并在规定时间内独立完成的总结性作业。学位论文是培养学生理论联系实际和锻炼学生独立工作能力的有效手段，是对学生掌握和运用所学基础理论、基本知识、基本技能以及从事科学研究能力的综合考核。通过学位论文，反映出作者对所学专业领域内的某一课题的研究（或设计）成果，表达出作者对所研究课题的心得体会，反映作者的科研能力及具有的学识水平。

学位论文是学术论文的一种，但与学术论文相比，又有自身的特点。

（一）专题性

学位论文是结合已有的专业学习与专业技能选择某一课题开展的专门研究。

（二）指导性

学位论文应该在教师的指导下完成，教师职责是指导学生选题，审定学生确定的课题；指导学生制订撰写学位论文的计划，收集和阅读有关参考资料，介绍参考书目；指导学生拟定提纲，审阅论文。

（三）创新性

这是对学位论文的最高要求，必须有学生独到的观点和新鲜的见解。

撰写学位论文是高校毕业生在毕业之前独立完成的一次大作业，是对毕业生进行科学研究基本能力训练的一种方式，是教学的一个重要环节，也是毕业生能否获得毕业证书的依据。在教师指导下，学生通过选题、查阅文献资料、调查研究、实验等，接受科学研究方法的基本训练，通过分析资料、运用资料撰写毕业论文，培养学生逻辑思维能力、独立工作能力和书面语言表达能力，为学生毕业后从事科学研究和技术工作打下良好基础。

二、学位论文的写作要求

（一）注意理论性

不能将毕业论文写成调查报告、工作总结等主要反映实际问题、缺乏理论深度、与所学专业知识缺乏有机联系的类型，论文应有一定理论价值与应用价值。

（二）注意逻辑性

立论应正确，论据应充实可靠，结构层次应清晰合理，推理论证应讲究逻辑。

（三）注意选题的恰当性

初学写作人员选题不宜过大，涉及范围不宜过宽，否则很难把握住内容。

（四）注意语体的使用

注意使用科技语体，行文应简练，文字应朴实，不可过于繁琐，不可使用过分夸张虚饰、感情色彩过分浓重的文学语言。

三、学位论文写作的基本步骤

（一）选题

1. 选题的原则

（1）目的性原则。一是要选择能适应社会发展的需要，体现其社会意义的选题；二是要选择能体现科学发展、具有学术意义的选题；三要选择能发挥本人专业专长，或者自己比较熟悉或感兴趣的课题；四是选择题目大小适中的课题。

（2）可行性原则。选题时要充分考虑主、客观条件，即要选择那些客观上需要、主观上又有能力完成的题目。一是要考虑主观条件，即个人的知识结构、学术水平、研究能力、对课题的理解程度等；二是要考虑客观条件，如时间、地点、环境和个人所掌握的材料；三是要考虑研究经费、实验场所（地）、仪器、设备、检测手段等条件上的可行性。

（3）创新性原则。毕业论文的写作者由于写作目的不同，一般对创新性要求并不是非常严格，但是学生在进行选题时，应尽可能具有新颖性、先进性，通过对选题的研究，使研究者的学术水平得到提高，甚至推动某一学科的发展。要注意选择学科前沿的课题，选择填补空白的课题。

2. 选题的方法

常见的选题方法有：

（1）从社会实践中选题。在现代化建设的实践中，有许多新情况、新问题，要注意那些为社会所关心的共同问题。特别是在自己所学习、所从事的专业中，从人们忽视的地方去研究、去探寻，得到自己需要的研究课题。

（2）从文献资料中挖掘。就是要充分利用文献资料，在前人思想与研究成果中得到启迪，从中发现问题、寻找题目。

（3）以教师布置的选题范围作为参考。大胆开发个性思维，积极地运用思维力和想象力开发选题。

（二）资料的搜集和选择

1. 资料的搜集

（1）利用网络及图书馆。利用网络和图书馆可以搜集到丰富的资料，资料包括经典著作、专家学术论文、统计资料和报刊等。资料的搜集应先宽后窄，由粗到细，由近到远，由内到外，在阅读中要注意做好笔记。由于目前网络的发达，在网上找资料变得很方便，但一般来讲网上资料不易过多，这样可能会使你的文章权威分量下降。最后，最好在阅读前了解毕业论文对于文献的数目分量和来源要求，这样在查找时可以准备出充足的数量和比例安排。

(2)利用实验室。根据选题的需要，进行科学实验，人为地控制或模拟客观现象，排除各种干扰，在有利的条件下获得事实资料。

(3)实地考察。实地包括两个方面：一是调查社会，对社会某些现象进行有目的、有计划地调查研究；二是有目的、有计划、有选择地对实习过程中所发生的某些现象作系统、细致的考察，以获取事实材料。对于已经有一定工作经验的人来说，大量的实践经验是写作中的最鲜活的好材料，而缺乏工作经验的学生，则可以利用毕业实习的机会，深入实践去获得真实可靠的第一手材料。

2. 资料的选择与整理

(1)资料选取的标准。真实、新颖、充分。即要求资料合乎客观事实，不重复别人的或现有的资料，要足够、能够说明问题。

(2)资料的整理。就是对搜集的资料进行分类、优选。一般采用观点分类法或项目分类法。观点分类法，就是围绕观点，把与观点有关的论点、论据、论证方法等资料汇总，组成一个资料系列；项目分类法，就是按照资料内容的属性分项归类。资料的整理贯穿论文写作的整个过程。

(三)拟写提纲

通过编写提纲，可以使作者从整体上把握论文的篇章结构，可以发现疏漏环节，及时采取补救措施。

1. 拟写提纲的步骤

(1)拟定论文的标题(初步确定)。

(2)确定论文的中心思想(即主题)，写出主题句子。

(3)确定论文的总体框架，安排有关论点的次序。

(4)确定大的层次段落，确定每个段落的主句或核心句子(注意：论文一般至少应当有 3 个层次)。

(5)进行材料填充，每段选用哪些材料，标示所选用材料的名称、页码、顺序。

(6)检查、修改提纲。

2. 拟写提纲的方法

拟写提纲的方法有多种，毕业论文一般采用标题法、句子法。

(1)标题法。即以简单文字标题形式把论文所要阐述的内容概括出来的方法。标题法写作的提纲简洁、扼要，便于在短时间内记忆，但它只是一个粗略的提纲，不是论文作者则难以看懂具体内容，不利于交流。

(2)句子法。即以一个能够表达完整意思的句子形式把该部分的内容概括出来的方法。句子法具体、明确，写出了主要段落的主句，勾勒出论文的大体结构，但费时费力。

具体应采用哪种写法，取决于文章的具体内容、篇幅和自己的写作习惯。

(四)写作格式

学位论文的写作同一般学术论文大体相同，即同样要进行选题和课题研究，只不过学位论文的选题和课题研究可以在教师指导下进行。撰写学术论文的基本原则、方法等同样适用于学位论文。

1.绪论部分

说明课题研究的背景、目的、方法，以及预期达到的目标，提出论题。提出论题部分是绪论的核心，作者在提出论题时目标要恰当，不能过高，也不宜过低。想借此在学术上取得重大成果，一般难以实现，因而是过高的目标，如果选题过小，只能写出三五千字，则显然目标太低。

2.本论部分

要求作者对论文提出的论题从各个角度、各个方面进行分析、论证与阐释，并从这些问题的联系之中阐明观点。在此部分内容中，作者应详细介绍研究手段、调研的材料和文献资料，使论据有说服力。要注意文章中的层次性和逻辑性。初学写论文的人，最容易出现的错误有：观点和材料分离；叙述材料，就事论事；材料堆砌；论点不结合事例或科学实验等。

3.结论部分

归纳结论一定要准确、肯定，并要与绪论呼应。倘若还有进一步研究与讨论的问题，在结尾处应作简单的说明和交代。对给予自己帮助的同志，也要附笔感谢。

第三节　医学科研论文

一、医学科研论文的写作方法

在撰写论文之前，需认真查阅有关的国内外文献资料，收集各种实验资料和数据,并进行分析与处理,但撰写论文并不是实验数据的简单罗列,而是对该研究课题和实验结果进行再认识的过程,是从感性认识到理性认识的飞跃,采用书面语言将自己的研究过程和结果表达出来。

(一)论文构思

在掌握了第一手实验资料并查阅了大量的相关文献之后,就可以考虑论文的构思。构思即论文的谋篇布局的设想和设计,就是对观点和材料合理安排的思维过程。构思论文的框架时应反复推敲、仔细琢磨,以达到全局在胸。构思论文应做到观点鲜明、重点突出、主次分明、详略得当、结构严谨、层次有序。

构思是进行写作的一项基本功,需要在写作实践中逐步提高。平时阅读医学科研论文,就应注意其构思方法,学习其优点,以资借鉴。在学习写作时,通常采用先拟定提纲,把文章"框架"搭好,然后反复斟酌、思考、修改、补充,不断完善。

(二)提纲拟定

提纲的写法并无定则,可按照自己的写作习惯拟定。写作时原则上应遵循提纲,但又不要过于受其约束,应不断开拓新思路,才有可能写出高质量的论文。有了撰写提纲,对于分析研究材料、分清主次和从属关系、把握全局、避免松散和零乱,使文章首尾贯通很有帮助。对于工作繁忙的作者,在中断写作后通过阅读提纲提供的总概述,有助于尽快恢复写作思路;对于合作写一篇论文或一部图书的作者,提纲有助于各部分写作的衔接,可避免重复,有利于文稿的审改。

拟定提纲常用以下两种方法:

1. 标题式提纲

即以简要的词语构成标题,把每部分内容概括出来,引出每一部分或每一段中所要写的主要内容,这种写法比较简洁,应用也较普遍。

2. 提要式提纲

即把标题式提纲中每一项内容的要点展开,对论文的全部内容作粗线条的描述。提纲中每个句子或短语都可以是正文中一段文字的基础,实际上是整个文章的雏形或缩影。

(三)论文起草

论文起草是论文形成过程中的重要一环。论文草稿应尽量全面、丰满,不必担心篇幅太长,若过于单薄,将会给后期修改带来困难。

论文开头应直截了当,开门见山,点明主题,交待研究的目的及前人的重要发现。医学科研论文在正文前常加一摘要(或提要),以极其简练的文字将内容作概要介绍。

科研论文有时有结语或结论，对全文进行概括和总结。医学科研论文最后部分多为讨论，提出研究工作的新发现，并上升到理性认识。

论文草稿也要合乎文体规范，论点、论据、论证齐全，纲目分明，合乎逻辑，量的符号、单位要规范。

（四）论文修改

论文修改是对论文草稿内容的认识不断深化与完善的过程，也是对表达形式不断优化的选择过程。一篇论文只有经过反复修改，才能对所论述的问题认识得更深刻，论据更充分，语言文字表达更精练、更准确。

首先应反复阅读初稿。从论文的基本观点、主要论据是否成立，全文布局是否合理，论点是否明确，结论是否恰当、可靠，全文各部分之间衔接是否紧密着手，然后再逐字、逐句推敲，挑纰缪、找毛病，并一一予以改正。论文经自己修改若干次后，应送同行专家评审，根据专家意见和建议，可以突破原有框框，作较大取舍或修改。有人归纳论文的内容常见的问题有：题目不贴切、结构欠合理；概念不清楚、论点不明确；数据不准确、运算有错误；推理不严密、论证无逻辑；修辞不讲究、语句不精练；分析不客观、考虑欠周全；评价不全面、机密不保守。论文表现形式方面的常见问题有：符号不统一、图表不美观；字迹不清楚、标点太混乱；款式不规则、引文项不全。

论文初稿经过多次反复修改和抄清后，才能算最后定稿。论文的格式应与拟投期刊的要求一致，以提高刊用率。

二、医学科研论文的格式

（一）题目

1. 题目的作用

题目又称文题、篇题，是文章的总标题，它是揭示论文主题和概括文章内容的简明词语，是整个论文的“窗口”。题目要能反映出研究的目的及其重要意义。论文检索中首先检索的是题目，因此，一个好的题目应当包括可以列入索引的一些关键词。题目的文字应当精练、科学和醒目，既不能夸张，也不能平淡；既能为文献的检索提供必要的信息，又能对读者的兴趣产生足够的吸引力。题目位于论文之首，实际上是把论文框架结构基本确定后，经过反复推敲才确定的。

题目的作用有以下几个：第一，提示作用。题目应以简洁的词语展示论文的核心内容和主要观点、论点。第二，评价作用。在发挥提示作用的同时，应该能够显示一定的评价作用，表明对某一事物的肯定或否定，体现作者的观点。第三，吸引作用。读者通常首先从题目来判断文章对自己是否有用，从而决定是否要阅读全文。第四，检索作用。给二次文献机构、数据库系统提供检索和收录，题目应尽可能多地使用主题词或关键词，以供读者检索之用。

2.题目的要求

(1)具体确切，表达得当。医学论文的题目应能准确、恰当地表达论文的特定内容。应该能使读者通过题目即可了解到该文章的主题思想、主要思想和主要结论，能反映出论文性质、研究对象和手段。题目中一般不用含有过于笼统、夸张或不得体的华丽辞藻，少用或不用虚词，要选用简洁、专一、规范的名词术语。

(2)简洁精练，高度概括。医学科研论文的题目虽然不能像文学作品那样，用一两个字就能做到"具体确切"，但也要尽量简短精练。避免烦琐冗长，与主题内容无关的词应删去。题目应是一个词组或句子，表达一个完整的意思。题目应在 20 个字以内，最多不应超过 30 个字。一般不要列副标题。

(3)用词规范，可供检索。题目是编制索引、储存收录的主要信息源，应适合学术交流和信息传递的需要。为了便于二次文献的收录和编制题录、索引，题目中的用词应注意其特异性、专指性和规范性。

为了便于理解，举例如下：

例一，"急性心肌梗死"。这个题目的内涵和外延太大，因为一篇论文不可能涉及急性心肌梗死的各个方面的问题，它可以作为一部专著的书名。如果是一篇"急性心肌梗死 100 例心电图分析"，则比较明确，适合作为一篇论文的题目。

例二，"微波急性、亚急性和慢性辐射对大鼠血液成分和免疫功能影响的实验研究报告"，该题目包括标点共计 35 个字，显然这个题目的字数太多，可以缩减为"微波辐射对大鼠血液成分和免疫功能的影响"，算上标点共计 21 个字，但是并没有影响确切、准确的标准。

(二)作者与单位

作者的署名为对论文负责之意。按照国际医学杂志编辑委员会对论文署名作者的基本要求，并经过中华医学杂志确认，有以下 3 条规定：

(1)参与研究课题的选题和设计，或资料的分析和解释者。

(2)起草或修改论文中关键性的重要理论内容者。

(3)最终同意发表论文者。

凡署名的作者均需要具备以上 3 条，而且对论文中涉及的任何部分的主要结论，至少有一位作者负责。每篇论文作者数目最好不超过6位，超过者应在投稿时向编辑部说明。第一作者要对论文负全责，通常是提出设计思想、积极组织和指导研究工作，并参与论文写作的主要科学工作者。

有的人虽然为课题研究组成员，参加了部分研究和实验工作，但由于其工作性质是辅助性的，不应列入作者署名；为研究提供资料、材料以及经费资助者，也不以作者署名。凡对研究工作有贡献，但又不够署名条件的，可列入致谢的对象。应努力避免和克服为帮助他人晋级、晋职而将不够署名资格的人列入作者署名的情况，更不应该为了发表论文的便利而署上不应署名的专家、学者的名字。

多位作者共同完成的论文联合署名时，署名顺序应按贡献大小依次排列，不应以职位高低、资历长短、名声大小排列。第一作者应是主要贡献和直接创作者，同时又是直接责任者，享有更多的权利，当然，也要承担更多的义务。

作者的工作单位、地址与邮政编码在论文中也应列出，以便于读者和编辑部联系。单位是表示这项工作在何处进行的。如系进修人员参加工作，则只列名字，其右上角加“*”，在该页下方注中指明其原工作单位。

（三）摘要

摘要是作者经过反复思考后精练写成的，在论文正文的前面。文献检索除了检索标题外，再进一步就是论文摘要。摘要应有实实在在的内容，既不能言之过详，把结果和结论都搬上来，也不能把作者的创新点、关键的技术或内容遗漏。我国国家级医学期刊，通常要求中、英文摘要。中文摘要字数应限定在200～250字，英文摘要与中文对照。摘要的内容分为目的、方法、结果及结论4部分。

1.目的

简要说明研究的目的、定义及其重要性。

2.方法

简述课题的设计、研究的对象、方法、研究的范围及观察的指标，资料的收集处理以及统计分析方法等。

3.结果

简要列出主要的、有意义的或新发现的研究观察结果，指出临床与统计学的意义和价值，以及可能存在的局限性，描述要准确和具体。

4.结论

肯定经过科学分析的研究结果及其获得的某些结论或论点，指出这些结论或论点的理论或实用价值，以及某些尚待进一步探讨的问题。

摘要要连续写出，不分段落，使用第三人称，不用第一、二人称。

(四)关键词

1. 概念

关键词是从论文中提炼出来的能反映医学论文主要内容的名词、词组或短语。最早使用的关键词不是经过规范化、标准化的主词，而是选出文献题目中、正文中有实质意义而又重要的词汇作为主词，用以标引。可见，最早出现的关键词是作者自由选择的，属自然语言。随着检索要求的发展，使自然语言逐步向规范化、标准化方向发展，就形成了主题语言或检索语言。

2. 怎样选关键词

关键词要从论文的主题、研究角度、研究范畴及具有特色的研究方法和研究对象上选定。

首先从论文的标题中选关键词，这是"题内关键词"，如果这样选定的关键词还不能反映论文的主题，可再从论文的提要或正文中选，这是"普通关键词"。

其次，查表检验从题目、提要、正文中选定的关键词是否为词表上的词(《医学主题词注释字顺表》、《汉语主题词表》、《中医药主题词表》)，如果是，说明是规范化的关键词，符合检索语言的要求；如果不是，要尽量转化成词表上的词。如果选定的关键词在词表上没有，同样可以作为自由词标引。为便于检索者或编辑进行主题词标引，可在自由词的右上角标以星号，以与规范化的关键词相区别。

选词数量：国际医学期刊编委会提出每篇论文标引关键词3～10个，目前，国内医学期刊一般要求每篇论文标引关键词3～8个。

3. 注意

(1)化学分子式不可作为关键词。如果需某些化学物质作关键词，应标其化学名称，而不用其化学分子式。如可用"氯化钠"，而不能用"NaCL"。复杂的有机化合物一般取其基本结构名称作关键词。

(2)词表中未出现的缩写词或未被普遍采用或未被专业公认的缩写词，不可作为关键词。但已得到公认、普遍使用的缩略词可选作关键词，如DNA、RNA等。

(3)某些无收录意义和检索意义的词。如介词、连词、副词、形容词、代词、动词等不能作为关键词标引，如"讨论"、"研究"、"观察"、"探讨"、"分析"等。

(4)论文中提到的常规技术。内容是众所周知的，作者未加探讨和改进，不能作为关键词标引。如某心脏病诊断的论文，提到的常规心电图就不需标引。

（五）导言

导言又称引言或前言，是论文的开场白。或长或短，医学论文要求有引言，它简要地说明进行该项研究或撰写该文的原因或目的，对正文起到提纲挈领和引起读者阅读该文兴趣的作用。引言要求尽可能简明扼要，开门见山地向读者介绍本文的研究范围与目的、研究背景及国内外现状、本研究的设想、方法、理论根据、研究意义及主要收获、推广应用的可行性与可望达到的社会或经济效益的预期结果等。引言不要过多评价本文的学术价值，对众所周知的知识和道理不宜赘述，禁止使用“首创”、“国内领先”或“国际一流水平”等字句。字数一般不宜超过 300 字。

（六）材料与方法

如果采用的是常规方法和仪器设备，则简单指出方法名称、仪器设备名称及型号即可。若使用的是作者特殊的方法及自制的仪器，则应详细说明，以便读者重复实验时有所遵循。这部分应写明具体的观察对象、病历的收集、所用仪器设备及型号、试剂规格和生产商牌号及实验操作方法。

1. 对象的来源

临床研究是以临床患者、高危人群或动物为主要对象，是随机抽样的样本，抑或非随机抽样的样本。样本的数量在论文中应交代。

2. 分组方法

论文中涉及两组或多组的对照比较，应交代研究对象分组的方法。

3. 诊断标准

纳入研究的患者一定要有确切的诊断标准，利于读者了解被研究对象的具体临床状况，便于研究成果的推广。

4. 组间临床基线的比较

论文中一定要列出研究对象在实验前主要的基线状况。例如各组研究对象、数量、性别、年龄、病情轻、中、重型的分布等，并要做统计学分析，除了被研究的因素外，主要的临床特点应无显著性差异，这样才具有可比性。

5. 研究的材料

要注明所应用的试剂及其来源、质量标准批号，实验仪器的名称、来源、型号、标准、实验的操作法、精确度等。凡特殊检查的图像性资料也应注明设备的名称、来源、型号、检查的方法和结果判断，以确定资料的可靠性程度。

6. 研究的设计方案

论文中应将设计方案的内容做具体的扼要描述，必要时可采用适当的图表表示。

7. 实验药物的具体说明

应详细说明每日应用的剂量、次数、用药的途径、疗程、根据治疗反应做剂量调节或停药的指标等。

8. 测量指标及判断结果的标准

论文中应交代有关测试的指标及其结果的判断标准。如有效、无效、恶化等。对所致的疾病应有明确的诊断标准。在疾病预后的观察研究中，应有痊愈、致残、死亡等明确指标及归因。

9. 统计学分析的方法

对论文中涉及的计数和计量资料的数据处理分析方法，应交代清楚。

(七)结果

结果是作者通过观察、调查或实验研究所得到的数据，是论文的核心部分，是研究成果的总体归纳。结果一般从观察或测量的数据得来，要求真实可靠，数据要进行统计学处理，以判断是否存在统计学意义或差异；对不能用文字描述或文字描述很累赘时，应采用图表的方式进行表达。

1. 文字叙述

通常在结果部分对实验要做一些概括性描述，给读者一个论文“梗概”，但应避免重复材料和方法部分的实验细节。要把具有代表性的实验数据写入论文，而不是数据越多越好。对于大量的实验数据，应认真分析，去粗取精，但在数据资料的取舍上不应掺入主观成分。要尊重事实，力求客观、科学、全面。研究结果特别是定量的数据，要经过反复演算，修改或伪造数据不仅使结果不正确、不真实，还会给他人和自己带来灾难。

2. 图表的应用

图表能够形象、直观地表达论文中变量与变量之间的关系，充分显示所研究对象变化的规律性和特殊性，具有立体感，便于不同结果的比较，使之一目了然。

图表是一种简明的、规范化的科学语言，比文字表达更简洁明了。它可以使大量数据系列化，表达精确，便于阅读、分析和比较。

图表的设计与表达要注意以下几点：

(1)防止图与表的重复表达。

(2)防止图、表与文字的重复表达。

(3)制图表时应简洁、明了，一般一个图表只说明一个问题。

3. 结果的记述要注意的几个问题

(1)真实性。处理原始资料时,应该实事求是。对于与研究假设有矛盾的结果要如实报告,不能任意取舍,不能违背真实性原则。

(2)客观性。在结果部分只交代实验结果,不宜过多地讨论,不要有主观倾向性的表达,严禁弄虚作假。

(3)正确选择统计方法。应根据数据类型、科学研究的目的,选用相应的统计方法。统计计算往往很费时间,但反映在论文中常是简单的几个图表或几句结论性的话。统计所获得的结果只为作者判断结果提供依据,如何用统计结果来解释医学问题,还需作者根据医学知识阐述,切忌用统计结论来代替医学结论。

(八)讨论

论文是文章的精华所在,是把结果进行总结、提高和升华,找出事物内部联系及有关机理的探索。在讨论中要把作者的丰富的理论知识、实践经验与本课题密切结合起来。作者根据本研究结果,有什么新的学术观点或学术假设,要充分地、准确地表达出来。写讨论不要写成结果的简单重复,应站在更高的立场、起点、角度上阐明论文的观点。写讨论要实事求是,有多少事实做多大的结论,要根据实验数据和事实,反对夸夸其谈。要尊重历史,不能割断历史、略去前人的成就,而不适当地夸大自己的贡献。

根据国际医学期刊编辑委员会的建议,讨论的内容主要如下:

(1)本研究所涉及的主要原理和概念;

(2)本文结果和他人所得结果的比较;

(3)本研究中的新发现、新发明及其原理;

(4)阐明有关新发现对今后理论发展或临床研究的指导意义;

(5)针对本课题的结果,解释因果关系,总结本课题研究中尚存在的问题与不足。

讨论是论文的重要主体部分,是论文中最难写的部分,是作者学术思想的展示,其水平的高低取决于作者的理论思维、学术素养、知识的深度和广度以及专业写作技巧。

(九)致谢

任何一项研究或观察,个人的能力是有限的,在研究或观察过程中,许多对本研究给予过指导和帮助的单位或个人,作者都要通过文字的形式表示谢意。这既是对他人贡献与责任的肯定,也是作者承认他人劳动的付出和对他人人格尊重的体现。

对为本研究做出贡献、但又不符合署名条件的人员，均应在文末以致谢的形式将有关人员的名字一一列出并致谢。致谢应是发自内心的真诚感谢，态度要诚恳，言辞要谦谨；在致谢中应注意避免有故意抬高自己的嫌疑。对于不愿意标出名字的专家、教授、领导，不能违背其意愿标出其名字，以免适得其反。对于确实为自己的研究或论文做出过贡献的下级人员或辅助人员，应在致谢中说明，以避免有剥夺或抄袭别人成果的嫌疑，也省却了文章发表后的一些意想不到的麻烦。但不能利用致谢来处理人际关系，否则有失论文的学术性。

（十）参考文献

科学是有继承性的，今人的研究成果都是对前人研究成果的发展与继承。在科学研究或观察中，作者常常对他人获得的某些观点、数据、资料与方法等进行鉴别、引用，以证实论文的科学性、准确性。引用时需标明文献的出处，一方面是为了便于读者查阅、参考被引用的有关文献，另一方面也是对他人研究成果的尊重。

列出参考文献应该注意的问题：

(1)凡引用的参考文献，应是亲自阅读过的、重要的、真实可靠的文献。

(2)文献引用要少而精，被引用的部分或观点一定要忠实于原作者的事实。

(3)不要引用文献摘要或私人提供的个人信息，不要把相关文献中的参考文献不经阅读而转引。

(4)若引用已被有关杂志接受但尚未发表的资料，应该注明。

(5)全部被引用的参考文献，均应按正文中出现的先后顺序编号，并应保持正文中的编号与参考文献的编号一致。

【例文 1】

黄芩甙体外诱导大鼠骨髓基质细胞成为神经细胞

［摘要］：目的：探讨黄芩甙体外诱导成年大鼠骨髓基质细胞(MSCs)分化为神经细胞的条件。方法：采用黄芩甙诱导6h后，继续维持诱导6d。免疫细胞化学染色评价神经细胞特异性烯醇化酶(NSE)、神经微丝(NF)、胶质纤维酸性蛋白(GFAP)和波形蛋白(vimentin)的表达率；Hoechst33258染色评价细胞存活率。结果：诱导6d后MSCs形态改变，胞体成锥形，突起交织成网。免疫细胞化学染色NSE、NF、GFAP和vimentin表达分别为70.5％±11.6％，68.3％±13.4％，＜1％，＜1％，细胞存活率为88.4％±5.0％。结论：黄芩可以诱导成年大鼠MSCs在体外分化成为神经细胞，该方法将为神经系统细胞移植和基因治

疗提供新的思路。

近年研究表明，大鼠骨髓基质细胞可以在体外诱导成为神经细胞或 NSE 阳性细胞。在已知的诱导剂中，β－巯基乙醇（2－mercaptoethanol，β－ME）、二甲基亚砜（dimethylsulfoxide，DMSO）、叔丁对甲氧酚（butylated hydroxyanisole，BHA）等均为抗氧化剂。我们拟在广泛筛选抗氧化诱导剂的基础上，验证中药单体黄芩甙可否作为 MSCs 体外诱导剂。

讨论

MSCs 是全能干细胞分化而来的非造血系干细胞，属间充质干细胞，具有多向分化潜能，可以分化为成髓细胞、软骨细胞、脂肪细胞、肌小管、肝细胞等。近来，Woodbury 等采用抗氧化剂 β－ME、DMSO＋BHA 等在体外诱导 MSCs 成为神经细胞。我们采用抗氧化剂 β－ME 诱导成年大鼠 MSCs 表达 NSE。项鹏等也采用 β－ME 诱导人骨髓间质干细胞定向分化为神经元样细胞。这些资料显示，MSCs 可以定向诱导分化为神经细胞或神经元样细胞。相对于胚胎干细胞而言，MSCs 获得方法简单，易于增殖，采用合适的体外培养方法，培养 6 周 MSCs 细胞增殖 109 个倍，1 次骨髓穿刺获得的人 MSCs 很快可达 1013 个。因此，MSCs 成为神经细胞移植和基因治疗理想的细胞。

MSCs 在体外分化成为神经细胞目前采用的诱导剂有抗氧化剂和生长因子等。但是采用中药单体诱导尚未见报道。本研究发现，诱导前 MSCs 不表达 NSE、NF。采用抗氧化剂黄芩苷诱导 6d 后，多数细胞表达 NSE、NF，说明该方法是可行的。而且整个分化诱导过程是连续的、逐步的，省略诱导期或后诱导期，都可能影响分化率和细胞存活率。黄芩甙与乙报道的诱导剂相比，虽然在早期诱导效果不如 β－ME，但是长期效果优于 β－ME，且细胞存活率较高。

以往研究发现，将 MSCs 移植到新生或成年大鼠脑内，MSCs 可以分为为星形胶质细胞，并且较好地和受体组织整合。但是本研究发现 MSCs 不表达 GFAP 和 vimentin，在黄芩甙诱导下，GFAP 和 vimentin 表达率依然很低，说明黄芩甙诱导 MSCs 主要朝神经细胞方向分化，而不是神经胶质细胞。黄芩甙的诱导作用尚不清楚，但是部分抗氧化剂有此作用，如－ME、DMSO＋BHA。黄芩甙在黄酮类化合物中具有较强抗氧化能力，因此，黄芩甙可能和其他诱导剂具有类似的作用机制。

【例文 2】

肾上腺髓质素对尾加压素 II 刺激的血管平滑肌细胞增殖的影响

尾加压素 II(urotensinII,UII)最初是从鱼的尾部垂体中分离出的神经肽。1999 年 Ames 首次在人体中发现的 UII 的特异性受体一孤立的 G 蛋白偶联受体 GPR14,这种 UII 受体广泛分布于心血管组织。并发现 UII 是迄今为止已知的最强的缩血管活性肽,其缩血管效应比内皮素强十余倍。我们还发现 UII 对于心肌细胞和血管平滑肌细胞(VSMC)具有强烈的促丝裂作用。本工作观察肾上腺髓质素(ADM)对促增殖作用的影响,以探讨 UII 与 ADM 的相互作用机理。

讨论

尾加压素 II 的受体分布广泛。在骨骼肌和大脑皮质最高,心血管组织亦富含 UII 受体。我们最近在离体培养的 VSMC 上研究发现 UII 呈浓度依赖地刺激 VSMC 增殖,其促增殖作用通过 MAPK 途径介导。ADM 是由 52 个氨基酸残基组成的血管活性肽(大鼠 ADM 是由 52 个氨基酸残基组成)。主要由血管由皮细胞和平滑肌细胞分泌,而 VSMC 富含 ADM 受体。ADM 具有扩张血管,降低血压的作用。但 ADM 与 UII 的相互作用目前尚未见报道。

本工作在培养的大鼠 VSMC 上观察到 UII(10－8 mol/L)促进 VSMC 的[3H]－TdR 掺入增加,反映 DNA 合成增多,并激活 MAPK,与以前报道一致。ADM 单用时对 VSMC 的[3H]－TdR 掺入及 MAPK 活性均无明显影响,与文献报道一致。但 ADM 呈浓度依赖地(10－10－10－8 mol/L)抑制 UII 的促 VSMC 增殖和刺激的 MAPK 效应。

第四节　医学文献综述

一、文献综述的作用

文献综述是以作者非直接经验和资料为主而形成的一种论文。它是将一定时期内某一学科领域或专题的文献收集起来,对其提出和探讨的问题进行分析归纳、综合评论、加工整理而成。培养和掌握文献综述的写作能力和方法,是一名医务工作者必须具备的一项基本功。

文献综述在学术论文中具有较重要的地位。它的学术水平和价值有的甚至高于其他科学论文,因此常受到特别的重视。它的主要作用表现在以下两方面:

(一)为医护人员提供大量信息

文献综述将原始文献的同类内容加以归纳、使之集中化、系统化,同时又综合了各种讨论或争论的问题。读一篇质量高的综述,可以收到读数十篇甚至数百篇文献的效果。尽管它是三次文献,不如论文时效快,但它比较系统、全面。通过阅读综述,读者可用较少的时间获得较多的信息,及时了解某一学科领域或某一方面的发展概貌。

文献综述既介绍了某一学科领域或某一方面取得的重要研究成果,同时也指出了存在的问题以及今后的发展趋势,为医护人员选择科研方向、寻找科研课题提供了很大的方便。例如研究生从事科学研究,一般在开题前总是先查阅文献、撰写综述,然后确定科研题目,着手研究。文献综述在介绍某一学科领域或某一方面主要研究进展和发展趋势的同时,还列出了有关的参考文献,为医护人员进一步查阅文献、深入进行研究和探讨提供了重要的线索。

(二)文献综述本身就可构成一项重要的学术研究成果

国家有关文件规定,综述、述评、专著、专题调研报告、工具书为科技情报成果,可按国家关于科技成果奖励的有关规定给予评定和奖励。

二、文献综述的类型和特点

(一)文献综述的类型

根据文献综述的内容及写作的目的,一般有以下几种分类方法:

1. 按时间划分

(1)回顾性综述:主要反映某一学科领域或某一方面目前的研究水平,是历史回顾加上目前水平,重点是目前水平。例如"肿瘤基因治疗现状",首先要回顾历史,然后着重介绍目前的研究水平和状况。

(2)前瞻性综述:是在总结和分析现有文献资料的基础上,对某一学科领域或某一方面的发展前景和趋势以及可能结果进行预测。例如"家庭护理 21 世纪的发展趋势",就要在收集、分析现有家庭护理文献资料的基础上,对 21 世纪家庭护理的发展趋势和水平提出预测。

2. 按是否参与作者个人意见划分

(1)归纳性综述:偏重于客观地叙述某一学科领域或某一方面的研究水平和发展现状,没有或者很少有作者个人的评论。

(2)评论性综述:除对某一学科领域或某一方面的文献资料进行客观的归纳与分析外,还提出作者自己的观点、见解和建议,既存“叙述”,又有“评论”。

3. 按内容划分

(1)动态性综述:一般是对某一学科领域或某一方面的发展动态,按照其自身的发展阶段,由远及近地介绍其主要进展,一直介绍到目前发展的程度。动态性综述对制订科研规划、做出科研决策有重要的指导作用。

(2)成就性综述:专门介绍某一学科领域或某一方面的新理论、新成果、新技术、新方法。成就性综述对开拓新课题、寻找新技术和新方法具有重要的启迪作用。

(3)争鸣性综述:一般是对某一学科领域或某一方面存在的学术观点上的分歧进行分类、归纳和综合,按不同见解分别叙述。争鸣性综述的作者可发表倾向性的意见,但作者的观点要与被引用文献的观点分开叙述。

(二)文献综述的特点

1. 新颖性

文献综述所引用的文献一般是近3～5年发表的。陈旧的资料随科学的发展和时间的推移可能被新近发表的资料所包含或超越,失去了被搜集、综合和归纳的意义。只有近期发表的新鲜资料才能对医疗护理和科研工作有指导作用,对读者引发兴趣和有所启发。

2. 综合性

文献综述综合了某一学科领域在一定时期内的研究概况,既有纵的描写,又有横的对比,并进行分析比较。例如,关于国外重症监护病房(ICU)的发展,既可介绍各个时期的ICU的发展状况,又可描述不同国家的ICU的发展水平,并进行综合、归纳、整理。这样可以使人开阔眼界,对ICU的发展和水平有较全面的认识和了解。

3. 评述性

文献综述的作用不仅对某一学科领域的文献资料进行综合描述,而且在分析研究的基础上,发表自己的见解和观点,即所谓“评论”。例如在叙述了肿瘤生物治疗的各种措施之后,在分析研究的基础上,提出哪些治疗措施效果较好,哪些治疗措施还有缺点,今后应从哪些方面去研究、加以改进等。

4. 客观性

文献综述的作者在介绍他人的研究进展、成就和观点时,要如实地反映;在以评论的形式阐述自己的观点和看法时,也要客观分析,决不能臆想、推测和拔高。

三、文献综述的格式

(一)标题

标题一般由两部分构成,即综述涉及的对象和说明语,如“高血压防治现状”、“抗病毒药物研究进展”中“高血压防治”和“抗病毒药物”为阐述的对象,“防治现状”和“研究进展”为说明语,但也可以不用说明语,直接用综述的对象为标题,如“免疫调节与抗衰老”、“神经营养因子与神经变性疾病”。在考虑标题时,要注意标题能高度概括综述的主要内容,使读者从标题中可大致了解综述所涉及的主要方面,标题在文字上要简明扼要和醒目,能吸引读者,不落俗套。

(二)摘要和关键词

根据国家标准规定,文献综述和其他论文一样,都应有摘要,并列出3～5个关键词。

(三)引言

可用小标题“引言”、“导言”引导,也可不用,直接写一段文字。内容包括:①提出问题,即为什么要作这方面的综述;作者首先对综述的主题做出定义性解释或介绍背景材料,即历史和现状,提出存在的问题,从而引出撰写该综述的目的。②介绍所写综述的范围和内容,置于引言结尾部分,用一两句话表达。引言不宜过长,应开门见山,100～200字即可。

(四)主体部分

这部分是综述主要内容的叙述部分。应由浅入深地、广泛而又系统地叙述综述所涉及的各个方面。要将作者掌握的大量有关文献资料进行分析、归纳和整理。叙述的方法往往采取由一般到具体、由远及近、由传统的、经典的观点到作者自己的经验总结,很有层次地展开。撰写这部分内容时,应注意下列几点:

1.应列出小标题加以论述

一般根据主题和内容列出若干个小标题,分几个问题分别论述。这样,既可达到系统、又可达到层次分明的目的,防止一大堆资料杂乱无章地堆积在一起。

2.应反映不同学术观点

一篇高质量的文献综述,应将有关该综述主题所有的重要学术观点,包括不同的观点和见解,都一一加以论述,便于读者深入研究。如有关冻伤的治疗研究,有人主张冰雪擦,有人主张用火烤,但也有人反对以上两种方法,主张用

42℃温水浸泡。再如有关中暑的治疗研究，有人主张将患者浸在冰水中降温，可有人反对，认为此法不但无益，反而有害，主张温水体表散热。只有将不同的学术观点都客观地介绍出来，才能使读者对该专题有较全面的了解，应当避免只介绍符合自己观点的材料。

3.可插进必要的图和表

所谓"必要的"，是指用文字难以说清的东西，可用图或表。如表示一个实物的结构，用图表达比用文字更为清楚。有了图，再配上少量文字说明，形象、具体，效果则更好。

4.应引用主要研究结果和结论性观点

由于综述篇幅有限，一般只引用主要研究结果和结论性观点，不详细列举具体细节，如研究材料、方法、过程等。但也应注意有些重要的资料还是需要加以说明的，如介绍药物的疗效时，则要说明研究对象是动物还是人；如是动物，则要说明是何种动物。另外，引用的材料要可靠并注意质量。从发展的眼光看，凡属于新的、创造性的方法和观点，应多引用，重复的、陈旧的应少引用或不引用；属于研究发展阶段中未定论的观点，只需归纳提及即可。

（五）结语

这部分不仅是作者对全文的小结，而且也是发表作者个人见解和评论的部分。撰写时，可用小标题"结束语"、"结语"之类，也可不用小标题，而用"综上所述"、"总之"等词语开头，引出结论。其内容包括：①对主体部分叙述的内容作一归纳；②对主体部分各问题提出评论的意见；③对今后的研究提出建议或展望。关于写法有两种：一般是将结束语置于全文的最后，这是最常用的写法；第二种是在叙述的各个问题之后，发表作者评述性的意见，全文无结语。

（六）参考文献

参考文献是综述的重要组成部分.是读者深入了解或探讨问题的情报源。应将所引用的参考文献全部列出，未公开发表的文献，如个人通信、内部资料、会议论文汇编等，一般不列入参考文献，参考文献的著录项目和格式，按照国家标准或所投刊物的稿约撰写；所列参考文献要排序号，主体部分引文的上角码与参考文献的序号应保持一致；所引用的文献必须经过综述者直接阅读，不得转引；对所列参考文献，要逐项核对，防止发生差错。

（七）致谢

在撰写综述的过程中得到某人的指导，或写完后经某人审阅，需在正文末尾致谢。

四、文献综述的写作步骤

（一）选题

选题是写好文献综述的首要条件。选题要从实际出发，具有明确的目的，在理论或实践上有一定意义。选题来源包括两方面：①选自作者较熟悉的学科领域或专业范围；②选自领导和机关下达的调研任务。一般地说，熟悉的选题由于作者了解和掌握国内外的进展，撰写起来比较容易。文献综述的题目不宜过大，应具体，从一个侧面入手，这样容易深入和写好。

（二）搜集和积累资料

文献资料是撰写综述的物质基础。资料搜集越多，就越好写，综述的质量就高。因此，要十分重视资料的搜集和积累工作。搜集资料的方法有两种：①通过文献查文献。寻找一篇或数篇有权威性的文献.然后根据它们文末所列参考文献进一步寻找有关文献，如此由近溯远，顺藤摸瓜，基本上可以将该专题的有关文献大部找出；也可查找该专题的综述性或评论性文献，特别是权威学者撰写的综述，往往能很快掌握该综述发表之前的重要研究成果和发展概况。采用这一种方法时尚需注意补查最新文献。②通过各种检索工具、联机和光盘检索查找文献。在实际工作中，很难搜集到所有文献，但至少将主要文献尽可能搜集齐全。

（三）阅读、综合和整理

对所搜集的文献，首先通读摘要部分，以了解各篇文献对本综述的写作价值，然后根据其重要程度细读。决定细读的文献，应尽可能阅读全文，如时间紧迫，可重点阅读论文摘要、结论和讨论部分，抓住论文的主要观点和结论。阅读文献尤其是外国文献，一定要看懂，领会精神实质，将重要论点和数据用卡片摘出，便于分类、比较、归纳。阅读时还要结合自己的工作和经验，善于判断其实验设计是否科学、统计是否正确、分析推理及结论是否精确合理、结果和观点是否有新意。在阅读的基础上，对掌握的资料要进行分析、综合，将观点相同的资料归纳在一起，分门别类，对不同甚至相反的观点进行比较并有所取舍。综述要如实反映原作者的观点，不能任意改动，并适时标注参考文献，但对引用的资料也应加以选择，不可能将搜集和阅读过的资料全部写进去，使综述变成一大堆资料的堆积。

在正式写作之前，应列出一个较详细的写作提纲，写出各级的大小标题，然后将搜集的资料分别归入有关问题，并排出使用顺序。提纲宜明确、细致，以免撰写时重复和遗漏。

（四）写作

根据写作提纲，逐项将内容展开，并注意观点与内容的一致。在写作过程中，可根据需要调整结构和补充内容。论述观点时，作者可有倾向性，但不同观点也应列出。专业术语应尽量采用通用者和有标准者。如有国家统一规定的译名、计量标准，应按规定采用。如遇到新词汇翻译无把握时，可在译文后注明原文，以便核对。

初稿写出后，要认真修改，包括内容增减、结构统一、数据核对和文字润色。首先是作者自己修改，然后听取有关专家的意见，反复修改，仔细推敲，力求做到主题明确、层次清楚、文字精练、数据可靠、表达准确。

稿件修改后，要誊清。最好是作者自己抄写，因为在抄写过程中还可以随时发现和纠正文稿中的某些差错，如错别字和标点符号。抄写时，要求做到书写工整、字迹清楚。抄完后，再仔细复查一遍，以纠正抄写时发生的错误。

【例文】

参见《医学研究》、《中国预防医学》、《中国临床医学》等。

【思考题】

1. 科技论文有哪些种类？
2. 掌握学位论文写作的基本步骤。
3. 掌握医学科研论文的写作方法。
4. 了解医学文献综述的格式和写作步骤。

第五章
医疗文书

医疗文书主要指病历和病案。卫生部颁布的《医疗机构病历管理规定》第三条指出“医疗机构应当建立病历管理制度，设置专门部门或者配备专(兼)职人员，具体负责本机构病历和病案的保存和管理工作”。因而病历和病案为两个不同的概念。病历是指医务人员在医疗活动过程中形成的文字、符号、图表、影像、切片等资料的总和，包括门(急)诊病历和住院病历。病历书写是指医务人员通过问诊、查体、辅助检查、诊断、治疗、护理等医疗活动获得有关资料，并进行归纳、分析、整理形成医疗活动记录的行为。病案则是转交到病案室并经病案管理人员整理后归档保存的病历，包括患者住院期间的全部医疗、护理及其他资料等。

病案在医疗、教学、科研、管理、法律等方面具有重要的作用。

一是在医疗方面，病案全面记录医务人员对疾病诊断治疗的过程，医师对疾病诊治的过程是调查、研究、认识疾病的过程；患者在连续接受治疗或转院进行诊疗时离不开病案；病案中所记载的医师的医疗实践活动，可以反映出医技科室所做的各种检查、检验结果的准确率并对临床诊疗产生指导作用，帮助医技科室总结经验，提高与临床诊断的符合率。

二是在教学方面，内容完整的病案能够系统地反映出整个疾病诊疗过程的全貌，是临床教学极具生动的教材。

三是在科研方面，作为科研资料的病案可以促进临床和基础医学的发展，推动预防医学工作的开展，是宝贵的科研资料。

四是在医院管理方面，病案是医院管理中重要的信息来源，真实而完整的病案标志着医院和工作人员为患者服务的质量和医疗专业水平。

五是在统计方面，病案是医院医疗业务统计工作中主要的原始资料之一，是医疗业务活动数量和质量统计分析的可靠依据。

六是在法律方面，病案是患者病情的客观原始记录，医疗纠纷、医疗事故、伤残事故的处理、民事诉讼案件以至某些个案的调查，均可根据病案内的原始记录，作为评议、处理或判明责任的依据，作为法庭上的证据之一。

七是在社会日常事务方面，各种医疗保险在不同程度上都依靠病案来完成本身的业务。

第一节 西医病案

病案是医护人员在诊疗工作中的一份全面记录和总结。它既是确定诊断及制订治疗和预防措施的依据，也是总结医疗经验、充实教学内容和进行科研的重要资料；有时还为政法工作提供真实可靠的素材。完整的病案还可充分体现出医疗质量和学术水平的高低。因此，为了提高病案质量，医护人员必须以极端负责的精神和实事求是的科学态度，严肃、认真地书写病历。

一、西医病案的内容

完整的病案应该包括：病历首页、出院记录（或死亡记录及死亡病例讨论记录）、住院病历或入院记录、病程记录、特殊诊疗记录单（包括术前小结、麻醉记录、手术记录、特殊治疗记录、科研统计表等）、会诊申请单、责任制护理单、临床护理记录单、特殊检查报告单、检验报告单、医嘱单、体温单、住院病历质量评定表、以前住院病历及死亡患者的门诊病历。

二、西医病案的书写要求

（1）病历书写应当客观、真实、准确、及时、完整。

（2）住院病历书写应当使用蓝黑墨水、碳素墨水，门（急）诊病历和需复写的资料可以使用蓝色或黑色油水的圆珠笔。

（3）病历书写应当使用中文和医学术语。通用的外文缩写和无正式中文译名的症状、体征、疾病名称等可以使用外文。但疾病诊断及手术名称编码要依照国际疾病分类（ICD－10）书写，译名应以《英汉医学词汇》（人民卫生出版社，1996 年）和全国高等医药院校统一教材的名称为准。药名一律用中文、英文或拉丁文书写，不能用代替性符号或缩写，一种药名不能中英文混写。度量衡单位一律采用中华人民共和国法定计量单位，例如：m（米）、cm（厘米）、mm（毫米）、um（微米）、l（升）、ml（毫升）、kg（千克）、g（克）、mg（毫克）、ug（微克）等。

（4）病历书写要求文字工整，字迹清晰，表述准确，语句通顺，标点正确。书写过程中出现错字时，应当用书写时的笔墨双线划在错字上，不得采用刮、粘、涂等方法掩盖或去除原来的字迹。

(5)病历应当按照规定的内容书写，并由相应医务人员签名。实习医务人员、试用期医务人员书写的病历，应当经过在本医疗机构合法执业的医务人员审阅、修改并签名。进修医务人员应当由接收进修的医疗机构根据其胜任本专业工作的实际情况认定后书写病历。

(6)出现在病历上的各级医师职称要以医院的正式聘任为准，上级医务人员有审查修改下级医务人员书写病历的责任。修改时一律用红色墨水笔并在最后注明修改日期，签署全名，并保持原记录清楚、可辨。具体要求如下：

①实习医师书写的完整病历，上级医师应在全面了解病情的基础上认真修改后签字，每页修改 3 处以上的，应要求实习医师重抄后再签名(如仅供教学资料使用，可不归档保存)。

②主治医师应及时审阅进修医师和住院医师书写的各项记录，每页修改 5 处以上或字迹潦草不可辨认的，应令其重抄后再签名。

③入院记录、首次病程首记、申请会诊记录、转科记录、抢救记录、死亡记录、出院(死亡)小结、死亡病例讨论等重要记录，应有主治医师或主治以上医师签名。

④正、副主任医师要经常督促检查病案质量，并对与自己有关的记录亲自修改并签名。

⑤上级护理人员要及时审查和修改下级护理人员书写的护理文书。

(7)因抢救急危患者未能及时书写病历的，有关医务人员应当在抢救结束后 6 小时内据实补记，并加以注明。

(8)对按照有关规定需取得患者书面同意方可进行的医疗活动(如特殊检查、特殊治疗、手术、实验性临床医疗等)，应当由患者本人签署同意书。患者不具备完全民事行为能力时，应当由其法定代理人签字；患者因病无法签字时，应当由其近亲属签字，没有近亲属的，由其关系人签字；为抢救患者，在法定代理人或近亲属、关系人无法及时签字的情况下，可由医疗机构负责人或者被授权的负责人签字。

因实施保护性医疗措施不宜向患者说明情况的，应当将有关情况通知患者近亲属，由患者近亲属签署同意书，并及时记录。患者无近亲属的或者患者近亲属无法签署同意书的，由患者的法定代理人或者关系人签署同意书。

(9)诊断名称应确切，分清主次，顺序排列，主要疾病列于最前，并发症列于主要疾病之后，伴随疾病排列在最后。诊断除疾病名称外，还应尽可能包括病因，疾病解剖部位和功能的诊断。对病史清楚、体征明确或已做过特殊检查、诊断依据充分者，可直接写“诊断”，不能明确的可写“初步诊断”，记录在入院记录的右下方；如经过多方检查，诊断有误可用“修正诊断”或“最后诊断”等，它们是出院时的结论性诊断，内容应与出院小结和住院病历首页相同。

(10)使用规范汉字，简体字、异体字按《新华字典》为准，杜绝错别字。词句中数字可使用汉字，两位数以上则一律使用阿拉伯数字。

(11)住院医师应在患者入院后 24 小时内完成入院记录。

(12)各种记录结束时，应签本人全名并清楚易认。

(13)凡药物过敏者，应在病历的既往史或药物过敏史中注明过敏药物的名称。

(14)入院不足 24 小时出院的患者(包括死亡者)不能随意取消住院号，但可不书写入院记录，而应详细书写 24 小时入出院(死亡)记录。患者未办入院手续在送病房途中或病房、手术室死亡，接诊或参加现场抢救的医务人员应参照上述要求在门诊或急诊病历上书写记录，患者按门诊或急诊死亡统计。

(15)一般患者护理记录、危重患者护理记录和手术护理记录按有关要求书写。

(16)各种专项记录(如麻醉、内窥镜、导管操作及各种影像检查等)均应按各专业要求书写。

(17)检查报告分常规、生化(包括免疫、细菌学等化验检查)、影像学检查三大类粘贴，要求按日期顺序呈叠瓦状粘贴整齐。

(18)各项记录必须有完整日期，按“年、月、日”方式书写，急诊、抢救要具体到时间(时间以 24 小时表示，如:2002 年 03 月 04 日下午 5 时 30 分写成 2002－3－4－17：30)。

(19)各种表格内容应逐项认真填写，每张记录纸均须完整填写眉栏如患者姓名、住院号、科别、床号、页码。

(20)各医院病历应有统一规格，病历纸规格大小，以国家档案管理规定和要求为准。

三、西医病案的类别与书写格式

(一)门(急)诊病历书写要求及内容

门(急)诊病历包括门诊病历首页(门诊手册封面)、病历记录、化验单(检验报告)、医学影像检查资料等。

门(急)诊病历首页内容包括患者姓名、性别、出生年月、民族、婚姻状况、职业、工作单位、住址、药物过敏史等项目。

门诊手册封面内容包括患者姓名、性别、年龄、工作单位或住址、药物过敏史等项目。

门(急)诊病历记录分初诊病历记录和复诊病历记录。

门(急)诊病历记录应当由接诊医师在患者就诊时及时完成。

门(急)诊病历书写的内容主要包括以下方面:

1. 初诊病历记录

(1)一般项目。应填写姓名、性别、出生年月、民族、婚姻状况、职业、工作单位、住址、药物过敏史。就诊科别、就诊时间(年、月、日)由接诊医师填写。急诊病历就诊时间应当具体到分钟(年、月、日、时、分)。

(2)主诉。主要症状或发现的体征(包括部位)及持续时间。

(3)病史。现病史要重点突出(包括本次患病的起病日期、主要症状、住院诊治情况及疗效),并简要叙述与本次疾病有关的既往史、个人史及家族史(不须列题、分段)。

(4)体检。一般情况、阳性体征及有助于鉴别诊断的阴性体征,其他视病情需要追加记述。

(5)实验室检查、器械检查或会诊记录。

(6)初步诊断(写于右下角)。

注:如暂不能明确诊断,则应注明进一步检查措施或建议。

(7)治疗处理意见(包括给病休假种类及时间)。

(8)法定传染病应注明疫情报告情况。

(9)医师签名(写于右下角)。

2. 复诊病历记录

复诊病历的书写内容应当包括就诊时间、科别、主诉、病史,必要的体格检查和辅助检查结果,诊断、治疗处理意见和医师签名等。

3. 观察室病历

对收入急诊观察室的患者,应当书写观察期间的观察记录。

(1)观察病历按门(急)诊病历书写要求进行书写。留观时间超过 72 小时,按收治入院处理,书写入院记录。

(2)每日观察记录内容按病程记录要求,死亡病例应有死亡记录。

(3)观察室患者住院或离院,应将观察病历附于门诊病历后。

(二)住院病历书写及内容

1.入院病史的收集

询问病史时要对患者热情、关心、认真负责,取得患者的信任和协作。询问时既要全面又要抓住重点,应实事求是,避免主观臆测和先入为主。当患者叙述不清或为了获得必要的病历资料时,可进行启发,但切忌主观片面和暗示。

(1)一般项目。姓名、性别、年龄、婚姻、民族、职业、出生地、现住址、工作单位、身份证号、邮政编码、电话、入院时间、记录时间、病史叙述者(注明可靠程度)。

填写要求:

年龄要写明"岁",婴幼儿应写"月"或"天",不得写"成"、"孩"、"老"等。

职业应写明具体工作类别,如车工、待业、教师、工会干部等,不能笼统地写为工人、干部。

地址:农村要写到乡、村,城市要写到街道门牌号码,工厂写到车间、班组,机关写明科室。

入院时间、记录时间要注明几时几分。

病史叙述者:成年患者由本人叙述,小儿或神志不清者要写明代诉人姓名及其与患者的关系。

(2)主诉。主诉是指患者就诊最主要的原因,包括症状、体征及持续时间。根据主诉能产生第一诊断。主诉语言要简洁明了,一般以不超过20字为宜。

不以诊断或检验结果为主诉内容(确无症状者例外)。主诉多于一项时,可按主次或发生时间的先后分别列出。

(3)现病史。现病史是病史中的主体部分。围绕主诉,按症状出现的先后,详细记录从起病到就诊时疾病的发生、发展及其变化的经过和诊疗情况。其内容主要包括:

起病时间、缓急,可能的病因和诱因(必要时包括起病前的一些情况)。

主要症状(或体征)出现的时间、部位、性质、程度及其演变过程。

伴随症状的特点及变化,对具有鉴别诊断意义的重要阳性和阴性症状(或体征)亦应加以说明。

对患有与本病有关的慢性病者或旧病复发者,应着重了解其初发时的情况和重大变化以及最近复发的情况。

发病以来曾在何处做何种诊疗(包括诊疗日期、检查结果、用药名称及其剂量和用法、手术方式、疗效等)。

与本科疾病无关的、但仍需诊治的其他科的重要伤病,应另段叙述。

发病以来的一般情况,如精神、食欲、食量、睡眠、大小便、体力和体重的变化等。

(4)既往史。既往史是指患者本次发病以前的健康及疾病情况,特别是与现病有密切关系的疾病,按时间先后记录。其内容主要包括:

既往一般健康状况。

有无患过传染病、地方病或其他疾病,发病日期及诊疗情况。对患者以前所患的疾病,诊断肯定者可用病名,但应加引号;对诊断不肯定者,简述其症状。

有无预防接种、外伤、手术史,以及药物、食物和其他接触物过敏史等。

(5)系统回顾。按身体的各系统详细询问可能发生的疾病,这是规范病历不可缺少的部分。它可以帮助医师在短时间内扼要了解患者某个系统是否发生过的疾病与本次主诉之间是否存在着因果关系。现病史以外的本系统疾病也应记录。

呼吸系统:有无慢性咳嗽、咳痰、咯血、胸痛、憋气、盗汗、气喘史等。

循环系统:有无心悸、气促、紫绀、水肿、胸痛、昏厥、高血压史等。

消化系统:有无食欲改变、嗳气、反酸、腹胀、腹痛、腹泻、便秘、呕血、黑便、黄疸史等。

泌尿生殖系统:有无尿频、尿急、尿痛、血尿、排尿困难、腰痛、水肿史等。

造血系统:有无乏力、头晕、皮肤或黏膜出血点、淤斑、有无鼻衄、牙龈出血史等。

内分泌系统及代谢:有无畏寒、怕热、多汗、食欲异常、消瘦、口干、多饮、多尿史,有无性格、体重、毛发和第二性征改变等。

神经系统:有无头痛、眩晕、失眠、嗜睡、意识障碍、抽搐、瘫痪、惊厥、性格改变、视力障碍、感觉异常史等。

肌肉骨骼系统:有无肢体肌肉麻木、痉挛、萎缩、瘫痪史,有无关节肿痛、运动障碍、外伤、骨折史等。

(6)个人史。出生、成长及居留的地点和时间(尤其应注意疫源地和地方病流行区),受教育程度和业余爱好等。

起居习惯、卫生习惯、饮食规律、烟酒嗜好及其摄入量,有无其他异嗜物和麻醉毒品摄入史,有无重大精神创伤史。

过去及目前职业,劳动保护情况及工作环境等。重点了解患者有无经常与有毒有害物质接触史，并应注明接触时间和程度等。

有无夜游史，是否患过下疳及淋病等。

对儿童患者，除需了解出生前母亲怀孕及生产过程(顺产、难产)外，还要了解喂养史、生长发育史。

(7)婚姻、月经及生育史。结婚与否、结婚年龄、配偶健康情况，是否近亲结婚。若配偶死亡，应写明死亡原因及时间。

女性患者的月经情况，如初潮年龄、月经周期、行经天数、末次月经日期、闭经日期或绝经年龄，经量、颜色、有无痛经、白带情况(多少及性状)等。

初潮年龄$\frac{\text{经期天数}}{\text{间隔天数}}$末次月经时间(或绝经年龄)

已婚女性妊娠胎次、分娩次数，有无流产、早产、死产、手术产、产褥热史，计划生育情况等。男性患者有无生殖系统疾病。

(8)家族史。父母、兄弟、姐妹及子女的健康情况，有无与患者同样的疾病，有无与遗传有关的疾病。死亡者应注明死因及时间。

对家族性遗传性疾病，需问明两系Ⅲ级亲属的健康和疾病情况。

2.体格检查

体格检查必须认真、仔细，按部位和系统顺序进行，既有所侧重，又不遗漏阳性体征。对患者态度要和蔼，手法轻柔，注意患者反应，冷天要注意保暖。对危急患者可先重点检查，及时进行抢救处理，待病情稳定后再做详细检查。不要过多搬动，以免加重病情。其具体内容如下：

(1)生命体征：体温(T)(℃)、脉率(P)(次/分)、呼吸频率(R)(次/分)、血压(BP)(mmHg)。

(2)一般情况：发育(正常与异常)，营养(良好、中等、不良)，体位(自主、被动、强迫或辗转不安)，步态，面容与表情(急性或慢性病容、表情痛苦、忧虑、恐惧、安静)，神志(清晰、模糊、昏睡、昏迷)，检查是否合作。

(3)皮肤及黏膜：颜色(潮红、发绀、苍白、黄染、色素沉着)、温度、湿度、弹性、有无水肿、皮疹、淤点淤斑、皮下结节或肿块、蜘蛛痣、溃疡及疤痕。如有，应记述部位、范围(大小)及形态等，毛发分布情况等。

(4)淋巴结：全身或局部浅表淋巴结有无肿大(部位、大小、数目、压痛、硬度、移动性)，局部皮肤有无红、肿、热、痛、瘘管或疤痕。

(5)头部及其器官。

头颅：大小，形态，有无压痛、包块，头发(量、色泽、分布、秃发及斑秃)。婴儿需记录前囟门大小、饱满或凹陷。

眼:视力(必要时检查),眉毛(脱落、稀疏),睫毛(倒睫),眼睑(水肿、运动、下垂),眼球(凸出、凹陷、运动、斜视、震颤),结膜(充血、出血、苍白、水肿),巩膜(黄染),角膜(透明、混浊、反射),瞳孔(大小、形状、对称、对光及调节反应)。

耳:听力情况,有无畸形、分泌物、乳突压痛。

鼻:有无畸形、鼻翼扇动、分泌物、出血、阻塞、副鼻窦区压痛。

口:口腔气味,唾液分泌,唇(畸形、颜色、疱疹、皲裂、溃疡、口角偏斜),牙(龋齿、缺齿、义齿、残根,以如下形式标明位置,如:龋齿 3　4),牙龈(色泽、肿胀、溢脓、出血、铅线),黏膜(发疹、溃疡、出血),舌(形态、舌质、舌苔、溃疡、运动、震颤、偏斜),扁桃体(大小、充血、分泌物、假膜),咽(色泽、分泌物、反射),喉(发音清晰或嘶哑、喘鸣、失音)。

(6)颈部:是否对称,有无强直、颈静脉怒张、肝颈静脉回流征、颈动脉异常搏动、肿块,气管位置,甲状腺(大小、硬度、压痛、结节、震颤、杂音、随吞咽上下活动度)。

(7)胸部。

胸廓(对称、畸形、局部隆起或塌陷、压痛)、呼吸(频率、节律、深度),有无异常搏动、静脉曲张。乳房疾病按乳房检查要求描述。

肺脏:视诊,看呼吸运动(两侧对比)。呼吸类型,有无肋间隙增宽或变窄。触诊,触语颤,有无胸膜摩擦感、皮下捻发感。叩诊,叩诊音(清音、浊音、实音、过清音或鼓音),肺下界、肺下缘移动度。听诊,听呼吸音(性质、强弱、异常呼吸音),有无干、湿性啰音及胸膜摩擦音,语音传导(注意对称部位)等。

心脏:视诊,心尖搏动(位置、范围、强度),有无心前区隆起。触诊,心尖搏动(性质、位置、范围、强度),有无震颤(部位、期间)和心包摩擦感。叩诊,心脏左、右浊音界(相对浊音界)用各肋间距正中线的距离表示,并在表下注明左锁骨中线到前正中线的距离(表 1)。听诊,心率、心律、心音(强度、分裂、P2 与 A2 的比较、额外心音、奔马律),有无杂音(部位、性质、时期、强度、传导方向)和心包摩擦音。心律不齐时应比较心率和脉率。

表 1　　左锁骨中线距前正中线　　单位:cm

右侧(cm)	肋间	左侧(cm)
	Ⅱ	
	Ⅲ	
	Ⅳ	
	Ⅴ	

(8)血管检查

桡动脉:脉率,节律(规则或不规则、脉搏短绌),有无奇脉、交替脉,左、右桡动脉脉搏的比较，动脉壁的性质、紧张度。

周围血管征：有无毛细血管搏动、枪击音、水冲脉。

(9)腹部。

视诊：外形(对称、平坦、膨隆、凹陷)，呼吸运动，有无皮疹、条纹、疤痕、包块、腹壁静脉曲张(如有应记录血流方向)、胃肠蠕动波、上腹部搏动。

腹壁：腹壁紧张度，有无压痛、反跳痛、液波震颤感及包块(部位、大小、形态、硬度、压痛、搏动、移动度)。有腹水或腹部包块时应测量腹围。

肝脏：大小(右叶以右锁骨中线从肋缘至肝下缘、左叶以剑突至肝左叶下缘多少厘米表示之)、质地、表面光滑与否，有无结节，边缘钝或锐，有无压痛和搏动。

胆囊：大小、形态、有无压痛。

脾脏：大小、硬度、表面光滑度及边缘状态、有无压痛。巨脾以三线法表示(图1)。

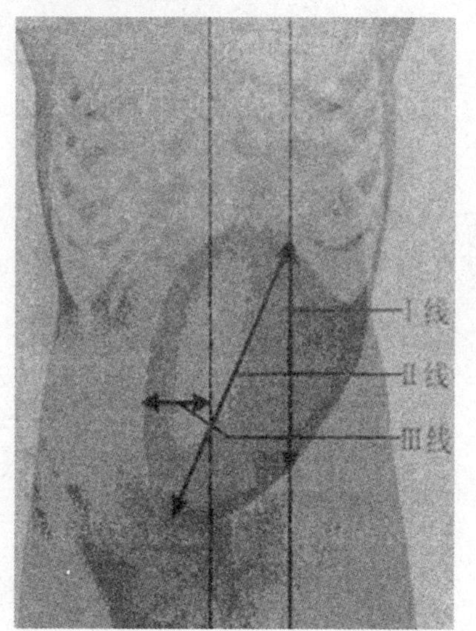

图1

肾脏：大小、形状、硬度、移动度、肾区及输尿管压痛点有无压痛、有无膀胱膨胀。

叩诊：肝浊音界，有无肝区叩击痛、移动性浊音、高度鼓音及肾区叩击痛。

听诊：肠鸣音(正常、增强、减弱或消失)，有无振水音、血管杂音。

(10)肛门及直肠。有无痔、肛裂、脱肛、肛瘘，肛门指检时，应注意肛门括约肌紧张度、狭窄、内痔、压痛，前列腺大小、硬度，特别注意有无触及肿块(大小、位置、硬度、移动度等)。指检退出时应注意指套便染的颜色。

(11)外生殖器。根据病情需要做相应检查。

男性：阴毛分布，阴茎发育有无畸形，睾丸有无红、肿、热、痛、变硬、肿块等，包皮、附睾及精索有无异常，有无鞘膜积液。

女性：阴毛分布、外阴发育、阴道分泌物等情况，必要时请妇科检查。男医师检查须有女医护人员陪同。

(12)脊柱及四肢。

脊柱：有无畸形、压痛、叩击痛，活动度。

四肢：有无畸形、杵状指(趾)、静脉曲张、骨折、水肿、肌肉萎缩、肢体瘫痪或肌张力增强，关节(红肿、疼痛、压痛、积液、脱臼、活动度受限、强直)。

(13)神经系统。

生理反射:角膜反射、腹壁反射、提睾反射、肱二头肌反射、肱三头肌反射、膝腱反射及跟腱反射。

病理反射:巴彬斯基(Babinski)征等。

脑膜刺激征:颈项强直、布鲁辛斯基(Brudzinski)征、克尼格(Kernig)征。

必要时做运动、感觉及神经系统其他检查。

(14)专科情况。记录专科疾病的特殊情况,如外科情况、眼科情况、妇科情况等。

3. 实验室及器械检查

记录与诊断有关的实验室及器械检查结果。如系入院前所做的检查,应注明检查地点及日期。

4. 摘要

将病史、体格检查、实验室检查及器械检查等主要资料摘要综合,重点突出阳性发现,以提示诊断的根据。

5. 初步诊断

写在病历最后的右半侧。按疾病的主次列出,与主诉有关或对生命有威胁的疾病排列在前。诊断除疾病全称外,还应尽可能包括病因、疾病解剖部位和功能的诊断。

6. 出院诊断

入院诊断由主治医师在患者入院后 72 小时内做出。用红墨水笔书写在初步诊断下方,标出诊断确定日期并签名。

7. 记录审阅者签名

签名应写在病历最后的右下方。签名左方划一条斜线,以便上级医师审阅、修改后签名。

(三)入院记录

入院记录的内容与住院病历大致相同,是完整病历的缩影,是较为详细的摘要,应能反映疾病的概况和要点。其内容如下:

(1)一般项目、主诉同住院病历。

(2)现病史:基本内容与住院病历相同,主要记述病史中的重要部分,着重描述阳性症状及有鉴别诊断意义的阴性症状等。

(3)过去及系统回顾,个人史,婚姻史,月经及生育史,家族史(主要记述与本次住院疾病有关的内容)。

(4)体格检查:先记述体温、脉搏、呼吸、血压及一般情况,再按系统顺序,全面而又突出重点地记述阳性体征及有鉴别诊断意义的阴性体征。

(5)实验室和器械检查:记录重要的阳性结果或有鉴别诊断意义的阴性结果。

(6)诊断:同住院病历。

(7)记录者签名。

【入院记录举例】

入院记录

姓名:张××	出生地:	××省××市
性别:女	职业:	农民
年龄:56 岁	入院日期:	20××年×月×日　16:00
民族:汉族	记录日期:	20××年×月×日　19:30
婚姻:已婚	病史陈述者:	患者本人

主诉:颈前包块 4 天。

现病史:患者于 4 天前无意中发现颈前区一包块,如核桃大小,无疼痛、发热,无情绪改变,无心慌、多汗、乏力,无失眠、多饮、多食,无声嘶及饮水呛咳。不影响生活,未处理。为求治疗来我院就诊,门诊行彩超检查示:弥漫性甲状腺肿,以“桥本氏甲状腺炎”收入院。患者自患病以来,饮食、睡眠可,大、小便正常。近 1 年来体重下降约 10 千克。

既往史:平素体健。未患过肝炎、结核等传染病,无传染病接触史。无外伤、手术史,无输血及药物过敏史,预防接种史不详。

个人史:原籍出生,无外地久居史,未到过疫区。不吸烟、不饮酒。

月经婚育史:月经 16 $\frac{3-5}{28-30}$51,适龄结婚,子女身体健康。

家族史:否认有家族遗传疾病病史。

体格检查

T:36.2℃　　P:80 次/分　　R:20 次/分　　Bp:110/65mmHg

女性患者,发育正常,营养中等,神志清,精神可,自主体位,查体合作。全身皮肤黏膜无黄染、皮疹及出血点。表浅淋巴结未触及肿大。头颅无畸形,双侧瞳孔等大等圆,直径约 3mm,对光及调节反射正常存在。耳鼻口无异常。颈部检查见外科情况。胸廓无畸形,双肺呼吸音清,未闻及啰音。心率约 80 次/分,未闻及杂音。腹平,未见胃肠型及蠕动波。腹软,肝脾肋下未及,全腹无压痛及反跳痛,未及包块,肝肾区无叩击痛,腹叩鼓音,移动性浊音(—),肠鸣音正常。脊柱无畸形,棘突无压痛。四肢活动好。肱二头肌、肱三头肌反射,腹壁反射,膝腱反射正常。巴彬斯基征(一)。

外科情况：颈前双侧甲状腺及峡部弥漫肿大，为二度，呈对称性，质硬，表面光滑，边界清楚，无触痛，包块随吞咽上下移动。气管居中，颈软，无抵抗感。

辅助检查

日期	项目	结果
20××年×月×日	甲状腺彩超	弥漫性甲状腺肿

初步诊断：

桥本氏甲状腺炎

×××

(四)再住院病历(再入院记录)

(1)患者因旧病复发而再次住院，由实习医师、进修医师或低年资住院医师书写再住院病历，高年资医师书写再入院记录。

(2)两次以上住院患者，应先注明为第几次住院，并将前几次住院时间、诊断、治疗概况、出院后至再入院期间的经过等，按次序扼要记录于现病史的首段，然后重点记录此次入院的原因及病征。如无新情况，其他病史内容可从略。

(3)如因新患疾病而再次住院，须按住院病历或入院记录的要求书写，并将以前住院情况记入既往史或系统回顾中。

(4)再次入院后，应将上次病历调出，置于现病历之后。

(五)病程记录书写要求

病程记录是对患者病情和诊疗过程所进行的连续性记录。内容包括：患者的病情变化情况、重要的辅助检查结果及临床意义、上级医师查房意见、会诊意见、医师分析讨论意见、所采取的诊疗措施及效果、医嘱更改及理由、向患者及其近亲属告知的重要事项等。

会诊记录、麻醉记录、术前讨论记录、手术记录、手术护理记录应当另立专页书写。

1. 首次病程记录

由经治医师或值班医师书写。

应当在患者入院8小时内完成，注明书写日期和时刻。具体内容另起一行书写。

内容包括：患者一般情况，如姓名、性别、年龄等。病例特点，主要病史，阳性体征及重要阴性体征，与主要疾病有关的辅助检查结果。诊断依据及鉴别诊断。诊疗计划。急危重患者抢救，应详述抢救经过、措施、效果、上级医师诊疗意见以及向患者近亲属、单位告知病情的记录。

2. 日常病程记录的书写要求及内容

日常病程记录是患者住院期间病情变化及诊疗过程的经常性、连续性记录。

(1)书写要求。由医师书写,也可以由实习医师或试用期医师书写。

书写日常病程记录时,首先标明记录日期,另起一行记录具体内容。

病危患者应当根据病情变化随时书写病程记录,每天至少1次,记录时间应当具体到分钟。

病重患者,至少2天记录一次病程记录。

病情稳定的患者,至少3天记录一次病程记录。

病情稳定的慢性病患者,至少5天记录一次病程记录。

手术患者术前应有手术者及麻醉师查看患者的情况记录。

手术后患者应连续记录至少3天,以后视病情按上述要求记录。

书写病程记录时,下次记录应当紧接上次记录,不要跨格留行。医师签名一般不要另起一行。

上级医师应在24小时内检查病程记录的正确性,作必要的修改和补充,并签名。

(2)书写内容。重要的症状、体征变化、并发症的发生等,生活及心理状态,并分析其原因。

对现病史或其他方面的资料进行补充。

辅助检查结果的临床意义。各种器械检查(如X线、B超、CT、MR、病理等)应及时注明检查号码。

诊断的确定、修改或补充依据。

记录各种操作,重要的治疗用药,剂量和方法,疗效与反应。

会诊或有关领导及家属意见。

反映三级查房情况(如无三级职务安排应有二级查房),必须写出查房的上级医师全名,确切、详细记录病情分析意见,以明确责任。

危重患者的抢救经过,与家属谈话要点,必要时请家属或单位签字。

经抢救无效死亡者,应由当班医师立即记录抢救经过、死亡时间、死亡原因和参加抢救人员等。

疑难病例的讨论意见。

病情复杂而住院时间较长者,每月应写阶段小结。

法定传染病的疫情报告。

病程中其他记录，如术前小结、术前讨论记录、麻醉记录、手术记录、手术同意书、术后记录、交接班记录、阶段小结、疑难病例讨论记录、死亡病例讨论的记录、转科记录、抢救记录、会诊记录、特殊检查、特殊治疗同意书等内容，详见有关项目。

3.上级医师查房记录

上级医师查房时对患者病情、诊断、鉴别诊断、当前治疗措施疗效的分析及下一步诊疗意见的记录。

(1)主治医师首次查房记录应当于患者入院48小时内完成。

内容包括:查房医师的姓名及其专业技术职务、补充的病史和体征、诊断依据与鉴别诊断的分析及诊疗计划等。主治医师日常查房记录间隔时间视病情和诊疗情况确定。

(2)科主任或具有副主任医师以上专业技术职务任职资格医师查房的记录。内容包括查房医师的姓名及专业技术职务、对病情的分析和诊疗意见等。

(3)上级医师查房内容与频率(次数)按照卫生部《全国医院工作制度》的"查房制度"执行。

4.疑难病例讨论记录

由科主任或具有副主任医师以上专业技术任职资格的医师主持，召集有关医务人员参加，对确诊困难或疗效不确切病例进行讨论的记录。病例讨论应尽早进行。内容包括:讨论日期、主持人、参加人员姓名及专业技术职务、讨论意见等。

5.交(接)班记录

在患者的经治医师发生变更时，交班医师和接班医师分别对患者病情及诊疗情况进行简要总结的记录。

(1)交班记录应当在交班前由交班医师书写完成。接班记录应当由接班医师于接班后24小时内完成。

(2)交(接)班记录的内容包括交班或接班日期、患者姓名、性别、年龄、入院日期、主诉、入院情况、入院诊断、诊疗经过、目前情况、目前诊断、交班注意事项或接班诊疗计划、医师签名等。

(3)交班记录紧接病程记录书写，接班记录紧接交班记录书写，不另立专页，但需在横行适中位置标明"交班记录"或"接班记录"。

(4)交班记录应简明扼要地记述患者主要病情、诊治情况、手术方法和术中发现，计划进行而尚未能及时实施的诊疗操作、器械检查和手术，患者目前的病情和存在问题，今后诊疗意见、解决方法和其他注意事项。

(5)接班记录应在复习病历及有关资料的基础上，再次重点询问病史和体格检查，力求简明扼要，避免过多重复。着重书写今后诊断、治疗的具体计划和注意事项。

6. 转科记录

患者在住院期间需要转科时，经转入科室医师会诊并同意接收后，由转出科室和转入科室医师分别书写的记录，包括转出记录和转入记录。

(1)转出记录由转出科室医师在患者转出科室前书写完成(紧急情况除外)，并经主治医师审签。

(2)转出记录应精练而全面，尤其对于目前的病情治疗及注意事项，更应交待清楚无误，以免转科时造成病情延误或突变。

(3)转出记录紧接病程记录书写，不另立专页，但需在横行适中位置标明“转出记录”。

书写内容包括：一般项目，入院日期、转出日期、姓名、性别、年龄。主诉、入院情况与诊断、治疗经过、目前情况与诊断。转科目的、会诊意见。提请转入科室注意的事项。医师签全名。

(4)转入记录由转入科室医师于患者转入后24小时内完成。重点记录转入后的问诊、体检及诊疗计划。转入记录紧接病程记录书写，在横行适中位置标明“转入记录”。

书写内容：一般项目，入院日期、转入日期、姓名、性别、年龄。转科前的病情、转入目的。转入本科后问诊和体检结果，重点写明转入本科诊治的疾病情况、今后的诊疗计划。

7. 阶段小结

患者住院时间较长，由经治医师每月所作病情及诊疗情况的总结。

内容包括：入院日期、小结日期、患者姓名、性别、年龄、主诉、入院情况、入院诊断、诊疗经过、目前情况、目前诊断、诊疗计划、医师签名等。

阶段小结要求有实质性内容，重点是入院后至本阶段小结前患者的病情演变、诊疗过程及其结果、目前治疗措施以及今后准备实施的诊疗方案。

交(接)班记录、转科记录可代替阶段小结。

8. 抢救记录

在患者病情危重时，采取抢救措施时作的记录。

内容包括：病情变化情况、抢救时间及措施、参加抢救的医务人员姓名及专业技术职务等。记录抢救时间应当具体到分钟。

9. 会诊记录(含会诊意见)

患者在住院期间需要其他科室或者其他医疗机构协助诊疗时,分别由申请医师和会诊医师书写的记录,包括申请会诊记录和会诊意见记录。

(1)申请会诊记录。应当简要载明患者病情及诊疗情况(简要病史、体征、有关实验室和器械检查资料、拟诊疾病),申请会诊的理由和目的,申请会诊医师签名等。科间会诊应简明扼要,院外会诊应详细书写。

紧急会诊应在申请会诊记录单左上角用红笔标明"急"字。

申请会诊记录由住院医师负责填写,也可由实习医师填写,总住院医师或主治医师审签。院外会诊需经科主任审签。

(2)会诊意见记录。由会诊医师负责书写。集体会诊由参加会诊医师分别书写会诊意见并签名,经治医师负责汇总会诊意见,上级医师审签。

会诊意见记录应包含会诊意见、会诊医师所在的科别或者医疗机构名称、会诊时间及会诊医师签名等。

科间会诊一般要在 48 小时内完成;急诊会诊应当随请随到。

会诊医师不能决定的问题,应请示本科上级医师或带回科室讨论;需转科或转院,应写明具体时间和联系人。

10. 术前小结

在患者手术前,由经治医师对患者病情所作的总结。

内容包括:简要病情、术前诊断、手术指征、拟施手术名称和方式、拟施麻醉方式、注意事项等。

(1)书写要求:

术前小结由经治医师于手术前书写,主治医师审签。

术前小结紧接病程记录,但需在横行适中位置标明"手术前小结"。

(2)书写内容:患者姓名、性别、年龄;简要病情、主要体征及重要实验室和器械检查结果、术前诊断;手术指征;手术前讨论意见(综述);术前准备情况;拟施手术日期、手术名称和方式、拟施麻醉方式;手术中可能发生的危险、意外及处理措施;患者、家属或单位意见;根据手术种类必要时报请有关科、院领导审批。

【术前小结举例】

术前小结

20××年×月×日,　　16:30

患者于××,男,49 岁。因无痛性间歇性便后出血 2 年,加重伴痔块脱出 2

个月于20××年×月×日入院。

入院查体：患者便后观察，俯卧位，9点钟、2、3、4点钟、6点钟方向见4枚痔块脱出，约3cm×3cm×2cm大小不等，质韧。无肛裂。直肠肛诊未见直肠明显异常。

术前诊断：混合痔。

手术指征：诊断明确，无明显手术禁忌症，非手术治疗无效。

手术名称及方式：混合痔切除术。

麻醉方式：硬膜外麻醉。

注意事项：手术中要注意保护周围的神经血管不受损伤。术中术后可能出现的问题及手术的危险性已向家人说明，家人表示理解，同意手术并在手术同意书上签字。手术定于明天13：30进行。

× × ×

11. 术前讨论记录

因患者病情较重或手术难度大，手术前在上级医师主持下，对拟实施手术方式和术中可能出现的问题及应对措施所作的讨论。内容包括：术前准备情况及患者耐受手术的能力的估计、手术指征、手术方案，可能出现的困难、危险、意外及防范措施，麻醉科会诊意见，参加讨论者的姓名及其专业技术职务、讨论日期、记录者的签名等。

(1)手术前讨论是防止疏忽、差错，保证手术质量的重要措施之一，必须认真执行。手术前讨论在术前准备基本完成时进行，也是对术前准备工作的最后一次检查。

(2)大型较复杂疑难及新开展的手术由科主任、副主任以上医师组织讨论，手术医师、麻醉医师、护士长、护士及有关人员参加，特殊病例需有院领导参加。由经治住院医师记录，主治医师审签。

(3)术前讨论应另立专页记录，并将“总结意见”记入病程记录中。其格式如下：

姓名、性别、年龄、床号、住院号

时间：年、月、日

参加人员：(注明专业技术职称、职务)

主持人：

术前讨论记录：

病情摘要：

发言人及意见：

总结意见:(由主持人总结)

记录者签名

年、月、日

【术前讨论记录举例】

术前讨论记录

20××年×月×日　15:00

地址:普外科办公室

主持人:李××主任医师

参加人员:张××主任医师,高×住院医师,李××实习医师

讨论内容:

高×住院医师:现将患者情况汇报如下,患者因大便带血伴肛门下坠感10余天入院,查体腹平软,肝脾肋下未及,全腹无压痛及反跳痛,移动性浊音阴性,肠鸣音正常。胸膝位,进指6cm,1—6点处可触及菜花样肿物,上界未及,质硬,触痛,分析病情,根据病史、查体,诊断直肠癌。

张×副主任医师:患者因大便带血伴肛门下坠感10余天入院,查体腹平软,肝脾肋下未及,全腹无压痛及反跳痛,移动性浊音阴性,肠鸣音正常。胸膝位,进指6cm,1—6点处可触及菜花样肿物,上界未及,质硬,触痛,分析病情,根据病史、查体,诊断直肠癌成立,有手术指征。经检查患者重要器官可耐受手术,建议行直肠癌根治手术治疗,可保留肛门。

李××主任医师:同意以上医师意见,行直肠癌根治术。术前准备要完善,取活检病理证实。术中注意减少出血,保护周围重要腹腔脏器、血管等。同时做好处理准备。另外手术尽量达根治,有不能保肛的可能。有关手术必要性、危险性及术中术后可能发生的并发症向患者及家属讲明,并签字为证。

李××主任医师:大家是否有其他意见?意见一致,决定如下:

(1)施行经腹直肠癌根治术。

(2)术前备红细胞3^{U},血浆400毫升。

(3)手术安排在8月26日上午进行。

(4)由李××主任医师主刀。

×　×　×

12. 手术记录

由手术者书写的反映手术一般情况、手术经过、术中发现及处理等情况的特殊记录。

(1)手术记录由手术者书写,特殊情况下由第一助手书写时,应有手术者签名。手术记录要求术后24小时内完成,注明记录的时间。手术记录应当另页书写。

(2)手术记录书写内容:

患者姓名、性别、科别、病房、床位号、住院病历号或病案号。

手术日期、术前诊断、术中诊断、手术名称、手术者及助手姓名、麻醉方法等基本项目。

手术经过:手术时患者体位、皮肤消毒方法、消毒巾的铺盖、切口部位、长度、解剖层次;详细记录探查及主要病变部位与邻近脏器或组织的关系;肿瘤应记录有无转移、淋巴结肿大等情况,有的可以用简图示之;手术的理由、方式及步骤,包括离断、切除病变组织或脏器的名称及范围,修补、重建组织与脏器的名称,吻合口大小、缝合方法、缝线种类、引流材料或者术中需留置医疗器材的名称、数目和放置部位、吸引物的性质及数量;术毕敷料及器械的清点及患者情况。送检化验、培养、病理标本的名称及病理标本的肉眼所见情况。术中患者情况:出血量、输血量,特殊处理和抢救情况。术中麻醉情况:麻醉效果是否满意。

【手术记录举例】

左全肺切除手术主要步骤及处理:麻醉满意后,患者取右侧卧位,常规消毒,铺巾,沿左后外侧切口,逐层切开皮肤、皮下、肌肉,剪断第5后肋,经第4肋间进入胸腔探查,肺与胸壁轻度粘连,无胸水,肺裂发育尚可,肿瘤位于左肺下叶近肺裂处,约5×4×3cm大小,表面胸膜皱缩,侵及上叶及左主支气管,食管旁淋巴结明显肿大,约2×2×1cm大小,质硬。切除下叶部分肿物送病理,回报为鳞癌,决定行左全肺切除术及淋巴结清扫术。环形剪开纵隔胸膜,打开下肺韧带,清扫9区淋巴结,解剖出上叶和下叶静脉,将上下叶静脉分别近心端双重结扎,切断,清扫10区淋巴结,解剖出左肺动脉干,近心端双重结扎,切断;解剖左肺主支气管,以残端闭合器关闭支气管残端,切断,移去标本,清扫5、6、7、8区(食管旁)淋巴结。胸腔内确切止血,水试验气管残端无漏气,置胸引管一根,清点器械纱布无误,关闭胸腔。

× × ×

13.术后首次病程记录

由参加手术的医师在患者术后即时完成的病程记录。

术后首次记录紧接病程记录书写,于术后及时完成,并在横行适中位置标明“术后记录”。

内容包括：手术时间、术中诊断、麻醉方式、手术方式、手术简要经过、术后处理措施、引流物情况、术后应当特别注意观察的事项，患者返回病房情况。

14. 麻醉记录

由麻醉医师在麻醉实施中书写的麻醉经过及处理措施的记录。内容包括患者一般情况、麻醉前用药、术前诊断、术中诊断、麻醉方式、麻醉期间用药及处理、手术起止时间、输液和输血情况、麻醉医师签名等。麻醉记录应当另页书写。

15. 特殊检查、治疗记录

反映特殊检查治疗的过程、检查治疗过程中发现及处理情况、检查治疗结果等的特殊记录。由施治医师负责书写，在特殊检查、治疗结束后24小时内完成，紧接病程记录书写，并在横行适中位置标明“特殊检查、治疗记录”。

内容包括：检查治疗日期、项目名称、准备情况、参加人员、麻醉方式、检查治疗经过、发现问题及处理、检查治疗后应当特别注意的事项等。

（六）病历中其他记录书写要求

1. 死亡记录书写要求

(1)死亡记录是由经治医师对死亡患者住院期间诊疗和抢救经过的记录，应当在患者死亡后24小时内完成。

(2)应另立专页书写，记录死亡时间应当具体到分钟。

(3)死亡记录书写内容包括：

一般项目：姓名、性别、年龄、科别、死亡科别、床号、住院号、入院时间、死亡时间（注明时、分）、住院天数、入院诊断、死亡诊断、记录时间（注明时、分）。入院情况，包括主要病史、阳性体征、有关实验室检查及器械检查结果。

诊疗经过（重点记录病情演变、抢救经过）。

死亡原因及死亡诊断。

对死亡病例不论诊断明确与否，应努力说服死者家属，作尸体病理解剖，并将尸体检查结果纳入病历存档。

2. 死亡病例讨论记录

在患者死亡后一周内，由科主任或具有副主任医师以上专业技术职务任职资格的医师主持（必要时由医疗行政部门组织），医护和有关人员参加，对死亡病例进行讨论、分析的记录。

(1)死亡病例讨论应重点分析死亡原因等。

(2)应另立专页，其内容包括：

讨论时间、主持人、参加者的姓名及其专业技术职务（职称）。

死亡患者姓名、性别、年龄、入院时间、死亡时间、病案号、死亡诊断(包括尸检和病理诊断)。

参加人员发言记录,重点记录诊断意见、死亡原因分析、抢救措施意见、经验总结以及国内外对本病诊治的先进经验等。

主持人的总结意见。

死亡患者的门诊病历附在住院病历后一并归档。

3. 出院记录

由经治医师对患者此次住院期间诊疗情况的总结。应当在患者出院后 24 小时内完成。

(1)患者出院时由经治医师书写出院记录,应签署全名并由上级医师审签。

(2)出院记录应另立专页,并在横行适中位置标明“出院记录”。

(3)内容包括:

姓名、性别、年龄、住院号、入院日期、出院日期、住院天数、入院诊断、出院诊断。

入院情况:主要病史、症状体征、有诊断意义的实验室检查结果、各种器械检查的结果和检查号码(如 X 线、B 超、CT、ECT、MR、病理检查等)。

住院期间的诊疗经过,重点记录病情演变、抢救经过,手术日期及手术名称,切口愈合情况。

出院情况:包括出院时存在的症状、体征、合并症和后遗症。

出院诊断及各诊断的治疗结果(治愈、好转、未愈、恶化、转院、自动出院)。

出院医嘱:继续治疗(药物、剂量、用法、疗程期限),工作、休息(期限)、复诊及应注意事项。

门诊随访计划及要求。

门诊病历应注明本次住院号。

4. 医嘱

医师在医疗活动中下达的医学指令。

(1)医嘱内容及起始、停止时间应当由医师书写。

(2)医嘱内容应当准确清楚,每项医嘱应当只包含一个内容,并注明下达时间,应当具体到分钟。

(3)医嘱的种类:

长期医嘱:有效时间在 24 小时以上,医师注明停止时间后即失效。

短期医嘱:有效时间在 24 小时以内,应在短时间内执行,有的需要立即执行。

备用医嘱:根据病情需要分为长期备用医嘱(PRN)和临时备用医嘱(SOS)两种。

长期备用医嘱有效时间在24小时以上,写在长期医嘱单内,须由医师注明停止时间后方为失效。护士执行后,应在临时医嘱单上记录相应内容、执行时间,并签名。

临时备用医嘱仅在医师开出后12小时内有效,写在临时医嘱单内,过期尚未执行则失效。

(4)医嘱不得涂改。需要取消时,应当使用红色墨水标注“取消”字样并签名,若为一组的医嘱,“取消”应写在第一项医嘱的左前面,并由医师签名于整组医嘱最后面。

(5)一般情况下,医师不得下达口头医嘱。因抢救危急患者需要下达口头医嘱时,护士应当复诵一遍。抢救结束后,医师应当即刻据实补记医嘱。

(6)长期医嘱单的内容:患者姓名、科别、住院病历号(或病案号)、页码、起始日期和时间、长期医嘱内容(主要包括护理常规、护理级别、护理及隔离种类、饮食、体位、各种检查和治疗、病危病重、药物的名称、剂量和用法)、停止日期和时间、医师签名、执行时间与执行护士签名。

(7)临时医嘱单的内容:医嘱时间、临时医嘱内容、医师签名、执行时间、执行护士签名。

(8)凡转科、手术、分娩后及重整医嘱,在长期医嘱的最后一项下面,划一条红线。若上一页最后一行写满,需在新一页的第一项医嘱的顶线上划一条红线。若上一页仅剩一行,可不写医嘱,但需注明“空格”。凡长期医嘱单超过三张必须重整,并在医嘱栏的中央写上“重整医嘱”及重整时间并签名。重整医嘱应按原来的日期顺序抄录。

(9)新入院患者,一般在入院两小时内开出,危急重患者应随时开出。

(10)长期医嘱,若因特殊原因不能执行,应由医师注明停止,并写明停止日期、时间、医师和执行护士均应签名。

(11)更改医嘱,应先停止原医嘱再重开医嘱。

(12)两种以上药物组成一组医嘱,如只停用其中一种药物,应停止全组医嘱然后重开。

5. 辅助检查报告单

患者住院期间所做各项检查、检查结果的记录。

内容包括：患者姓名、性别、年龄、住院病历号（或病案号）、检查项目、检查结果、报告日期、报告人员签名等。

6.手术同意书

在手术前，经治医师向患者告知拟施手术的相关情况，并由患者或受委托人签署同意手术的医学文书。

内容包括：术前诊断、手术名称、术中或术后可能出现的并发症、手术风险、患者或受委托人签名、医师签名等。

7.输血治疗同意书

经治医师给患者实行输血治疗前，应向患者或其家属告知输血的目的、可能发生的输血反应和经血液途径感染疾病的可能性，由医患双方共同签署输血治疗同意的医学文书。

内容包括：患者姓名、性别、年龄、病案号、科别、输血目的、输血史、输血成分、临床诊断、输血前检查、输血时可能发生的主要疾病，受血者或受委托人和医师签名。

8.麻醉同意书

经治麻醉医师在医患双方共同签署手术同意书后，应当与患者进行麻醉前谈话，告知实施麻醉相关情况，并由患者或受委托人签署同意麻醉的医学文书。

内容包括：患者姓名、性别、年龄、科别、床号、住院号、术前诊断、麻醉方式、手术名称、麻醉可能发生的危险和意外及并发症，所用药物的不良反应，患者或受委托人签名、医师签名等。

9.特殊检查、特殊治疗同意书

在实施特殊检查、特殊治疗前，经治医师向患者告知特殊检查、特殊治疗的相关情况，并由患者或受委托人签署同意检查、治疗的医学文书。

内容包括：特殊检查、特殊治疗项目名称、目的、可能出现的并发症及风险、患者或受委托人签名、医师签名等。

特殊检查、特殊治疗的含义：是指具有下列情形之一的诊断、治疗活动。

（1）有一定危险性，可能产生不良后果的检查和治疗；

（2）由于患者体质特殊或者病情危笃，可能对患者产生不良后果和危险的检查和治疗；

（3）临床试验性检查和治疗；

（4）收费可能对患者造成较大经济负担的检查和治疗。

10.病历摘要的书写内容

包括病史、体格检查,实验室与器械检查的主要阳性发现和有重要鉴别诊断意义的阴性资料,应简明扼要,能反映病情的基本特点和诊断依据。

11. 病历首页填写要求

(1)首页各项不得空缺,确无内容时,需在该项目内划一斜线,或注明具体原因(如:身份证“未发”)。

(2)首页各项一律用蓝黑墨水笔填写,死亡病例一律用红墨水笔填写。

(3)凡需填写数字时,一律用阿拉伯数字。

(4)年龄须写明“岁”,婴幼儿应写明“月”或“天”,不得写“成”、“孩”、“老”等。

(5)工作单位及地址:农村写至乡、村,城市写至街道、门牌号码,工厂写至车间、班组,机关写明科室。

(6)联系人指家属、领导、同事等,不得写“患者”、“本人”。

(7)疾病名称应写全称。

(8)入院后确诊日期指主要诊断确立的日期。入院诊断未经修正,填写入院诊断确立的日期;入院诊断已经修改,填写修正诊断确立的日期。

(9)出院情况栏应在相应栏内打“√”,分别对主要诊断、并发症及院内感染的疗效进行评定。

(10)过敏药物栏内用红墨水笔填写过敏药物的全称;无过敏史者用蓝黑墨水笔写“无”。

(11)血型未检者写“未检”。

(12)病案质量按《住院病历质量评定标准》评定后填。

附:卫生部颁发的《病历首页填写说明》

1. 病历首页的正面:为卫生部所要求填写的基本数据项。各省、市、自治区卫生厅、局如有特殊的项目要求,可将其项目设计在首页的背面。

2. 病历首页的设计:考虑到患者身份识别、病案资料检索、医院管理、医疗质量评价、统计、医疗等方面的需要,所以在设计时引进了一些很有意义的项目,如身份证号、邮政编码、费用等。这些项目必须和其他项目一样认真填写,保证质量。

3. 列有方格的填写项目除列在首页最上部的费用类别应根据情况打勾(如公费:[√])外,余者均应在“□”内填写数字(如入院时情况[1],表示病情危重)。

4. 病案采用上部装订的医院:可将费用类别四项下移,放在最后一行的上面。

5. 职业:须填写具体工作类别,如车工、待业、老师、工会干部等,不能笼统地填写,如工人、干部。

6.门(急)诊诊断:指患者在住院前医师所确定的诊断,以住院证上的诊断为依据。

7.入院诊断:指患者在住院后主治医师第一次检查所确定的诊断,只填写主要诊断。

8.出院诊断:指患者在住院期间医师所确定的最后诊断。

(1)主要诊断:指住院期间所治疗的主要疾病。例如,一个患者患老年性慢性支气管炎、支气管哮喘、阻塞性肺气肿、肺源性心脏病,此次入院主要是治疗心功能不全,因此要将肺源性心脏病列于主要诊断一行,余下情况要列在诊断栏中。

(2)其他诊断:指次要诊断,除主要诊断、并发症和院内感染的疾病外的其他诊断。

(3)并发症(含术后、麻醉):指疾病或手术或麻醉所引起的疾病。

(4)院内感染:指在医院内获得的感染,不包括入院时已存在的感染,要求填写感染名称。举例如下:

泌尿道感染:有下列情况之一者即可诊断为泌尿道感染:①出现临床症状或体征;②尿常规出现脓细胞或白细胞数>5/HP;③细菌学定量培养法证明有意义的菌尿(即细菌数>10^5/ml)或在多次尿培养中出现大量的同一细菌。

下呼吸道感染:出现咳嗽、发热、脓性痰和(或)阳性体征,或原有呼吸道感染而出现明显加重者(细菌学调查或X线检查不是必需的)。

胃肠道感染:出现临床症状或体征,且粪便培养出沙门氏菌、耶尔森氏菌或其他病菌。没有阳性粪便培养结果,只要有很充分的流行病学资料证实有医院交叉感染存在,也可以认为是院内感染。

心血管感染:发生于心瓣膜、心包、心肌及血管等部位的感染(细菌学阳性培养不是必需的)。

烧伤感染:伤口中有脓性分泌物排出。

术后伤口感染:在外科伤口中有脓性分泌物排出和(或)出现典型的感染症状(培养不是必需的)。对于原有感染的伤口,如果从临床上或细菌学上证明是一次新的感染,亦可诊断。

皮肤感染:从皮肤病灶、溃疡、肿块或其他损伤部位有脓性物排出,包括有典型的临床症状而皮肤完好者。

腹腔内感染:腹腔内出现脓肿或腹膜炎。

骨髓感染:有典型的临床症状,或即使没有临床表现而出现有意义的X线检查结果,即可诊断(细菌学检查不是必需的)。

败血症：只有得到有意义的阳性血培养结果时才能诊断。

脑膜感染：有临床症状或阳性脑脊液培养。

针刺部位感染：在针刺的部位有脓性分泌物排出或出现典型的感染体征（血栓性静脉炎，只有当原抽出的针管分离培养得到阳性结果才认为是感染）。

9. 治愈、好转、未愈，由医师根据治疗结果判定。

10. 未愈：指疾病经治疗后无变化或恶化。

11. 死亡：指住院患者的死亡，包括已办完住院手续并且收容入院后死亡者，以及虽未办住院手续但实际已收入院后死亡者；不包括门诊、急诊室及门诊观察室内的死亡。

12. 其他：包括入院后未进行治疗的自动出院、转院以及因其他原因而出院的患者。

13. 损伤和中毒的外部原因：指损伤（死亡）或中毒的原因，例如意外触电、失火、翻车、错服安定、服敌敌畏等自杀、被他人用匕首刺伤、被车门夹伤等，不能笼统填写车祸、外伤等。

14. 麻醉：指麻醉的方式，如全麻、局麻、硬膜外麻等。

15. 切口等级/愈合类别

16. 操作编码：指ICD系统的操作分类编码。

17. 病理诊断：指各种活检、细胞学检查及尸检的诊断。

18. 过敏药物：须填写具体的药物名称。

19. 抢救次数及成功标准

（1）对于急、危重患者的连续抢救，其病情得到缓解，按一次抢救成功计算。

（2）经抢救的患者，如果病情平稳24小时以上再次出现危急情况需要进行抢救，按第二次抢救计算。

（3）如果患者有数次抢救，最后一次抢救无效而死亡，则前几次抢救按成功计算，最后一次抢救算为失败。

（4）慢性消耗性疾病患者的临终前救护，不按抢救计算。

（5）每次抢救都要有特别记录和病程记录（包括抢救的起始时间和抢救经过），无记录者不按抢救计算。

20. 住院费用：由医院收费处提供，医院指定病案、统计或其他人员填写。

21. 病案质量：由医院指定负责检查病案质量的人员根据三级医院评定标准填写。

各种检查报告单贴写要求：

检验报告单，依报告日期先后叠瓦式横贴在“检验报告粘贴单”上。每单退下0.5～1cm，注意上下列齐，后一张盖前一张，露出“××医院检验报告单”字。

心电图、X线、脑电图、超声波等检查报告单，应贴在“特殊检查报告粘贴单”上，贴法同检验报告单。其他与病历纸等大的检查报告单，依报告日期置于“特殊检查报告粘贴单”之前。

第三节　中医病案

一、中医病案的含义

中医病案是医务工作者在中医临床工作中用于记载患者疾病发生发展、演变预后、诊断、治疗、防护、调理及其结果的原始档案，也是解决医疗纠纷、判定法律责任、医疗保险等事项的重要依据。病案作为第一手信息资料，对中医治疗、保健、教学、科研、医院管理起着重要的作用。病案书写是临床医师必要的基本功，它反映着临床医务工作者医疗技术、科学作风和文化修养的水平。

二、中医病案的基本要求

病历是指医务人员在医疗活动过程中形成的文字、符号、图表、影像、切片等资料的总和。《中医、中西医结合病历书写基本规范（试行）》基本要求：

（1）病历书写是指医务人员通过问诊、查体、辅助检查、诊断、治疗、护理等医疗活动获得有关资料，并进行归纳、分析、整理形成医疗活动记录的行为。

病历书写应当客观、真实、准确、及时、完整。

（2）住院病历书写应当使用蓝黑墨水、碳素墨水，门（急）诊病历和需复写的资料可以使用蓝色或黑色油水的圆珠笔。

（3）病历书写应当使用中文和医学术语。通用的外文缩写和无正式中文译名的症状、体征、疾病名称等可以使用外文。中医术语的使用依照有关标准、规范执行。

（4）病历书写要求文字工整，字迹清晰，表述准确，语句通顺，标点正确。书写过程中出现错字时，应当用书写时的笔墨双线划在错字上，不得采用刮、粘、涂等方法掩盖或去除原来的字迹。

(5)病历应当按照规定的内容书写，并由相应医务人员签名。实习医务人员、试用期医务人员书写的病历，应当经过在本医疗机构合法执业的医务人员审阅、修改并签名。进修医务人员应当由接收进修的医疗机构根据其胜任本专业工作的实际情况认定后书写病历。

(6)上级医务人员有审查修改下级医务人员书写的病历的责任。修改时，应当注明修改日期，修改人员签名，并保持原记录清楚、可辨。

(7)因抢救急危患者，未能及时书写病历的，有关医务人员应当在抢救结束后6小时内据实补记，并加以注明。

(8)病历书写中涉及的诊断，包括中医诊断和西医诊断，其中中医诊断包括疾病诊断与症候诊断。中医治疗应当遵循辨证论治的原则。

(9)对按照有关规定需取得患者书面同意方可进行的医疗活动(如特殊检查、特殊治疗、手术、实验性临床医疗等)，应当由患者本人签署同意书。患者不具备完全民事行为能力时，应当由其法定代理人签字；患者因病无法签字时，应当由其近亲属签字，没有近亲属的，由其关系人签字；为抢救患者，在法定代理人或近亲属、关系人无法及时签字的情况下，可由医疗机构负责人或者被授权的负责人签字。

因实施保护性医疗措施不宜向患者说明情况的，应当将有关情况通知患者近亲属，由患者近亲属签署同意书，并及时记录。患者无近亲属的或者患者近亲属无法签署同意书的，由患者的法定代理人或者关系人签署同意书。

三、中医病案的类别

完整的病案应该包括：病历首页、出院记录(或死亡记录及死亡病例讨论记录)、住院病历或入院记录、病程记录、特殊诊疗记录单(包括术前小结、麻醉记录、手术记录、特殊治疗记录、科研统计表等)、会诊申请单、责任制护理单、临床护理记录单、特殊检查报告单、检验报告单、医嘱单、体温单、住院病历质量评定表、以前住院病历、死亡患者的门诊病历。

四、中医病案的书写要求及内容

(一)门(急)诊病历

1. 门(急)诊病历书写要求及内容

门(急)诊病历内容包括门诊病历首页(门诊手册封面)、病历记录、化验单(检验报告)、医学影像检查资料等。

门(急)诊病历首页内容应当包括患者姓名、性别、出生年月、民族、婚姻状况、职业、工作单位、住址、药物过敏史等项目。

门诊手册封面内容应当包括患者姓名、性别、年龄、工作单位或住址、药物过敏史等项目。

门(急)诊病历记录应当由接诊医师在患者就诊时及时完成。

急诊病历书写就诊时间应当具体到分钟。

抢救危重患者时,应当书写抢救记录。对收入急诊观察室的患者,应当书写留观期间的观察记录。

2.门(急)诊病历记录分为初诊病历记录和复诊病历记录。

初诊病历记录书写内容应当包括就诊时间、科别、主诉、现病史、既往史、阳性体征、必要的阴性体征和辅助检查结果、诊断及治疗意见和医师签名等。

复诊病历记录书写内容应当包括就诊时间、科别、主诉、病史、必要的体格检查和辅助检查结果、诊断、治疗处理意见和医师签名等。

(二)住院病历

(1)住院病历内容包括住院病案首页、住院志、体温单、医嘱单、化验单(检验报告)、医学影像检查资料、特殊检查(治疗)同意书、手术同意书、麻醉记录单、手术及手术护理记录单、病理资料、护理记录、出院记录(或死亡记录)、病程记录(含抢救记录)、疑难病例讨论记录、会诊意见、上级医师查房记录、死亡病例讨论记录等。

(2)住院志是指患者入院后,由经治医师通过问诊、查体、辅助检查获得有关资料,并对这些资料归纳分析书写而成的记录。住院志的书写形式分为入院记录、再次或多次入院记录、24 小时内入出院记录、24 小时内入院死亡记录。

入院记录、再次或多次入院记录应当于患者入院后 24 小时内完成;24 小时内入出院记录应当于患者出院后 24 小时内完成,24 小时内入院死亡记录应当于患者死亡后 24 小时内完成。

(3)入院记录的要求及内容。患者一般情况内容包括姓名、性别、年龄、民族、婚姻状况、出生地、职业、入院日期、记录日期、发病节气、病史陈述者。

主诉是指促使患者就诊的主要症状(或体征)及持续时间。

现病史是指患者本次疾病的发生、演变、诊疗等方面的详细情况,应当按时间顺序书写,并结合中医问诊要求,记录目前情况。内容包括发病情况、主要症状特点及其发展变化情况、伴随症状、发病后诊疗经过及结果、睡眠和饮食等一般情况的变化,以及与鉴别诊断有关的阳性或阴性资料等。

与本次疾病虽无紧密关系、但仍需治疗的其他疾病情况，可在现病史后另起一段予以记录。

既往史是指患者过去的健康和疾病情况。内容包括既往一般健康状况、疾病史、传染病史、预防接种史、手术外伤史、输血史、药物过敏史等。

个人史，婚育史，女性患者的月经史，家族史。

体格检查应当按照系统循序进行书写。内容包括体温、脉搏、呼吸、血压、一般情况（包括中医四诊的神色、形态、语声、气息、舌象、脉象等）、皮肤、黏膜、全身浅表淋巴结、头部及其器官、颈部、胸部（胸廓、肺部、心脏、血管）、腹部（肝、脾等）、直肠、肛门、外生殖器、脊柱、四肢、神经系统等。

专科情况应当根据专科需要记录专科特殊情况。

辅助检查是指入院前所作的与本次疾病相关的主要检查及其结果。应当写明检查日期，如系在其他医疗机构所作检查，应当写明该机构名称。

初步诊断是指经治医师根据患者入院时情况，综合分析所做出的诊断。如初步诊断为多项时，应当主次分明。

书写入院记录的医师签名。

(4)再次或多次入院记录。这是指是指患者因同一种疾病再次或多次住入同一医疗机构时书写的记录。要求及内容基本同入院记录，其特点有：主诉是记录患者本次入院的主要症状（或体征）及持续时间；现病史中要求首先对本次住院前历次有关住院诊疗经过进行小结，然后再书写本次入院的现病史。

患者入院不足24小时出院的，可以书写24小时内入出院记录。内容包括患者姓名、性别、年龄、职业、入院时间、出院时间、主诉、入院情况、入院诊断、诊疗经过、出院情况、出院诊断、出院医嘱、医师签名等。

患者入院不足24小时死亡的，可以书写24小时内入院死亡记录。内容包括患者姓名、性别、年龄、职业、入院时间、死亡时间、主诉、入院情况、入院诊断、诊疗经过（抢救经过）、死亡原因、死亡诊断、医师签名等。

(5)病程记录。病程记录是指继住院志之后，对患者病情和诊疗过程所进行的连续性记录。内容包括患者的病情变化及症候变化情况、重要的辅助检查结果及临床意义、上级医师查房意见、会诊意见、医师分析讨论意见、所采取的诊疗措施及效果、医嘱更改及理由、向患者及其近亲属告知的重要事项等。

病程记录的要求及内容：

①首次病程记录是指患者入院后由经治医师或值班医师书写的第一次病程记录，应当在患者入院8小时内完成。首次病程记录的内容包括病例特点、诊断

依据及鉴别诊断、诊疗计划等。诊断依据包括中医辨病辨证依据与西医诊断依据，鉴别诊断包括中医鉴别诊断与西医鉴别诊断。

②日常病程记录是指对患者住院期间诊疗过程的经常性、连续性记录。由医师书写，也可以由实习医务人员或试用期医务人员书写。书写日常病程记录时，首先标明记录日期，另起一行记录具体内容。对病危患者应当根据病情变化随时书写病程记录，每天至少 1 次，记录时间应当具体到分钟，对病重患者，至少 2 天记录一次病程记录；对病情稳定的患者，至少 3 天记录一次病程记录，对病情稳定的慢性病患者，至少 5 天记录一次病程记录。

③上级医师查房记录是指上级医师查房时对患者病情症候、诊断、鉴别诊断、当前治疗措施疗效的分析及下一步诊疗意见等的记录。

主治医师首次查房记录应当于患者入院 48 小时内完成。内容包括查房医师的姓名及其专业技术职务、补充的病史和体征、诊断依据与鉴别诊断的分析及诊疗计划等。主治医师日常查房记录间隔时间视病情和诊疗情况确定，内容包括查房医师的姓名、专业技术职务、对病情的分析和诊疗意见等。科主任或具有副主任医师以上专业技术职务任职资格医师查房的记录，内容包括查房医师的姓名及其专业技术职务、对病情的分析和诊疗意见等。

④疑难病例讨论记录是指由科主任或具有副主任医师以上专业技术职务任职资格的医师主持、召集有关医务人员对确诊困难或疗效不确切病例讨论的记录。内容包括讨论日期、主持人及参加人员姓名及其专业技术职务、讨论意见等。

⑤交（接）班记录是指患者经治医师发生变更之际，交班医师和接班医师分别对患者病情及诊疗情况进行简要总结的记录。交班记录应当在交班前由交班医师书写完成，接班记录应当由接班医师于接班后 24 小时内完成。交（接）班记录的内容包括入院日期、交班或接班日期、患者姓名、性别、年龄、主诉、入院情况、入院诊断、诊疗经过、目前情况、目前诊断、交班注意事项、接班诊疗计划、医师签名等。

⑥转科记录是指患者住院期间需要转科时，经转入科室医师会诊并同意接收后，由转出科室和转入科室医师分别书写的记录，包括转出记录和转入记录。转出记录由转出科室医师在患者转出科室前书写完成（紧急情况除外），转入记录由转入科室医师于患者转入后 24 小时内完成。转科记录内容包括入院日期、转出或转入日期、患者姓名、性别、年龄、主诉、入院情况、入院诊断、诊疗经过、目前情况、目前诊断、转科目的及注意事项或转入诊疗计划、医师签名等。

⑦阶段小结是指患者住院时间较长，由经治医师每月所作病情及诊疗情况的总结。阶段小结的内容包括入院日期、小结日期、患者姓名、性别、年龄、主诉、入院情况、入院诊断、诊疗经过、目前情况、目前诊断、诊疗计划、医师签名等。交(接)班记录、转科记录可代替阶段小结。

⑧抢救记录是指患者病情危重，采取抢救措施时作的记录。内容包括病情变化情况、抢救时间及措施、参加抢救的医务人员姓名及专业技术职务等。记录抢救时间应当具体到分钟。

⑨会诊记录(含会诊意见)是指患者在住院期间需要其他科室或者其他医疗机构协助诊疗时，分别由申请医师和会诊医师书写的记录。内容包括申请会诊记录和会诊意见记录。申请会诊记录应当简要载明患者病情及诊疗情况，申请会诊的理由和目的，申请会诊医师签名等。会诊意见记录应当有会诊意见、会诊医师所在的科别或者医疗机构名称、会诊时间及会诊医师签名等。

⑩术前小结是指在患者手术前，由经治医师对患者病情所作的总结。内容包括简要病情、术前诊断、手术指征、拟施手术名称和方式、拟施麻醉方式、注意事项等。

⑪术前讨论记录是指因患者病情较重或手术难度较大，手术前在上级医师主持下，对拟实施手术方式和术中可能出现的问题及应对措施等进行讨论的记录。内容包括术前准备情况、手术指征、手术方案、可能出现的意外及防范措施、参加讨论者的姓名及其专业技术职务、讨论日期、记录者的签名等。

⑫麻醉记录是指麻醉医师在麻醉实施中书写的麻醉经过及处理措施的记录。麻醉记录应当另页书写，内容包括患者一般情况、麻醉前用药、术前诊断、术中诊断、麻醉方式、麻醉期间用药及处理、手术起止时间、麻醉医师签名等。

⑬手术记录是指手术者书写的反映手术一般情况、手术经过、术中发现及处理等情况的特殊记录，应当在术后 24 小时内完成。特殊情况下由第一助手书写时，应有手术者签名。手术记录应当另页书写，内容包括一般项目(患者姓名、性别、科别、病房、床位号、住院病历号或病案号)、手术日期、术前诊断、术中诊断、手术名称、手术者及助手姓名、麻醉方法、手术经过、术中出现的情况及处理等。

⑭手术护理记录是指巡回护士对手术患者术中护理情况及所用器械、敷料的记录，应当在手术结束后即时完成。手术护理记录应当另页书写，内容包括患者姓名、住院病历号(或病案号)、手术日期、手术名称、术中护理情况、所用各种器械和敷料数量的清点核对、巡回护士和手术器械护士签名等。

⑮术后首次病程记录是指参加手术的医师在患者术后即时完成的病程记

录。内容包括手术时间、术中诊断、麻醉方式、手术方式、手术简要经过、术后处理措施、术后应当特别注意观察的事项等。

(6)病历中其他记录书写要求。

①手术同意书是手术前，经治医师向患者告知拟施手术的相关情况，并由患者签署同意手术的医学文书。内容包括术前诊断、手术名称、术中或术后可能出现的并发症、手术风险、患者签名、医师签名等。

②特殊检查、特殊治疗同意书是在实施特殊检查、特殊治疗前，经治医师向患者告知特殊检查、特殊治疗的相关情况，并由患者签署同意检查、治疗的医学文书。内容包括特殊检查、特殊治疗项目名称、目的、可能出现的并发症及风险、患者签名、医师签名等。

③出院记录是经治医师对患者此次住院期间诊疗情况的总结，应当在患者出院后 24 小时内完成。内容主要包括入院日期、出院日期、入院情况、入院诊断、诊疗经过、出院诊断、出院情况、出院医嘱、医师签名等。

④死亡记录是经治医师对死亡患者住院期间诊疗和抢救经过的记录，应当在患者死亡后 24 小时内完成。内容包括入院日期、死亡时间、入院情况、入院诊断、诊疗经过(重点记录病情演变、抢救经过)、死亡原因、死亡诊断等。记录死亡时间应当具体到分钟。

⑤死亡病例讨论记录是在患者死亡一周内，由科主任或具有副主任医师以上专业技术职务任职资格的医师主持，对死亡病例进行讨论、分析的记录。内容包括讨论日期、主持人及参加人员姓名、专业技术职务、讨论意见等。

⑥医嘱是指医师在医疗活动中下达的医学指令。医嘱内容及起始、停止时间应当由医师书写。医嘱内容应当准确、清楚，每项医嘱应当只包含一个内容，并注明下达时间，应当具体到分钟。医嘱不得涂改，需要取消时，应当使用红色墨水标注“取消”字样并签名。

一般情况下，医师不得下达口头医嘱。因抢救急危患者需要下达口头医嘱时，护士应当复诵一遍。抢救结束后，医师应当即刻据实补记医嘱。医嘱单分为长期医嘱单和临时医嘱单。

长期医嘱单内容包括患者姓名、科别、住院病历号(或病案号)、页码、起始日期和时间、长期医嘱内容、停止日期和时间、医师签名、执行时间、执行护士签名。临时医嘱单内容包括医嘱时间、临时医嘱内容、医师签名、执行时间、执行护士签名等。

⑦辅助检查报告单是患者住院期间所做各项检验、检查结果的记录。内容

包括患者姓名、性别、年龄、住院病历号(或病案号)、检查项目、检查结果、报告日期、报告人员签名等。

⑧体温单为表格式,以护士填写为主。内容包括患者姓名、科室、床号、入院日期、住院病历号(或病案号)、日期、手术后天数、体温、脉博、呼吸、血压、大便次数、出入液量、体重、住院周数等。

(7)护理记录。分为一般患者护理记录和危重患者护理记录。

①一般患者护理记录是指护士根据医嘱和病情对一般患者住院期间护理过程的客观记录。内容包括患者姓名、科别、住院病历号(或病案号)、床位号、页码、记录日期和时间、病情观察情况、护理措施和效果、护士签名等。

②危重患者护理记录是指护士根据医嘱和病情对危重患者住院期间护理过程的客观记录。危重患者护理记录应当根据相应专科的护理特点书写。内容包括患者姓名、科别、住院病历号(或病案号)、床位号、页码、记录日期和时间、出入液量、体温、脉搏、呼吸、血压等病情观察、护理措施和效果、护士签名等。记录时间应当具体到分钟。采取中医护理措施应当体现辨证施护。

第四节　护理病案

一、护理病案的含义

护理病案是护理工作的全面书写记录资料,是做正确诊断、治疗和护理的科学依据,体现护理工作质量,是护理人员工作态度和专业水平素质的重要标志,也是临床、教学、科研的资料,具有法律作用。由于护理活动中存在着分工和协作,不可避免地存在一些中间环节,需要履行文字手续,形成一些临时文书,而这些文书一旦达到了具体护理行为的目的之后就没有存在的价值,医院一般不予保存。正式文书:如体温单、医嘱单、护理记录单等。临时文书:如入院介绍、出院指导、巡视卡等。

二、护理病案的书写要求

护理病案书写的要求如下:

(1)书写应当客观、真实、准确、及时、完整,体现以患者为中心的原则。

(2)使用蓝黑墨水或碳素墨水书写,字迹端正、清晰,无错别字,不得采用刮、粘、涂等方法掩盖或去除原来的字迹。

(3)体温单绘制准确,点圆线直,无漏项。

(4)动态反映病情变化,病情描述确切简要,重点突出,运用医学术语。

(5)执行医嘱时间准确,签有全名,双人核对。

(6)医院有护理文件书写规范,病历统一归档管理。

(7)护理书写权限:

①由执业护士书写,书写完毕应签署全名。

②实习人员书写的护理文件,应经本医疗机构执业的护士审阅,修改并签署全名。

③上级对下级有审阅修改护理文件的责任,修改时应签名,并保持原记录清楚可辨。

三、护理病案的内容及书写格式

护理病案包括体温单、手术护理记录单、护理记录单(一般患者护理记录、危重患者护理记录)。

(一)体温单

体温单用于记录患者体温、脉搏、呼吸及其他情况,主要由护士填写,住院期间体温单排列在病历最前面。

1.体温单的书写要求

体温单的眉栏项目、日期及页数均用蓝黑、碳素墨水笔填写。各眉栏项目应填写齐全,字迹清晰。

在体温单 40～42℃之间的相应格内用红色铅笔或钢笔纵式填写入院、分娩、手术、转入、转出、出院、死亡及其时间,要求具体到时和分,请假不写时间(以医嘱时间为准),竖破折号占两个小格。

体温单的每页第一日应填写年、月、日,其余 6 天不填年、月,只填日。如在本页当中跨越月或年度,则应填写月、日或年、月、日。

体温单 34℃以下,呼吸、大便次数用蓝色铅笔绘制,其余各项均用蓝黑、碳素墨水笔填写。

手术后日数连续填写 10 天,如在 10 天内又做手术,则第二次手术日数作为分子,第一次手术日数作为分母填写。例:第一次手术 3 天又做第二次手术即写 3(2),1/4,2/5,3/6……10/13,连续写至末次手术的第 10 天。

患者因做特殊检查或其他原因而未测量体温、脉搏、呼吸时，应补试并填入体温单相应栏内。患者如特殊情况必须外出者，须经医师批准书写医嘱并记录在护理记录单上。其外出时间，护士不测试和绘制体温、脉搏、呼吸，返院后的体温、脉搏与外出前不相连。私自外出患者，护士不得编造体温、脉搏、呼吸的各项数值，体温单上不做任何记录，需在护理记录单上注明“患者未经同意，于某日某时某分擅自离院，已报告值班医师或行政值班”。

体温在35℃（含35℃）以下者，可在35℃横线下用蓝色铅笔写上“不升”两字，不与下次测试的体温、脉搏相连。

2.体温、脉搏、呼吸、大便等的记录

(1)体温的记录。体温以“X”表示腋下表，以“○”表示肛表，以“.”表示口表。体温曲线用蓝色铅笔绘制。

降温后的体温是以红圈“○”表示，再用红色铅笔画虚线连接降温前体温，下次所试体温应与降温前体温相连。

如患者高热经多次采取降温措施后仍持续不降，受体温单记录空间的限制，需将体温单变化情况记录在护理记录单中。

常规体温每日测试两次(7am、3pm)。新入院患者当日测体温、脉搏、呼吸4次，次日后体温正常者改常规测试。

发热患者每4小时测试一次。如患者体温在38℃以下者，11pm和3am酌情免试。体温正常后连测3次，再改常规测试。

(2)脉搏的记录。脉搏以红点表示，连接曲线用红色铅笔绘制。

脉搏如与体温相遇时，在体温标志外画一红圈。如“⊙”、“◎”、“⊙”。

短绌脉的测试为二人同时进行，一人用听诊器听心率，一人测脉搏。心率以红圈“○”表示，脉搏以红点“.”表示，并以红线分别将“○”与“.”连接。在心率和脉搏两曲线之间用红色铅笔画斜线构成图像。

(3)呼吸的记录。呼吸的绘制以数字表示，相邻的两次呼吸数用蓝色铅笔上下错开填写在“呼吸数”项的相应时间纵列内。

(4)大便的记录。应在3pm测试体温时询问患者24小时内大便次数，并用蓝色铅笔填写。

大便失禁者，用“*”表示。

3天以内无大便者，结合临床酌情处理。处理后大便次数记录于体温单内。

灌肠一次后大便一次，应在当日大便次数栏内写1/E，大便二次写2/E，无大便写0/E。

3.其他内容记录

(1)出量(尿量、痰量、引流量、呕吐量)、入量记录。按医嘱及病情需要如实填写24小时总量。

(2)血压、体重的记录。血压、体重应当按医嘱或者护理常规测量并记录,每周至少1次。入院当天应有血压、体重的记录。入院时或住院期间因病情不能测体重时,分别用"平车"或"卧床"表示。

(二)手术护理记录单

手术护理记录是指巡回护士对手术患者术中护理情况及所用器械、敷料的记录,应当在手术结束后即时完成。书写要求:

(1)用蓝黑、碳素墨水笔填写,字迹清楚、整齐,不漏项。

(2)记录内容:患者姓名、性别、年龄、体重、科室、床号、日期、住院病历号、无菌包监测、术前诊断、药物过敏史、手术名称、手术间、入室时间、手术体位、术中输血、输液、尿量、引流管、出室时间、血压、脉搏、意识、皮肤等护理情况记录,应当填写清楚、完整,不漏项。

(3)手术所用无菌包的灭菌指示卡及植入体内医疗器具的标识,经检验后粘贴于手术护理记录的背面。

(4)物品的清点。

①手术开始前,器械护士和巡回护士须清点、核对手术包中各种器械及敷料的名称、数量,并逐项准确填写。

②手术中追加的器械、敷料应及时记录。

③手术中需交接班时,器械护士、巡回护士要共同交接手术进展及该台手术所用器械、敷料清点情况,并由巡回护士如实记录。

④手术结束前,器械护士和巡回护士共同清点台上、台下的器械、敷料,确认数量核对无误,告知医师。

⑤清点时,如发现器械、敷料的数量与术前不符,护士应当及时要求手术医师共同查找,如手术医师拒绝,护士应在手术护理记录"其他"栏内注明,并由手术医师签名。

⑥器械护士、巡回护士在手术护理记录上签全名,签名要清晰可辨。

⑦术毕,巡回护士将手术护理记录放于患者病历内,一同送回病房。

(三)护理记录单

护理记录是指护士根据医嘱和病情对患者住院期间护理过程的客观记录。护理记录分一般患者护理记录和危重患者护理记录。

(1)一般患者护理记录是指护士根据医嘱和病情对一般患者住院期间护理过程的客观记录。书写要求：

①用蓝黑、碳素墨水笔记录，应当文字工整，字迹清晰，表述准确，语句通顺，标点正确，不得涂改。修改处须签名，并保持原记录清晰可辨。

②眉栏内容。包括科室、床号、姓名、性别、住院病历号、页码、记录日期。

③病情栏内记录。应将观察到的客观病情变化及时依据日期时间顺序记录下来，同时记录所采取的护理措施和效果。

④根据患者情况决定记录频次，一般情况下每周至少记录1次，手术当天要有术后护理情况的记录，术后前3天每班至少记1次。病情变化时随时记录。

⑤护士记录后及时签全名。

(2)危重患者护理记录是指护士根据医嘱和病情对危重患者住院期间护理过程的客观记录。书写要求：

①医生开危重护理医嘱后，护士应及时进行危重护理患者的护理记录。

②日间、夜间均用蓝黑、碳素墨水笔记录，其他要求同一般护理记录。

③眉栏内容包括科别、床号、姓名、住院病历号、页码、记录日期。

④详细记录出入量

每餐食物记在入量的项目栏内，食物含水量和每次饮水量应及时准确记录实入量。

输液及输血：准确记录相应时间液体、血液输入量。

出量：包括尿量、呕吐量、大便、各种引流量，除记录毫升外，还需将颜色、性质记录于病情栏内。

⑤详细准确记录生命体征，记录时间应具体到分钟，一般情况下至少每4小时记录一次，其中体温若无特殊变化时，至少每日测量4次。

⑥病情栏内应客观记录患者24小时内病情观察情况、护理措施和效果。手术患者还应记录麻醉方式、手术名称、患者返回病室状况、伤口情况、引流情况等。

⑦危重患者护理记录应当根据相应专科的护理特点书写。

⑧根据排班情况每班小结出入量，大夜班护士每24小时总结一次(7am)，并记录在体温单的相应栏内。

⑨各班小结和24小时总结的出入量需用红双线标识。

⑩护士签名栏内签全名。

附:病历排列顺序

住院期间病历排列顺序

1. 体温单(逆序)
2. 医嘱单(逆序)
3. 住院病历(大病历)
4. 入院记录(或再入院记录)
5. 病程记录(顺序)
6. 病历讨论记录(顺序)
7. 会诊记录(逆序)
8. 手术记录、手术同意书、手术护理记录
9. 麻醉记录、麻醉同意书
10. 特殊治疗(检查)记录单及同意书
11. 其他知情同意书
12. 化验粘贴单(逆序)
13. 其他辅助检查单
14. 护理记录(逆序)
15. 出院记录
16. 住院病历首页

出院病历排列顺序

1. 住院病历首页
2. 出院记录或死亡记录
3. 入院记录(或再入院记录、入出院记录)
4. 住院病历(俗称大病历)
5. 病程记录(顺序)
6. 病历讨论记录(顺序)
7. 会诊记录(顺序)
8. 手术记录、手术同意书、手术护理记录
9. 麻醉记录、麻醉同意书
10. 特殊治疗(检查)记录单及同意书
11. 其他知情同意书

12. 化验粘贴单

13. 其他辅助检查单

14. 医嘱单(顺序)

15. 体温单(顺序)

16. 护理记录(顺序)

17. 院内感染单

按上述顺序排列后,应复查每页一般项目是否填全,遗漏的应补填,再依次在每页用纸(包括首页)的右上角编号,并用笔将总页数填写在病历首页的左上角处。经上级医师审核签名后,送病案室存档。

【思考题】

1. 病案的定义是什么?它有什么作用?

2. 简要说明住院病历的书写内容与格式,实习医师是否具有书写住院病历的资格。

3. 简要说明入院记录的内容与格式,实习医师是否具有书写入院记录的资格。

4. 简述西医病案的内容与书写要求。

5. 简述中医病案的书写要求,它与西医病案的区别。

6. 简述护理病案的书写要求。

7. 结合身边的实例写一篇术前小结。

8. 谈谈对规范书写医疗文书必要性的认识。

第六章 经济文书

经济文书是经济部门、企事业单位用来处理经济事务、传播经济消息、协调经济活动的格式相对固定的专用文书的总称。习惯上，它又被称作经济应用文。

经济文书是广义的应用文中的一个类别，根据目前写作学界的一般看法，文章可以分为两个大的基本类别，即以审美为标推的文学文体和以实用为目的的应用文体。而在应用文这一大类中，又可以按照不同的标准划分出不同的类别，如可以按照使用行业的不同，划分为经济文书、司法文书、军事文书、外交文书、科技文书、医药文书等。作为应用文的一个重要分支的经济文书，还可以按照其使用的具体经济部门的不同再细分为工商文书、金融文书、财务文书、税务文书、经济诉讼文书等，每一类下面又有一些具体的文种。

经济文书一般由主题和材料、结构、语言 4 个方面构成。

主题，是经济文书中所体现的作者的写作意图或作者对经济现象、经济规律的认识、理解和评判。和一般的叙事性、议论性文章相比，经济文书的主题含义要更宽泛一些，它既可以指文章中的基本思想或主要论断，也可以指不存在基本思想的写作意图和目的。从表现方式来看，经济文书的主题具有明确、显豁、单一的特点，从主题的确立方式来看，经济文书大多具有主题先行的特点。

材料，是指根据经济文书写作的需要，作者所搜集、摄取、积累的一系列的事实现象和理论根据。在材料的选择使用上要严格遵循一般文章选材的共同原则，即选材必须紧扣主题，为突出主题服务。

结构，是指文章内部组织构造的基本形式，是文章部分与部分、部分与整体之间的内在联系和外部形式的统一。是作者主观思路和事物客观逻辑性相结合的产物，要遵循完整性、连贯性和严密性的要求。经济文书在结构方式上的最大特点就是它的程式化。

语言，是经济文书表达思想、传递信息的物质手段，它的功能是在行政经济事务工作中起管理、联系、传达、周知、记录的作用。其特点是准确、简练、平实和庄重。

经济文书的特点是具有实用性、真实性、效益性、政策性、程式性和时效性。

经济文书的撰写、传输与生效，和现代经济管理是同步的，两者结合为一体。

经济文书是经济信息的载体，是经济管理的依据和手段。这就决定了现代经济管理的一系列本质特性必然要求经济文书在写作中也需要遵循这样或那样的原则，具体来看，体现在以下几个方面：目的性原则、层次性原则和实效性原则。

第一节　市场调查与市场预测

一、市场调查

（一）市场调查的概念

市场调查即“市场调查报告”的简称，它是通过对市场进行有目的、有计划、有定向的调查研究，从而总结有关市场经验、发掘有关供需规律的实用文书。

（二）市场调查的种类

按照不同标准，市场调查可划分为不同种类。

以调查空间为标准，可分为专场性市场调查、地区性市场调查、全国性市场调查和国际性市场调查。

以调查内容为标准，可分为综合性市场调查和专题性市场调查。

以商品种类为标准，可分为一般商品市场调查、劳务市场调查、证券市场调查、金融市场调查、文化市场调查等。

以调查时间为标准，可分为经常性市场调查、临时性市场调查和定期性市场调查等。

此外，按照其他标推，市场调查还可划分出其他种类。

（三）市场调查的特性

1. 客观性与真实性

市场调查是采用调查研究的方法，对市场供需实践及其有关实况进行深入了解、客观分析的结果。从这种实质来看，市场调查落笔的材料，必须是通过实际调查而获得的材料，所涉及的现实材料、统计数据、典型事例、方针政策、法律法规、有关史料等，必须真实客观，准确无误，绝不能有半点虚构或臆造。进行真实可靠的调查研究，是撰写市场调查报告必不可少的先导。

2. 总结性与科学性

如果说实际调查仅仅是撰写市场调查报告的第一步，那么分析研究则是第二步。这就是说，对于调查而获得的实际材料，还必须做科学推导与科学判断。所谓“科学推导”，即运用科学思维方式(即抽象思维)，对大量实际材料进行解剖和分析，从中总结某种规律，认清某种轨迹，掌握某种趋势。所谓“科学判断”，即对有关“规律”、“轨迹”、“趋势”进行严格归纳和判定，从而得出相应结论。由于这种“结论”能揭示或逼近特定市场实况的本质，所以就足以使市场调查报告凝聚有科学总结性和科学指导性。

(四)市场调查的作用

1. 有助于发现供需矛盾

市场调查是及时测知市场供需实况的重要手段。市场经济的供与需，永远存在着矛盾。如果供大于需，或需大于供，都将不利于经济的正常发展和社会生活的安定。运用市场调查报告，可以准确而及时地掌握国内外市场供需矛盾，从而有助于保证供与需的相对平衡。

2. 有助于企业经营决策

市场调查是工业企业和商业企业进行市场预测和经营决策的基本条件之一。如果没有正确而科学的市场调查，市场预测和经营决策将难免步入“形而上学”的歧途。

(五)市场调查的撰写

1. 市场调查的撰写准备

(1)实地调查。深入市场进行实际查访，是撰写市场调查必不可少的准备。没有调查就没有发言权。在查访过程中，必须认真做好以下几个方面工作：第一，要备有具体的调查提纲，并以此展开相应的调查。第二，要千方百计地查访消费者，其方法应灵活多样，或面询，或信访，或座谈，或展销，或抽样，或普查无论采用什么方法，均应落到实处，注重实效。第三，要详细占有材料，凡是有关的第一手材料以及重要的间接材料，均应力求多搜集、多记录、多摄取、多占有。

(2)分析材料。即对调查所得的材料进行深入研究。这是撰写市场调查的第二步准备。通过调查所获得的大量材料，仅仅是一些原型材料，具有特定的杂乱性、散在性和原始性。只有对这些材料进行去伪存真、去表就里、去华就实地分析、整理、归纳、推导，才能发掘其本质、规律、核心及生命。这是展纸落笔的先决条件。

综上可见，一调查二研究，是撰写市场调查的前提性准备。

2. 市场调查的结构及写法

市场调查多由标题、正文、落款等几个部分构成。

(1)标题。市场调查常用的标题法大体有两种：一种是公文“规范式”标题，即由撰文单位名称、调查内容撮要和文种(即“市场调查”)组成的标题,如《北京市××厂关于××牌地毯产销情况的市场调查》。第二种是公文“简略式”标题,即由调查内容撮要与文种组成的标题,如《关于××牌彩色电视机国内市场地位的调查》。在突出调查内容撮要与文种的前题下,市场调查的标题还能以其他方式灵活拟定。

(2)正文。一般来说,市场调查的正文是由“前言”、“主体”和“结语”构成的。

①前言。即正文的开头部分,往往是第一层或第一大段。该部分旨在简要介绍调查的目的、依据、时间、地点、对象、范围、方法、效果等情况,有时还可酌情简写出全文的主旨观点或意图。前言的末句,多以“现将有关调查情况报告如下”之类的过渡语来贯通上下文。

请看下例题为《××地区化妆品市场调查》的“前言”部分:

20××年12月份,我厂派以副厂长刘××为首的五人调查小组,主要采用了召开座谈会和抽样检验的方式,对××地区化妆品市场进行了为期一周的调查。根据大量调查情况显示,今年冬季的主要化妆品已然供大于需,消费者的需求正在向高档化、系列化、营养化和低廉化发展。现将有关具体情况分别报告如下:(下略)

上述前言以极简洁的文字,直述了进行调查的时间、单位、人员、方式、对象、地区,同时又以内容提要的方式先“总提”性地写出了全文的中心观点。这不仅将该项调查的有关背景交代得清清楚楚,而且也为阅文者接受和理解下文定下了明确的方向和必要的基调。末句以“现将有关具体情况分别报告如下”作为过渡语,具有较强的承上启下的作用。

根据实际情况,有些市场调查也可不设“前言”而直接从“主体”部分写起。

②主体。即正文的基干部分。该部分多以“情况”、“论述”和“建议”3个层次来行文。

情况部分,主要以陈述方式写明通过调查所获得的基本情况。该部分内容的表述比较灵活,或依照实际调查的时空顺序来逐层逐段展开,或采用“条款式”行文法来逐条逐项记述,或运用“板块式”结构法来分块归类阐述,或插用特定图表来做必要说明。无论使用什么表述式,有关的现实材料、典型事例、统计数据、历史资料、间接证据等,均应表述得详略得体、言简意赅,并要充分显示出所选材料之间的内在联系。

论述部分,即以解剖分析和归纳推导的方式,紧承“情况”部分所述的基本事实及有关资料,进行科学的研究推断,明确指出市场发展演变的主要规律。

从具体行文而言，该部分的表述应有详有略。凡是对有关事实与资料的剖析，可详写；凡是推断，可略写。有时，根据需要也可不写有关“剖析”而只写“推断”。有关“推断”的文字，必须鲜明准确、简洁具体，富有针对性、指导性和归纳性。

建议部分，即紧承“论述”的意脉，明确提出相应建议或具体措施。由于“建议”是体现市场调查基本意图的关键内容，是直接影响有关决策的重要依据，所以必须写清、写准、写实。科学性与可行性，是该部分行文的主要标准。这就是说，所列建议或措施，必须是对上文内容严格归纳的结果，必须针对市场基本规律而切实可用。有时，根据行文实际需要，也可将“建议”与“论述”融为一体予以表述。

请看下列题为《关于××市2002年电暖器市场的调查》的“主体”部分：

1. 生产情况

据调查，国内以电暖器为主要产品的生产企业为数不多，大约30多家。2002年，这些企业电暖器总产量约240.19万台。其中年产量超过10万台的主要有广东美的家电厂、宁波天工实业公司……八家企业。这八家企业电暖器总产量约209.53万台，占国内电暖器总产量的87.24%。

以上情况表明：虽然电暖器行业目前处于起步阶段，但生产集中程度都非常高。特别是产量排行第一的广东美的家电厂，其产量超过国内总产量的四分之一，在本行业中处于明显的垄断地位。

2. 销售情况

据对北京、大连、沈阳、济南、杭州、武汉六个城市的27家大商场的调查，2002年总销量约为71000台。其中，销量超过5000台的有大连商场、大连百货大楼……五家商场，年销售总量约44447台，占27家销售总量的62.2%。

以上情况表明：与电暖器生产的高度集中类似，电暖器销售的集中程度也非常高。这种现象一方面反映了电暖器市场正处于开发阶段，大部分商场都把电暖器作为试销商品经营，把电暖器作为主要商品经营的为数甚少；另一方面，虽然经销电暖器获得成功的商场数量不多，但这些成功者的事实至少说明，电暖器极具市场潜力，具有良好的发展前景。

3. 各种品牌的竞争（略）

4. 市场分析与展望（略）

产品与建筑面积、供热面积的分析，产品生产和销售情况的分析（略）

5. 几点建议（略）

产品调查是市场调查的主要内容之一。产品市场调查报告的行业性、专业技术性很强。其内容一般包括:产品的品牌、质量、款式、功能、价格、技术、服务、消费,及对产品的评价、意见、要求、产品的市场销售、市场展望等。上述市场调查报告范文侧重于对产品的生产、销售、品牌等情况的介绍,运用数字分析、对比、排位等方法分析,尤其是第四部分对影响产品销售的建筑面积、供热面积等深层背景进行分析,并进行预测,使文章更有力度,在此基础上所提出的对策和建议,必然显得理据充实,说服力强。

(3)结语。即正文的结束语。凡是写有前言的市场调查,一般应设有简要的结语。结语的本质在于从外在形式上呼应开头、照应主文,以统一结构;从内在思路上重申中心观点或展望未来趋势,以深化印象。根据行文实际,有些市场调查也可不设结语。

(4)落款。即写明撰文单位名称或作者姓名,并注明撰文时间。署名既可写在标题下行的居中处,也可写在正文之下的右侧。个人的署名宜写在标题下行的右侧。时间可用小括号注于标题之下,也可写于正文之后的右下侧。

(六)市场调查的撰写要求

1.要用事实说话

撰写市场调查,必先掌握充分的有关事实材料。材料不典型、不准确、不具体、不系统、不真实,是撰写市场调查的大忌。只有建立在可靠而典型的事实材料基础上,市场调查所分析研究出的有关规律、所提出的有关建议或措施,才具有科学针对性和实际指导性。为此,撰文者必须发扬"走万里路"的精神,进行深入细致的实际调查。

2.观点与材料要统一

罗列材料,堆积数据,只见材料而不见观点;或架空立说,油水分离、观点与材料不统一,是撰写市场调查常见的毛病。造成此类毛病的重要原因是作者对有关材料缺乏深入科学的分析研究。任何事物都有其独特规律,商品经济活动亦不例外。作者的基本任务之一,就是运用科学思维方式,通过深入细致的分析、推导和判定,发掘出市场活动的有关本质,有理有据地发掘出有关规律,借以对商品经济活动作科学指导。

二、市场预测

(一)市场预测的概念

市场预测,是指根据市场调查、产销分析以及其他有关材料,对商品在市场中的销售趋势及其规律所制作的预测分析性的实用文书。

（二）市场预测的种类

1. 以时间状态为标准

市场预测可分为短期、近期、中期、长期性预测，短期性预测，是指以周或旬为计算单位，对季度性的市场趋势所作的预测。近期性预测，是指以月为计算单位，对年度性市场趋势所作的预测。中期性预测，是指以年为计算单位，对三五年左右的市场趋势所作的预测。长期性预测，是指根据有关史料和当代市场经济发展等情况，对十年以后的市场趋势所进行的宏观性预测。

2. 以空间状态为标准

市场预测可分为国际、国内、地区、当地、企业性预测。

3. 以商品数量为标准

市场预测可分为单项、同类、综合性预测。

4. 以对象规模为标准

市场预测则可分为宏观性与微观性预测。

在实际的市场经济活动中，以上种类的划分常有兼类现象，如《世界石油形势的近期和 2000 年的预测》(见《世界经济》1984 年第五期)，既是长期性、宏观性预测，也是国际性、单项性预测。

（三）市场预测的特性

1. 相对的预见性

预见性是市场顶测的生命，其本质就在于对今后特定时限内的市场变化形势及其发展趋势做出逼近客观规律的估断。一般而言，短期、近期性预测，其预见性较中期、长期性预测更为准确。这就是说，时间跨度与预见准确度是成反比的。由于包括市场经济活动在内的整个社会生活的发展演变是极其复杂的，是千变万化的，所以市场预测的准确度只能是相对的、有限的。

2. 严密的科学性

任何事物均有自己的发展规律，任何规律均可以被人们所探索、所发掘、所认识、所掌握。市场经济规律也不例外。由于市场预测是在大量市场调查、情报、数据、史料以及其他真实材料的基础上，运用唯物发展论和科学思维方法，进行判断、分析、推导、升华的结果，所以，它必然既能无限逼近已存和现存的市场经济规律，也能无限逼近将存和必存的市场经济发展趋势。从这种特性而言，市场预测的科学性是预见性的前提和基础。

（四）市场预测的作用

1. 有助于健全科学决策

领导机关对市场经济活动进行组织、管理、指挥，一要靠正确的方针政策，二要靠正确的科学决策。决策的重要依据之一是包括市场预测在内的市场经济活动预测。如果没有科学的预测，经济决策将是盲目的、唯心的、不切实际的，因而是被动的。从这种意义而言，市场预测既是健全科学决策的重要先导，也是发展市场经济的重要条件。

2.有助于强化市场经济

社会主义市场经济，决定了要大力发展商品生产和商品交换，就必须正确地处理好产销矛盾。在产与销的矛盾中，销居于主导地位。“产销对路”、“按销定产”、“以销促产”是解决产销矛盾的基本原则。从这种角度而言，只有搞好市场预测，才能掌据市场销路规律及发展趋势，防止盲目经营和盲目生产，从而取得市场竞争活动的主动地位，立于不败之地。

（五）市场预测的撰写

1.市场预测的撰写准备

撰写市场预测，必须事先做好以下的准备：

(1)领会政策。即认真学习和深入研究国家在经济领域中的现行方针、政策、法令、法律、法规，以及特定时期的中心任务和工作重点，这是在指导思想方面的准备。

(2)收集情况。即及时掌握政治、经济、科技、文化、世态、风俗等方面的信息以及其他有关情况。因为这些因素是影响市场发展变化的重要条件。

(3)占有材料。即尽力摄取市场调查、产销分析以及其他有关的市场活动资料，并予以科学分析和整理。为了占有更多更典型的第一手材料，可建立网络性的调查点、联系点、信息点、预测点和验证点。另外，在收集、分析、整理资料和预测过程中，应尽力采用电脑等现代化的科技手段。

2.市场预测的结构及写法

市场预测多由标题、正文、落款及日期几个部分构成。

(1)标题。市场预测常用的标题有以下两种：

其一，近似公文式标题，即大体由时限、地域、物类和文种 4 个要素构成的标题，如《2008 年北京地区图书市场预测》。另外，有时也可采用简化式标题，即由两个或三个要素构成的标题，前者如《长城牌电动车市场预测》，后者如《上海地区妇女日用品市场预测》。

其二，文章式标题，即以全文的主旨精神拟定为标题，如《从 2008 年国际市场看我国工艺品的出门趋势》。有时，还可以在正标题之下加用副标题，如《人们的服饰需要美——2008 年全国服装鞋帽及化妆品市场预测》。

(2)正文。一般来讲，市场预测的正文是由"导语"和"主体"两部分内容组成的。

①导语。即正文的起始性段落。该段大体可分为两层：第一层，简要交待写作缘由，可包括背景、目的、依据以及其他有关情况；第二层，以"总提"的方式，提出下文将要分析的基本论题或内容撮要，并在此基础上领起下文。有时，根据需要，也可不设导语，或将导语内容汇入下面的主体部分。

请看下例题为《世界石油形势的近期和 2000 年的预测》的"导语"部分：

1973 年和 1979 年世界石油的两次大涨价，资本主义国家称之两次"能源危机"，震惊了西方世界；与此同时，又遇到了资本主义国家的周期性经济危机，因而石油问题从此成为各国突出的问题，同时也涉及到政治，成为最棘手的问题之一。可是，事过七八年，1981 年世界石油市场又扭转以往的趋势，变为石油过剩和价格下跌的局面。今天，世界石油依然供过于求，价格疲软。石油果真太多了吗？油价是否会下跌？这样的局势能持续多久？这是预测世界石油形势的中心问题。

上例"导语"可明显地划分为两个层次。首层，先以概述的笔墨简介了从 1973 年至 1981 年以来"世界石油市场"的"涨价"与"跌价"的局面及其"棘手"与"疲软"的特点，这就有力地交待清楚本文的写作依据与背景。次层，紧承上文之脉，概括提出了 3 个相应的预测性论题，为下文的预测分析铺设了定向性的思路和文势。

②主体。即预测分析的核心部分，该部分大体应写出以下 3 个层次的内容：

第一层，概述历史与现状。历史是现状的前导，现状是历史的必然。回顾历史就可更深刻地认识现状，剖析现状就可更清楚地总结规律，从而有助于预见未来。该层内容在行文过程中，必须充分运用市场调查、产销分析、经济信息等有关市场经济资料，切忌架空陈述、主观臆断。根据实际情况，有些市场预测也可把该层内容写得很简单或略而不述。

第二层，分析规律与趋势。该层内容旨在发掘市场发展变化的基本规律，预先把有关的必然趋势告知人们。因此，它是市场预测绝不可缺少的灵魂和"统帅"。在行文过程中，要强调运用已知的数据和事实，经过科学核算与分析、推断出趋向性的概况和前景；要强调运用科学思维方式，突出抽象力，以便无限逼近市场趋势的基本规律。

第三层，提出结论与建议。归纳出科学性的结论，是市场预测的根本目的。

没有科学结论的市场预测，则没有科学价值。同时，在基本结论的基础上，还应明确提出相应的原则性建议，以供经营决策者参考。有时，也可酌情将该层内容简化或合于上层内容之中。

需要强调指出的是，以上所讲的3个层次及其顺序，是就市场预测的一般写作规律而言的；在实际撰写过程中，或有所变化，或有所调动，或有所侧重，或有所浓缩，或有所省略，应根据需要而灵活处理，以符合多走向、多层次、多角度的市场预测需求。市场预测的正文，其内容必须具备回顾、现状、预测、建议等基本要素，而具体结构布局、详略安排、行文表述等应灵活多样，不必强求一律。

③落款与日期。即在正文的右下方写明制文单位的全称，并在其下注明制文或发文的年月日。有时，制文单位名称也可写于标题下行的居中部位。如果制文者是个人，其姓名应写于标题下行的右侧方。

（六）市场预测的撰写要求

1.要材料充分，推导严密

如果没有充分而确凿的已存和现存的事实及数据依据，则无法进行准确而科学的推断。反之。如果不能正确运用严密的逻辑思维，那么即使面对大量材料，也不能推导出本质规律性的预测结论。市场预测属于科研活动的一种，必须强调材料的充分、确凿，推导的严密、科学，绝不允许掺杂任何主观臆测因素，更不允许有任何虚构成分。

2.要内容齐全、重点突出

市场预测的内容，主要包括回顾情况、分析现状、预测趋势、提出建议。在具体撰写过程中，应根据特定的写作意图来确定写作重点，不宜面面铺开。一般来说，写作重点应是“预测”或“建议”部分。

【例文】

钢材市场预测报告

根据国家信息中心提供的消息，国内有关人士认为，2003年下半年至2004年，钢材市场供给将保持相对平稳价格小幅度攀升的态势。但由于各地经济发展不平衡，以及运输到货等因素的影响，少数钢材品种在局部地区有可能发生较为明显的波动。

现对2002年下半年和2004年的市场情况分析如下：

国际钢材市场仍将看好。在2002年下半年西方工业国家经济复苏的带动下，出现了世界范围的钢材热，各国对钢材需求增长，出口量锐减。当今世界最大的钢材出口国——日本，因地震重建任务繁重，钢材出口量大幅下降，进口量迅速上升。世界上许多钢材厂都在寻找钢坯，以提高产品附加值。按这种趋势预算，2003 年至 2004 年，国际钢材市场形式看好。

国际钢材需求增幅不大。据预测，2003 年钢材需求总量与去年相比，增幅不大，2004 年钢材的需求增长不会太大，供求会达到大体平衡。

资源供给较为宽松。全年上半年，全球各钢材企业都在贯彻“限平、停滞、增畅”和“限产压率”的举措，下半年供求形式转向平衡，各钢材厂都会增加“高质量、多品种”的产品，占领市场，力争出口。2003 年仍然是这种趋势。2004 年钢材的供求总体将逐渐平衡，但线材等品种有过剩的可能。由于全球钢铁企业的线材生产能力普遍提高，可能会导致普碳材供大于求。从而在品种、质量、价格上展开激烈的竞争，加大钢铁企业的销售难度。而在短时期内“三板一片”的产量难以大幅度提高，供不应求的局面难以改观，价格仍将居高不下。

根据有关部门的预测，2003 年钢材资源量比 2002 年有所下降。虽然 2003 年资源供给少于需求，但由于有 2002 年结转的大量库存，仍能实现供求平衡。2004 年钢材的资源量增幅不会大，但由于需求也不会太旺，也可以达到供求平衡，有的地区还会比较宽松。

市场价格小幅上升。2002 年下半年钢材价格总体平衡，2003 年可能会出现小幅度的波动，这种波动往往出现在一个地区，货紧时价格上涨，货到时价格又会下跌，但总的趋势是价格会在成本上升、出口价上升的推动下，小幅度上升，一般不会再次出现暴涨。

第二节　医药广告

一、医药广告的含义

医药广告是指与人体健康相关的药品、类药品、医疗器械以及医疗劳务等方面的广告。

谈到“医药广告”，人们往往只理解为药品广告，即便细究起来，也不过再举出保健食品、保健化妆品之类。今后卫生保健事业和医药都将发生重大变化，因而医药广告的外延及内涵必将扩大。即凡与健康相关的广告，均可称之为“医药广告”。

二、医药广告的类型和结构

根据内容划分，医药广告大体可分为以下10类：

(1)药品，即用于预防、治疗、诊断人的疾病，有目的地调节人的生理机能并规定有适应症、用法和用量的物质。药品包括中药材、中药饮片、中成药、化学原料药及其制剂、抗生素、生化药品、放射性药品、血清疫苗、血液制品和诊断药品等。

(2)保健药品和类药品，包括加药食品、化妆品。保健药品系指具有一定的预防、辅助治疗疾病，调节人体生理机能并规定有功效、适应范围、用法与用量的物质，包括具有营养滋补、保健康复、延缓衰老、养容减肥、改善本质、缓解症状或具有一定调节免疫功能的物质(注射剂除外)。

(3)医疗器械，包括用于人体疾病诊断、治疗、预防、调节人体生理功能或替代人体器官的仪器、设备、装置、器具、植入物、材料和相关物品。

(4)卫生材料、医用物资。

(5)医疗劳务，是指掌握一定的医疗卫生知识、技能的劳动者，运用卫生保健材料——如药品、医疗器械等，作用于医疗服务对象的过程。

(6)展销、销售动态，这类广告所宣传的，不是具体的某一种医疗器械、药品，而是一类或几类产品的销售活动。

(7)医药卫生书刊的出版、销售信息。

(8)关于各类学校、学习班、函授的信息。

(9)有关事明、启示、函告，这类广告比较敏感，容易引起争端甚至可能诉诸法律。它可分为两方面：一是由于企业的经济利益和声誉而做的广告。二是纯粹为了维护声誉而做的广告。

(10)其他，即从广义的范围来讲，可以算作医药广告的。

需要说明的是，医药广告的内容随时代的发展、健康观念的改变还会不断地变化、扩展。以上所列举的10个方面的内容只是就医药广告的现状而划分的。

三、医药广告的写作要求

医药广告因其特质所制约，比其他类广告更要注意实事求是、真实可信，不可有丝毫的不真或虚说。我国的医药广告必须遵循以下5项原则：

1. 真实性原则

(1)以事实为依据

(2)医药广告的内容必须完整

(3)医药广告必须讲求信誉

2. 思想性原则

(1)坚持社会主义方向

(2)坚持为人民健康服务的方向

(3)宣传健康的生活方式

3. 政策性原则

4. 科学性原则

5. 艺术性原则

《中华人民共和国药品管理法》和《中华人民共和国广告法》对药品广告都作了规定，具体归纳总结如下：

(1)药品广告须经企业所在地省、自治区、直辖市人民政府药品监督管理部门批准，并发给药品广告批准文号；未取得药品广告批准文号的，不得发布。

处方药可以在国务院卫生行政部门和国务院药品监督管理部门共同指定的医学、药学专业刊物上介绍，但不得在大众传播媒介上发布广告或者以其他方式进行以公众为对象的广告宣传。在国家规定的应当在医生指导下使用的治疗药品广告中，必须注明“按医生处方购买和使用”。

(2)药品广告的内容必须真实、合法，以国务院药品监督管理部门批准的说明书为准，不得含有虚假的内容。

药品广告不得含有不科学的、表示功效的断言或者保证；不得利用国家机关、医药科研单位、学术机构或者专家、学者、医师、患者的名义和形象作证明。不得说明治愈率或者有效率；不能与其他药品、医疗器械的功效和安全性作比较；不得含有法律、行政法规规定禁止的其他内容。

非药品广告不得有涉及药品的宣传。

(3)麻醉药品、精神药品、毒性药品、放射性药品等特殊药品，不得作广告。

第三节　医疗合同及协议书

一、合同

(一)合同的含义与特征

《中华人民共和国合同法》(下称《合同法》)所称合同，是指平等主体的自然人、法人、其他组织之间设立、变更、终止民事权利义务关系的协议。根据这条规定，合同具有以下法律特征：

1.合同是平等主体之间的民事法律关系

合同是平等当事人之间从事的法律行为，任何一方不论其所有制性质及行政地位，都不能将自己的意志强加给对方。非平等主体之间的合同不属于合同法的调整对象。根据《政府采购法》第四十三条的规定，政府采购合同适用《合同法》。

2.合同是双方或者多方法律行为

首先，合同至少需要两个或两个以上的当事人；其次，合同是法律行为，故当事人的意思表示是合同的核心要素；最后，因为合同是双方法律行为或者多方法律行为，因此合同成立不但需要当事人有意思表示，而且要求当事人之间的意思表示一致。

3.合同是当事人之间民事权利与义务关系的协议

首先，根据《合同法》的规定，虽然平等主体之间有关民事权利义务关系设立、变更、终止的协议均在合同法的调整范围。但根据《合同法》第二条第二款的规定，婚姻、收养、监护等有关身份关系的协议，不适用《合同法》的调整。其次，合同作为一种法律事实，是当事人自由约定、协商一致的结果。如果当事人之间的约定合法，则在当事人之间产生相当于法律的效力，当事人就必须按照约定履行合同义务。任何一方违反合同，都要依法承担违约责任。

(二)合同的分类

根据合同法或者其他法律是否对合同规定有确定的名称与调整规则为标准，可将合同分为有名合同与无名合同；根据合同当事人是否相互负有对价义务为标准，可将合同分为单务合同与双务合同；根据合同当事人是否因给付取得对价为标准，可将合同分为有偿合同与无偿合同；根据合同成立除当事人的意思表示以外，是否还要其他现实给付为标准，可以将合同分为诺成合同与实践合同；根据合同的成立是否必须符合一定的形式为标准，可将合同分为要式合同与不要式合同；根据两个或者多个合同相互间的主从关系为标准，可将合同分为主合同与从合同。

（三）合同的基本书写办法

以经济合同为例，其一般格式为：

（1）标题：表明合同的性质（如购销合同、施工合同、承包合同等）。

（2）当事人：甲、乙双方的法定代表人（或委托人）。

（3）正文：主要条款包括：标的（双方的权利和义务）；数量和质量；价款和酬金；付款方式、时间；履行的期限、地点和方式；违约责任等。

（4）落款：双方代表签字（加盖公章）；双方开户银行、帐号、地址、电话、签订日期；鉴证部门的意见、印章。

（四）合同与协议书的区别

合同和协议书是有区别的。在内容上，协议书规定得较为原则，而合同较为具体；在使用上，一般是先签订协议书，而后再签订具体的合同；从时间上说，协议书的期限比较长；从约束力来说，协议书不如合同的约束力强。协议书的使用范围较合同更为广泛。协议书在实际应用中常出现两种情况：第一，双方先达成协议，又在协议的基础上签定合同。一般来说，比较重大的事项才采取如此郑重的步骤；第二，只签定协议，不签定合同，因为协议书中已有双方共同遵守的事项和承担的义务等。

二、医疗合同

（一）医疗合同的含义

医疗合同是指医疗方提供医疗服务，就医者支付医疗费用的合同。作为一种服务性合同，它只要求医疗机构提供就医者需求的医疗服务，一般情况下不能保证达到就医者提出的标准和要求，只能按照医学技术标准和规范提供力所能及的服务。就医者应当负担相应的医疗费用。在医疗法律关系中，绝大多数情况下，医疗服务合同并不以人身利益为合同标的。医疗服务虽然有时会涉及就医者的人身利益，但这种涉及是为了保护就医者对人身利益的更好利用。医疗服务的目的在于恢复健康、挽救生命、提高生活质量，获取利润并非医疗合同的首要目的。因此，医疗合同具有不同于一般合同的特殊之处，主要体现在：

1.强制缔约

意思自治是合同法的一个重要原则，双方当事人是否订立合同、订立什么样的合同，在司法领域，当事人的行为若不为法律禁止的话，则双方当事人完全有选择的自由。但作为医疗服务合同，医方则无权拒绝患方的治疗要求，因为医生所承担的是治病救人的职责，若允许医方自由选择患者，那么患者的生命就难以得到保障，故强制缔约是医患合同的一个重要特征。

2.合同标的是医疗服务过程而不是诊疗结果

医生所负的合同债务是手段债务而不是结果债务，这一手段债务表现为在合同中应为患者提供恰当的医疗服务。所谓恰当的医疗服务，是指医生运用医学的知识和技术，为患者做出正确的诊断和合理的治疗。什么样的治疗是恰当的，就要根据患者本身的情况、当前医学科学的发展水平及当地的医疗水准等来判断，因此这一标准是一个主观与客观的结合，只能具体问题具体分析。同一种疾病在不同的个体都会有其不同的特点，而现代医学科学又不能满足人们目前所有的要求，医生所能保证的是医疗服务合同的恰当性，而不能保证全部治愈患者的结果。

3.合同的关系是协作关系而不是对立关系

作为医生履约的过程，是用自己的专业知识为患者解除痛苦。因此在诊疗过程中要建立高度的信任，同时双方要进行协作。为了保证诊断的正确，患者有义务如实向医生提供病史，即使这一病史涉及了个人隐私，患者也应如实告知医生；在治疗时患者应积极配合治疗，以期达到最佳的治疗效果。

4.患者有治疗的最终决定权

由于医疗行为具有高度专业性的特点，医生在履约中具有高度自由裁量权。以往我们强调医生高度裁量权，使患者在求医过程中完全处于服从的地位，随着社会的发展和人权意识的提高，社会要求医生尊重患者的人格权，有些诊疗行为会给患者的身体产生侵袭。因此在诊疗过程中，应最大限度地尊重患者的自主权，不能仅仅把患者看作治疗的客体。

(二)医疗合同的内容与形式

只有法律规定的权利，还不能在医生和患者之间建立权利和义务的关系，法律规范中所规定的患者的权利(它同时又是医生的义务)，只表明患者享有这些权利的可能性，然而只有发生特定的法律事实，才能在医生和患者之间建立起医患法律关系，使患者拥有特定的权利。法律事实是指能在当事人之间引起民事法律关系产生、变更和消灭的客观事实，例如医生与患者就诊断治疗问题签订合同。

1.医疗合同的内容

医疗合同的内容，从合同关系的角度讲，是指医患双方的权利和义务。它们既可由双方约定，也可来源于法律直接规定。由于合同双方一方的权利与另一方的义务基本是对等的，所以，此处阐述医患双方的义务来说明医疗合同的内容。

(1)医方的义务：主要包括诊疗义务、说明义务、转诊义务、保密义务、保护义务、保管义务、不作为义务等。

(2)患者的义务：主要包括支付医疗费用的义务、配合治疗的义务等。

除上述基本义务之外，在具体医疗合同中，医患双方还可进行约定。如患者在病情未愈的情况下执意出院，双方签定“自动出院，后果自负”的免责条款，这就改变了双方的义务分配，减轻了医方的责任。

2.医疗合同的形式

医生与患者的关系是一种合同关系。常见的合同是书面形式的合同，但并非所有合同都是书面形式的，人们还可以通过口头和其他形式订立合同。

(1)要约与承诺。合同订立的过程包括要约和承诺两个阶段。要约是当事人一方(法学上称为要约人)向另一方(法学上称为受要约人)提出合同条件，希望另一方接受的意思表示。患者到医院看病，是一种求医行为。患者的这一行为便是一种要约行为，即向医院提出为其看病的请求，并希望医院接受这一请求。承诺是受要约人同意要约的意思表示，即受要约人向要约人表示愿意按照要约的内容与其订立合同的答复。承诺的效力表现为要约人得到受要约人的承诺时，合同即可成立。对于口头承诺，当要约人了解时即发生效力；非口头承诺生效的时间以承诺通知到达要约人时为准。但承诺的表示必须在承诺期限内到达要约人，逾期到达的，不发生承诺的效力。

患者到医院看病，首先要挂号。患者挂号是求诊的要约。医院挂号处收取挂号费(即基本诊费)，向患者交付挂号单，便是医院对患者的承诺。从这一时刻起，患者与医院之间的合同关系便确立了。这一合同所确立的权利义务关系只限于医院收取诊费，并履行为患者进行初步的疾病诊断，包括视诊、问诊、听诊、触诊等基本检查以及书写门诊病例、回答患者的疑问、向患者提出诊疗建议和开具处方的义务(不包含医生为其进行进一步的诊断和治疗的内容)；患者除交纳诊费(即挂号费)外，在享受医疗服务的同时，还必须履行向医生如实讲述病史、回答医生的有关提问、并配合医生的检查的义务。

最初的医患合同关系确立后，在医生为患者进行诊断的过程中，医生与患者还会订立一系列新的合同，包括为患者进行进一步诊断的合同和进行治疗的合同。

医生在为患者进行疾病诊断时，认为需要通过化验或者特殊检查才能查明疾病时，或者在诊断的基础上认为需要进行治疗时，通常会向患者提出建议。这类建议是最初订立的合同中隐含着的医生的义务。为此，患者如果提出进行进一步的检查或者进行治疗的请求（即提出要约），医生通常以口头形式承诺。这样，新的合同关系便确立了。我们可以理解为这是对最初订立的合同内容的补充。这种新订立的合同除口头形式外，在必要的时候，必须签订书面形式的合同。如特殊检查、住院治疗以及手术治疗等。医生与患者之间的法律关系，就是通过这种合同而确立的。这种法律关系一旦确立，医生和患者双方便享有相应的权利，并且必须履行相应的义务。

(2)合同的必要条款。合同中必须有必要条款。合同的必要条款是指因缺少这类条款或条款不明确时，合同将无法执行，从而导致合同不成立的条款。标的、价款和期限是合同的必要条款。

在医生与患者订立的合同中，价款（即医疗费用）虽然是经国家有关部门核定的，但是患者在与医生订立合同时，仍有权了解有关费用情况，并根据支付能力决定是否订立合同。

合同的期限是组成合同的时间因素，凭借它可以明确合同当事人权利义务关系何时产生、何时实现、何时消灭。合同中如果没有时间期限的条款，而又不能通过其他方法明确必要的期限条件，合同即不能成立。在医生与患者订立的合同中，双方当事人之间的权利义务产生和实现的时间通常是可以确定的，如挂号时间、入院时间或者预约检查、手术时间等。但是这种权利义务关系何时消灭，却难以事先约定，通常视病情另外约定。合同的标的是合同当事人的权利义务指向的对象。如买卖合同中卖方应当交付的物品，服务合同中服务的内容等。没有标的，权利、义务就无所依据，合同就无法履行。在医生与患者订立的合同中，标的通常是比较明确的，如诊断、治疗、手术治疗、住院治疗等。

(3)合同的明示条款与默示条款。通常在合同中应当规定各方的权利、义务与责任。但是，有些合同并未写明全部的权利、义务和责任。例如运输部门承运货物的凭证，便是运输合同的书面形式；保险单便是保险合同的书面形式。又如，人们乘飞机的机票和乘车的车票便是乘机和乘车合同的书面形式。这类未写明全部的权利、义务和责任条款的合同，其权利、义务和责任通常由主管部门通过制订规章来规定，或者通过国家制订的法律法规来规定。医生与患者之间订立的书面合同中通常不写明或者不全写明各方的权利义务，通过口头订立的合同也通常不约定或者不全约定权利和义务，患者与医生之间的具体的权利、义务和责任可以由医生和患者之间约定，也可以由法律、法规和规章规定。那些在合同中明确约定的条款，称为明示条款；未明确约定的条款称为默示条款。明示条款可以是书面的，也可以是口头的，或者部分是书面的，部分是口头的。对于书面合同来说，明示条款是经过双方同意写入合同的条款。对于口头合同来说，明示条款是双方通过公开的意思表示所达成的协议。

默示条款是由当事人的行为或依据当时的情况来推断当事人的意图。默示条款分为3类：一是法律所规定的，即有些条款没有必要在合同中写明，因为法律对有关问题已经做出了规定。例如，在英国1943年塞缪尔斯诉戴维斯案中，原告为牙科医生，为被告做一副假牙，被告因假牙完全不合用而拒绝付费。英国上议院认为，按照1893年货物买卖法的规定，所出售的货物都必须在合理的范围内适合购买者的购货目的，并且所出售的货物都必须保证质量，合同中应当含有货物必须保证质量的默示条款。因此，判决原告(医生)败诉。我国的法律中也有类似的规定。在《中华人民共和国消费者权益保护法》第22条规定："经营者应当保证在正常使用商品或者接受服务的情况下其提供的商品或者服务应当具有的质量、性能、用途和有效期限。"这一规定，可作为合同中的默示条款。此外，我国医政管理法律中关于患者权利的规定，也作为合同中的默示条款；二是由习惯所规定的默示条款。在英美等一些国家，凡是某一地区或者某一行业所通用的惯例作法，即使双方当事人未在合同中明确约定，也应当视为双方必须遵守的默示条款。但是，这种默示条款不得与明示条款相抵触，否则该默示条款将被视为无效；三是由法院裁定加入的默示条款。英美法院认为，如果双方当事人确实想在合同中列入某一条款，但因为疏忽而未列入，或者按照合同的内容应当含有某一条款而实际上未列入时，为了使合同得以履行或者明确双方的权利和义务，法院有权将该条款作为默示条款列入合同。

(4)签约人的行为能力。行为能力是公民以自己的行为取得民事权利或为自己设定民事义务的能力。由于行为能力关系到公民权利的取得和义务的设定，因此法律要求公民达到一定年龄、能够理智地、审慎地处理自己的事务，并且能够认识到自己行为的法律后果的时候，才具有行为能力。当公民尚未具备或者丧失了独立处理自己事务的能力时，他所实施的民事活动很可能对自己不利。为了防止这种情况的发生，我国司法实践根据人的智力发育的不同阶段和不同情况，对公民的行为能力做出如下划分：①完全行为能力。即公民能够通过自己的独立的行为，取得享受民事权利、承担民事义务的能力或资格。年满 18 岁的公民已经具备独立参与民事活动和审慎处理自己事务的能力。因此，规定这部分人为完全行为能力人；②限制行为能力。即不完全行为能力。6 周岁以上不满 18 周岁的未成年人，虽有一定的识别能力，但他们的智力发展还不够全面，社会生活经验还不够丰富，对某些较复杂的行为如订立合同等还不能审慎地预料其后果。因此，规定这部分人为限制行为能力人。即允许他们进行满足日常生活需要的民事活动，参加与其年龄相当的民事法律关系，但是凡不能或不宜由他们独立进行的民事活动，则应当由他们的父母或其法定代理人代理，也可以在征得法定代理人同意的情况下自己进行，否则无效；③无行为能力。一般认为不满 6 周岁的儿童为无行为能力人。即他们不具有以自己的行为取得民事权利或设定民事义务的资格。由于他们年龄太小，尚不懂事，因此谈不上进行有意识、有目的的法律行为。他们所需要进行的民事行为，由他们的父母或其法定代理人代理。

对于患有精神疾病或其他精神异常，丧失了意愿表达能力以及因病处于昏迷或半昏迷状态，丧失了意愿表达能力因而不能独立处理自己事务的成年人，为了维护他们的利益，可认定他们为无行为能力人。我国民事诉讼法对认定公民无行为能力的案件规定了特殊的审判程序。人民法院根据患者的近亲属的申请，经审查属实后，可判决该公民为无行为能力人，并依法为他指定监护人。

对于患者来说，不论其为完全行为能力人、限制行为能力人还是无行为能力人，只要他到医院求医，都有得到医疗服务的权利。对于无行为能力人和限制行为能力人，应当在他的监护人的陪同下就医，由其监护人代他做出意愿表示和与医生就诊断治疗问题签订合同。对于限制行为能力人来说，为了保护他们的切身利益，应当认可他们的求医行为能力，但涉及手术、特殊诊断和特殊治疗时，仍然需要他们的监护人的同意，由其监护人代他做出意愿表示和与医生就诊断治疗问题签订合同。

(5)合同的法律效力。合同的内容具有法律效力，可以产生一定的法律后果。即依法订立的合同，具有法律约束力，它表现为双方都必须全面履行合同条款中规定的各自应履行的一切义务，否则就会受到法律制裁；也表现在合同一经订立，非经对方同意，不得擅自变更和解除，否则便是侵犯患者权利的行为。

（三）医疗合同的格式与实例

疾病治疗合同

甲方：________ 院长：________ 地址：________

电话：________ ________ 邮编：________

乙方（患者姓名）：________ 性别：________ 年龄：________ 身份证号：________________

家属或监护人姓名：________

与患者的关系：________身份证号：________

通讯地址：________电话：________邮编：________

甲乙双方充分协商，甲方同意为乙方所患疾病实行包治。

一、经甲方诊断，乙方患有：

（一）主要患有：1.______ 2.______ 3.______ 4.______ 5.______

（二）次要患有：1.______ 2.______ 3.______ 4.______ 5.______

二、治疗时间________年________月________日至________年________月________日 共计________年零________个月

治疗目标：1.________ 2.________ 3.________

三、治疗费用及支付办法

（一）全程治疗费用为________元（不含患者术前的各项检查费，术前医药费、医疗费。乙方生活费及陪护人员的生活费、陪床费、输血费、患者点名要的营养药品费，与治疗目标无关的疾病，如心脑血管病、贫血、低蛋白血症、肝肾功能障碍、类风湿、肺结核、哮喘等疾病的医疗药品费用；特护及专护另计费，乙方支付）。

（二）治疗费用支付办法：协议签订后，乙方支付治疗费用总额的60%，计人民币________元，甲方可对乙方实行包治治疗。签订合同后________天内交清全部治疗费用。若协议规定的时间内病情有明显好转，但尚未完全达到治疗目标，你选择的意见是：1. 要求退钱（________）签名：________ 2. 可适当延长治疗时间，增加治疗费（________）签名：________ 3. 可适当延长治疗时间，不增加治疗费（________）签名：________

四、甲方的权利义务

1. 依据乙方病情及治疗目标，制订包治实施方案。

2. 精心组织手术治疗、护理。

3. 综合治疗、科学合理用药、严防交叉感染及院内感染，严加控制耐药菌属发生。

4.及时向乙方通报治疗进展情况,医患双方心中有数。

5.尊重患者的人权、人格。

6.遵守职业道德,保护患者隐私。

7.患者在治疗中发生其他疾病,甲方积极抢救、会诊,但会诊费用、治疗费由乙方承担。

五、乙方权利和义务

1.遵纪守法,遵守院、所内各种规章制度。

2.按协议约定,及时交清包治费用。

3.包治费用以外费用,保证随用随清。

4.尊重护士、爱护护士。自觉维护医疗秩序。

5.不准任何人做违反违背医院生产的活动,凡有违反医院生产(名誉)的行为,经劝阻无效者,立即终止包治合同,并结清终止合同前的一切费用。

6.根据医务人员处方开药、用药。不点名要药。

7.遵守病房规章制度,损坏或丢失公物要照价赔偿。

8.在院内禁止酗酒、赌博、留宿客人。

9.未按协议交付费用,甲方有权停止一切治疗,因此造成的一切后果,乙方承担责任。

10.必须按照甲方指出的医疗护理方案,进行活动及功能训练。未按医生指导所造成的不良后果或意外损伤及增加的医疗费用,均由乙方承担。

11.达到治疗目标,必须及时出院,若不出院而继续留院者,其一切费用自理。

12.出院后必须按甲方要求继续服用甲方提供的药物。

13.不要求甲方开假证明、假发票。

六、其他长期随诊,原治疗部位炎症复发,再入院治疗免费(但生活费自理)。但以下情况乙方必须交费:

1.不按甲方意见治疗,服药不及时,不进行抗复发治疗。

2.出院后,不按甲方要求进行锻炼和康复治疗。

3.外伤引起病变部位复发及骨折。

4.局部血管坏死性病变、癌性溃疡复发。

5.糖尿病、慢性贫血、低蛋白血症及一切与本病无关的疾病引起的炎症再感染。

七、本协议未尽事宜,经双方协商后可写出补充协议,补充协议与本协议同具有法律效力。

八、纠纷的解决

甲乙双方在履行本协议或补充协议书时发生纠纷，双方可协商解决，协商意见一致时，需以书面形式达成协议书。协商不成时，任何一方均可向上级主管部门请求解决。本合同可经过公证处公证，自双方签字或盖章之日起生效，一式三份，双方各持一份，另一份存档。本协议的签约地和履行地均在甲方或医疗网点。

甲方：________　乙方：________

院长(签章)：________　家属或监护人(签章)：________

签订地址：________　签订地址：________

签订日期________年____月____日　签订日期________年____月____日

三、医疗协议书

(一)医疗协议书的含义

协议书是国家、地区、政府、政党、团体、企业单位或个人，对某一重要问题或事项，经过谈判协商取得一致意见后，共同订立的具有经济或其他关系的契约性文书。医疗协议书是针对医患双方相应的权利和义务经过协商而达成协议的文书形式。

(二)医疗协议书格式与实例

医疗协议书由标题、协议双方的名称、正文、落款、日期等部分组成。一般写法是：

1. 标题

标题一般由表明协议书性质的名称和文种构成。如“肿瘤治疗协议书”、“医疗协议书”。

2. 名称

写明签订协议的单位及其代表名称，或直接参与协议事项的执行者或当事人的姓名、性别、年龄、职务和相互关系等。签订单位名称列在协议书名称之下，也有的不单独列出，而是放在首段中。为了行文简便，又将签订协议各方称为“甲方”、“乙方”和“丙方”等。

3. 正文

这是协议书的核心部分。要用序号标明前后内容顺序，如签订协议书的原因、目的和商定的具体内容。具体内容涉及到各方单位名称的，一般用代称，如“甲方”、“乙方”。内容中涉及的有关责任、义务、事项执行过程、待定要求和实施方式等，都应较详尽准确的标明，以免事后造成麻烦，给某一方带来利益上的损失。

4. 结尾

要写明执行要求及对协议书本身的说明，要写明本协议书的书面形式（铅印件、打印件、手写件）、份数（正、副本各几份）、保存人或单位、有效期限、违约责任等。结尾部分一般不单独列出，只作为正文的最后一条。

5. 落款

落款包括署名和时间两项内容。署名包括单位全称和代表签名。代表人也可是当事者、见证人、中介人等，要加盖公章、名章。如果某些重要的协议，为了寻求法律保护，还需请律师签名盖章，请公证处作公证，并签名盖章。

6. 日期

在落款下面写明达成协议的年、月、日。

【实例 1】 **肿瘤治疗协议书**

甲方：________ 乙方：________

依据《中华人民共和国药品管理法》及《中华人民共和国医疗机构管理条例》和全国人民代表大会《关于惩治生产、销售伪劣商品犯罪的决定》，为确保患者用药安全有效，不受假药、劣药之欺骗，不延误患者治疗时间，避免经济上受损失，现由甲乙双方签定以下协议：

1. 甲方医师根据乙方提供的病历资料和确诊证明或口述病情；结合临床症状，并说明理由，有权制订最佳治疗方案。

2. 甲方根据乙方的身体状况，判断出此病属轻、重、缓、危等病症。并开出确切有效的抗癌验方________等药物，随症加减；辨证论治，抗癌中草药验方不少于________种，中期费用为________元，晚期费用为________元（扩散转移者例外），一个疗程为________天（特快邮寄另加________元）。确保无假药、劣药出现。

3. 经甲方医师开出的抗癌中药验方，对食道癌、胃癌、贲门癌、肺癌、肝癌（肝硬化）、舌癌、鼻咽癌、肠癌、肾癌、皮肤癌、胰腺癌、乳腺癌、宫颈癌、卵巢癌，膀胱癌、骨瘤、脑瘤、白血病及恶性淋巴瘤等，无论病情轻、重、缓、急，一般一周左右见效（自我评价）。见效后连续用药 3～5 个疗程，均可使癌瘤萎缩、软化、消失或延长寿命数月至数年。无效者不需任何理由和解释，凭收据 10 日内免费调方或按余药退款。对药物保存不妥致使药物霉烂变质、拆开药品包装者、无收据或超期用完者，不再退款。

4. 对购药时间太晚，乙方未能用上药或在用药期间突发意外，甲方可按余药

(自服药之日起________日内)退款,双方绝不以其他借口纠缠。

5.凡我科治愈的患者,我科有权举例宣传。

6.本协议以购药收据日期为准,双方签字生效,具有法律效力。

甲方(盖章):________ 乙方(签字):________

负责人(签字):________

________年____月____日 ________年____月____日

【实例2】 **医疗协议书**

甲方:________________ 乙方:________________

甲方因患疾病,需在乙方处诊治。经双方友好协商,达成如下协议,以便共同遵守:

一、甲方患有________,自愿到乙方医院医治。

二、乙方承诺治愈甲方上述疾病,治疗费用合计________元(包括诊断、治疗、医药费用),该款甲方需在________月________日付清。

三、甲方的权利和义务

1.甲方必须如实反映病情症状,以及提供原治疗医院的病历及检验数据,并对其真实性负责。

2.甲方上述疾病自(乙方)诊断之日起,在双方约定的时间内未治愈的,甲方可享受乙方免费治愈为止。

3.甲方需严格按乙方的处方用药和接受乙方的指导方法正确用药,并定期向乙方反馈治疗效果。如果甲方身体特别虚弱,则需要禁忌烟酒、辛辣、禁房事________年。

四、乙方的权利和义务

1.乙方有权详细了解甲方的病情的起因、症状及原治疗医院的病历以检验数据,但有义务替甲方保密。

2.乙方保证甲方所患疾病在本协议签订之日起________个月内不复发或者无上述疾病阳性,如达到上述标准即视为甲方所患疾病已痊愈。

五、本协议经甲乙方双方签字盖章后生效。在甲方治愈和乙方收取医疗费后,本协议失效。

六、本协议一式两份,甲,乙双方各一份。

甲方:________(签字)

乙方:________(签字)

日期:________年____月____日

第四节　医药说明书

一、药品说明书

药品说明书是医师、药师和患者在治疗用药时的科学依据，是药品生产、经营部门向医药卫生人员和人民群众宣传介绍药品特性、指导合理用药和普及医药知识的主要媒介。药品说明书还是药品报请审批的必备材料之一，是药品生产单位对该药品主要事项的技术标准的介绍，是药品生产单位承担法律责任的重要依据。正确阅读理解和编写药品说明书，应当成为执业药师必须掌握的一项基本技能。

撰写中文药品说明书应掌握其撰写原则和药品说明书通常包含的诸项内容。

(一)药品说明书的撰写原则

药品说明书的撰写原则主要有 3 个方面：

1. 真实性

药品说明书的内容应实事求是。说明书的内容应以临床前和临床研究(试验或验证)各项试验资料和(或)文献资料为依据，实事求是，切忌理论推导，力求既能指导临床医生和患者合理用药，又能讲明滥用此药的危害。注意事项和不良反应尤为重要，因为如果发生药物中毒、有损于患者健康的情况，药厂应负赔偿责任。所以切记不要只谈药物的作用，不谈或少谈其副作用，夸大宣传。

2. 简明扼要

由于说明书内容较多、版面有限，故应简明扼要地介绍具体内容，不能把临床前和临床研究的各项试验数据和文献数据全抄上来，也不要简单地照搬药品质量标准中的有关内容。

3. 一致性

说明书内容应与药品质量标准相一致，不得相互矛盾。

(二)药品说明书的内容

在《药品管理法》及《药品生产质量管理规范》中，对药品说明书的内容均作了规定。世界各国对药品说明书的内容都有严格的规定，但基本上大同小异。归纳起来有以下 18 项：

1. 品名

品名应包括商品名、正名、英文名、拉丁名（中药、成药不写拉丁名）、化学名、汉语拼音名。汉语拼音名中，药名拼音与其剂型拼音分隔书写，若药名较长，可按适当的音节分隔拼音。

2. 主要成分或化学结构式、分子式、分子量

单一的有机化合物，凡化学结构明确的应列出结构式、分子式和相对分子量；化学结构复杂的或混合物，可不列结构式、分子式和分子量；无机化合物按习惯方法列出分子式和分子量；复方制剂应详细写出各主要成分的名称和剂量。辅料一般不列入。

3. 性状

介绍药品的剂型和色泽、气味、嗅味、外观常见的状况，对光、热、湿的稳定性等理化特征。以上各项叙述应用分号"；"断开。

4. 药理作用

根据药品药理试验或文献资料，介绍药物药理作用特点及作用机制。

5. 吸收、分布、消除

根据药代动力学试验资料或文献资料，介绍药物的吸收速率、吸收程度、在体内器官的分布、持效时间（tI/2）、消除速率、排泄途径等。口服固体制剂还应介绍人体生物利用度、达峰时间、达峰浓度、血浆药物浓度——时间曲线下的面积及消除半衰期。

6. 适应症

首先写主要适应症，然后写次要适应症。必须是经临床研究过的。对未经卫生行政部门批准的适应症不得列入。

7. 用法与用量

介绍药物的具体给药方法和常用剂量。除介绍一般的用法、用量外，还应注意根据临床研究资料介绍按疾病或疾病性质和病情发展所应采用的方法和用量：用药的时间应说明是早晨、傍晚、睡前或是发作时；是否需要空腹服药；间隔服药的时间及剂量的变化；疗程时限。老年人、幼儿要根据情况给予特殊规定，如按年龄、体重规定服法及用量。注射液可视情况规定注射速度、疗程间隔。麻醉药品、精神药品、医疗用毒剧药品和放射性药品应规定每次及一日的剂量。比较繁琐的给药方法除文字介绍外，还可附图示意。

8. 不良反应

为了使临床医生能够全面衡量用药的利弊，提醒医生和患者安全合理用药，

说明书应真实地指明药物的不良反应的范畴和程度。不良反应这一项应包括药物的副作用、毒性作用、后遗效应、过敏反应等。

9.禁忌症

根据药理、毒理学研究资料或文献资料的科学分析结论，规定在哪些情况下应慎用或禁用该药。对老、幼、孕妇、哺乳期妇女、有某种病变或从事特殊职业的工种不适宜用此药的，亦应明确规定。

10.注意事项

介绍单独用药或与其他药物合并应用的注意点，药物的协同、拮抗作用及用药、保管过程中的注意点。有某些疾病（如心、肝、肾功能不全、高血压、心脏病）的患者用药的注意点以及孕妇禁用、慎用等。还应介绍发生意外的可能性和抢救措施。

对有些药物应特别强调过量用药的影响，并说明中毒的抢救方法。

11.制剂与规格

此项内容应与药品质量标准相一致。规格是指制剂的最小单位〔片剂以每片；注射剂以每支（瓶），并注明每支容量的毫升数；胶囊剂、栓剂、滴丸剂以每粒；散剂以每包〕中主药的含量。多剂量的药品以百分浓度表示，不注明装量。一个制剂若同时有几个规格时，应从小到大依次列出。

12.储存条件

此项内容应根据药品稳定性试验的结果和中国药典中的有关规定书写。一般药品规定密闭保存，液体制剂或易吸潮的制剂应规定密封保存。其后应写出对贮存场所的条件要求，如需干燥保管的，应写明“在干燥处”；对热不稳定的，应写明“在阴凉处”或“在冷处”；对热和光不稳定的应注明“在凉暗处”；如遇光易变质的药品，应注明“避光”；若有其他要求均应注明。

13.包装

包装是指每一最小包装的装量。如片剂：每片100mg，每瓶装100片，则表示为100mg×100；针剂：每支100mg，每盒10支，表示为100mg×10。

14.有效期

药品的有效期是指药品在一定的贮存条件下能够保持质量的期限。根据药品稳定性试验结果和留样观察，合理制订有效期，以保证药品在一定的贮存条件和期限内的质量，维护人民用药的安全可靠。

15.批准文号

写明卫生部批准药品生产企业生产该药的文号。

16. 特殊药品的标志

特殊药品如麻醉药品、精神药品、毒性药品、放射性药品等都必须按规定标有特殊标志。消毒杀虫药品和外用药品也应标有相应的标志。

17. 商标

商标就是商品的标志。它是用文字、名称、符号、图形或其组合构成，经注册后受法律保护。《药品管理法》规定："除中药材、中药饮片外，药品必须使用注册商标；未经核准注册的，不得在市场销售。注册商标必须在药品包装和标签上注明。"

18. 制造单位

在说明书上写制造单位全称。必要时须写明通讯地址、邮政编码、电话号码、传真号码等。

（三）药品说明书的格式与实例

一般来说，药品说明书的编写都有固定的格式。主要分标题和正文两大部分。

1. 标题

药品说明书的标题应写明药品名称、剂型。格式为：名称＋剂型＋使用说明书。为了醒目可用黑体大字印刷。

2. 正文

药品说明书的正文具体项目可根据药品种类、剂型略有增减。每项内容应有小标题，用【】括起并用黑体字印出。力求层次清晰、结构紧凑、语言精练。

氧氟沙星滴眼液使用说明书

【药品名称】

通用名称：氧氟沙星滴眼液

英文名称：Ofloxacin Eye Drops

汉语拼音：Yangfushaxing Diyanye

【成份】本品主要成份为：氧氟沙星。

化学名称：(±)－9－氟－2,3－二氢－3－甲基－10－(4－甲基－1－哌嗪基)－7－氧代－7H－吡啶并[1,2,3－de]－[1,4]苯并噁嗪－6－羧酸。

化学结构式：（略）

分子式：$C_{18}H_{20}FN_3O_4$

分子量：361.38

【性状】本品为淡黄色或淡黄绿色的澄明液体。

【适应症】本品适用于治疗细菌性结膜炎、角膜炎、角膜溃疡、泪囊炎、术后感染等外眼感染。

【规格】5ml：15mg

【用法用量】滴于眼睑内，每日 3～5 次，每次 1～2 滴，或遵医嘱。

【不良反应】偶尔有辛辣似蜇样的刺激症状。

【禁忌】对氧氟沙星或喹诺酮类药物过敏者禁用。

【注意事项】

1.不宜长期使用。

2.使用中出现过敏症状，应立即停止使用。

3.只限于滴眼用。

4.滴眼时瓶口勿接触眼睛；使用后应将瓶盖拧紧，以免污染药品。

5.当药品性状发生改变时，禁止使用。

6.儿童必须在成人监护下使用。

7.请将此药品放在儿童不能接触的地方。

【孕妇及哺乳期妇女用药】尚未见实验证明资料。

【儿童用药】尚未见实验证明资料。

【老年用药】尚未见实验证明资料。

【药物相互作用】氧氟沙星与抗凝剂之间的相互作用不明显，本品与头孢噻肟、甲硝唑、克林霉素、环孢菌素等同用后，各药物的药动学过程均无明显改变。

【药物过量】尚未见实验证明资料。

【药理毒理】通过抑制细菌的 DNA 旋转酶和 DNA 复制而发挥作用。由于其独特的作用机理，具有抗菌谱广、抗菌活性强的特点，对革兰氏阴性菌、阳性菌群均有较强的抗菌作用。对葡萄球菌、化脓性链球菌、溶血性链球菌、肠球菌、肺炎球菌、大肠杆菌、柠檬酸细菌属、肺炎杆菌、肠菌属、沙雷氏菌属、变形杆菌属、铜绿假单胞菌、流感嗜血杆菌、不动杆菌属、弯曲杆菌属、衣原体属敏感性菌种等感染有效。本品与其他类抗菌药未见交叉耐药性。

【药代动力学】一滴点眼后，1 小时角膜浓度达最大值 3.22ug/g，房水浓度 30 分钟达峰值 0.71μg/ml。局部点眼后的眼内通透性良好。

【贮藏】遮光，密封保存。

【包装】低密度聚乙烯药用滴眼剂瓶装，每盒 1 支。

【有效期】24 个月

【执行标准】《中国药典》2005 年版二部

【批准文号】国药准字 H10940086

【生产企业】

企业名称：××××(集团)有限公司

生产地址：××××××××

邮政编码：××××××

电话号码：××××－××××××××

传真号码：××××－××××××××

二、医疗器械说明书

凡在中华人民共和国境内生产、销售、使用的医疗器械均应附有说明书。医疗器械说明书应当包含产品性能正确使用的全部信息，其内容应当真实、准确、科学、健康，并与产品实际性能一致。

根据医疗器械的特殊性，医疗器械说明书一般应当包括以下有关内容：

(1)产品名称、生产者名称、地址、邮政编码和联系电话；

(2)产品注册号；

(3)执行的产品标准；

(4)产品的主要结构、性能、规格、产品用途、适用范围、禁忌症、注意事项、警示及提示性说明；

(5)标签、标识的图形、符号、缩写等内容的解释；

(6)安装和使用说明或图示；

(7)产品维护和保养方法，特殊储存方法，使用期限；

(8)产品标准中规定应当具有的其他内容。

医疗器械说明书不得含有下列内容：

(1)表示功效的断言或保证：如“疗效最佳”、“保证治愈”、“包治”、“根治”、“即刻见效”、“完全无毒副作用”等；

(2)“最高技术”、“最科学”、“最先进”等类似绝对的语言和表示；

(3)说明“治愈率”、“有效率”及与其他企业产品相比较的词语及绝对性用语等内容；

(4)“保险公司保险”、“无效退款”等承诺性语言；

(5)利用任何单位、第三方组织或个人名义作推荐；

(6)使人感到已患某种疾病，使人误解不使用该医疗器械会患某种疾病或加重病情的表述；

(7)淫秽、迷信、荒诞、恐怖的文字;

(8)法律、法规规定禁止的其他内容。

医疗器械说明书中有关注意事项、警示及提示性说明主要包括:

(1)产品预定功能及可能带来的副作用;

(2)产品在使用过程中出现意外时,对操作者和使用者的保护措施及应采取的应急和纠正措施;

(3)一次性使用产品应注明“一次性使用”字样;

(4)已灭菌产品应注明“已灭菌”,经过灭菌的产品,应注明灭菌包装损坏后的处理方法。使用前需消毒的应说明消毒方法。

(5)产品必须同其他产品一起安装或协同操作时,必须注明配套使用产品的特性;

(6)在使用过程中,与其他产品相互产生干扰及其可能出现的危险性;

(7)根据产品特点,提示使用者、经营者应注意的其他事项。

【思考题】

1. 如何撰写市场调查和市场预测?
2. 医药广告在写作方面有什么要求?
3. 药品说明书的内容是什么?写作时有什么格式要求?
4. 医疗合同的特殊性体现在哪些方面?

第七章 法律文书

我国是一个历史悠久、文化遗产丰富的文明古国，在国家机关中拥有大量的各类机关文书，法律文书是其中的一个重要组成部分。尽管这些文书代表着剥削阶级的意志和利益，但也有可取之处。

考察我国法律文书的产生、发展及变化情况，从现已掌握的史料，难于考证其确切的年代。从史料看，主要通过两个途径：一是从古代遗留的典籍中去考察；二是从地下发掘出的古代文物中去考察。

在中国古代社会，随着讼狱的发生，官吏在审理时必然要断案，断案即为判。在古代典籍中将断案称之为"判"、"判词"或"判牍"，一直沿用到清末才称之为"判决书"。关于理狱断案的记载，在先秦史籍中已有记载。在古代典籍中有关法律文书的记载，较早涉及的古籍是《周礼》，当时称判决书为"书"。至汉代则称为"鞫"、"牒"等。总的说来，秦汉至六朝以前的古代法律文书，流传下来的很少。

隋唐以来，特别是唐代，大兴科举，在选科中增加了"试判三则"的规定，中者即授官。这样就促使部分文人学士开始重视对判词的写作。从此"判"的身价青云直上，由此"判"作为一种文体已确立，并在官场、文坛中大为流行。从此，在唐代就出现了不少"拟判"，即虚拟的判决书，以与"实判"相区别。

宋代也以判选人。元代判词则无所取。清代的判牍，散体判占优势，对文字也更加讲究，既吸取了骈体判注重文采的长处，又保留了判词在以明辨是非、剖析事理方面的特色，使判词成为一种文情并茂的文学佳品。

到清代末期，法学家沈家本开始逐步吸收国外的一些立法经验以及制作法律文书方面的经验，对刑事、民事判决书开始规定了相应的格式，在写作内容上也做出了统一的规范化要求，各种笔录也较完备。

民国以来，基本上仍沿用清末的法律文书格式，文书语体仍采用文言体，但吸取了资本主义国家的一些文书格式。这种情况，一直到全国解放后才得以根本改变。

另外，在目前出土的文物中，还有不少竹简，其中有不少是法律文书的内容。通过对出土文物的真实考察，可以看出我国早在两千多年前已具有法律文书的雏形。

现代法律文书大体上可划分为 3 个时期:第一个时期是解放前夕革命根据地的法律文书;第二个时期是中华人民共和国成立至 20 世纪 70 年代末的法律文书;第三个时期是 20 世纪从 70 年代末以来改革开放阶段的法律文书。

第一节　概述

一、法律文书的概念

法律文书是指在诉讼或非诉讼性的法律事务中,由国家司法机关制订、发布和诉讼当事人依法定程序制作的具有法律效力或法律意义的规范性和非规范性文书的总称。这个概念包含以下几层意思:①法律文书的制作主体既是国家司法机关又是非国家机关,即诉讼当事人;②法律文书必须依法制作。法律文书必须严格遵循国家的有关法律规定及主管机关制订的文书格式与要求制作,不得有所违反;③适用范围。法律文书包括规范性的法律文书和非规范性的法律文书。规范性的法律文书是指国家权力机关和地方权力机关以及国家有关机关制订并正式公布施行的法律、行政法规和地方性法规。它具有普遍约束力,对人人有效,人人都必须遵守。在古代相当于律、令一类文书。非规范性法律文书是指司法机关、其他国家机关和公民依据法律而制作的具有法律效力和法律意义的文书。也就是指公安、检察、法院等机关制作并发布的有关办理民、刑案件的各类文书。它不具有人人必须遵守的一般规范,而只对特定的对象才具有法律效力。在古代相当于判、牒之类文书;④法律作用。法律文书必须具有法律效力或者法律意义,而这是两个不同的概念。具有法律效力,一定具有法律意义;反之,只具有法律意义,却并非具有法律效力。例如判决书、裁定书、决定书、逮捕证、搜查证、执行死刑命令等,具有法律效力;而诉状、代理词、辩护词、送达回证等,则只具有一定法律意义,即具有诉讼所要求的法律意义。

随着社会主义市场经济的建立与发展,社会主义民主与法制建设的加强与完善,法律文书的内容也越来越多,其格式经过不断的修改与补充日趋完善。但目前法学界对法律文书的概念、范围、分类等问题认识与看法尚不统一。除法律文书这个概念外,还有司法文书和诉讼文书这两个概念。为更加确切理解法律文书这个概念，在这里，有必要划清这3个概念的界限，弄清它们之间的联系与区别。

所谓司法文书是指公安（含国家安全部门）、检察、法院、司法行政机关依照法定的诉讼程序，处理各类民事、行政、刑事案件所制作或发布的具有法律效力或法律意义的司法公文。它是国家司法机关为处理司法公务而制作的文书，其适用范围是民事、刑事案件，包括依法由法院处理的行政案件。它不是民间使用的文书，不包括公民、法人或其他组织依法制作的诉状，这是严格意义上的司法文书。广泛意义上的司法文书概念，它的外延是比较大的，那就应该把公证机关的公证文书、民间使用的各类诉状等也包括在内了。

所谓诉讼文书是指公安、检察、法院、司法行政机关及公民、法人、其他组织依据法律为进行诉讼而制作的文书。它包括司法机关代表国家制作的司法文书和公民、法人、其他组织以个人或组织名义制作的文书，以及律师在诉讼过程中代书的有关文书。简言之，诉讼文书就是指刑事诉讼文书、民事诉讼文书和行政诉讼文书，还包括诉讼当事人依法递交的诉状，而不包括非诉讼文书，即公证文书和仲裁文书。由此可见，诉讼文书与司法文书虽有重叠的部分，但涉及到民间诉状这一部分内容，不包括在司法文书的范围内，也就是说诉讼文书概念的外延要大于司法文书。

法律文书分为两大类：一类是规范性的法律文书，包括各种法律、行政法规、地方性法规，具有普遍的约束力，一般称为法律文件或立法文书；另一类是非规范性的法律文书，是国家司法机关依据法律、行政法规、地方性法规所制作的只对特定的人和事具有法律效力。如司法文书和诉讼文书中的判决书、裁定书、决定书、逮捕证，以及非诉讼文书中的仲裁裁决书和公证文书中赋予强制执行效力的债权文书等，这些文书也是法律文书。但有些司法文书和诉讼文书只具有一定的法律意义，并非法律文书，如送达回证只证明司法文书业已送达当事人。

以上，我们谈了对法律文书、司法文书和诉讼文书等3个概念内涵和外延及相互之间关系的理解，从中可以看出法律文书的概念要更大一些。可以说，它是对司法文书和诉讼文书的概念作了综合性的概括。虽然这三者有某些重叠交错，但毕竟并非是相同的概念，不应彼此混淆和相互代替。

二、法律文书的分类

法律文书种类，是各种不同法律文书依照各自的一定标准所进行的归类，也是法律文书规范化的一项重要标志。因此，正确科学地分类，对于进一步认识法律文书的性质，正确适用和研究法律文书，都有十分重要的意义。

根据司法机关的现有规定和法律文书学界的意见，法律文书的分类，主要有以下 4 种：

（一）按照制作机关职能分类

可分为：侦查文书、检察文书、裁判文书、监狱文书、仲裁文书、公证文书，以及公民诉讼文书的诉状、申请书。每一类文书中又各包括若干种法律文书。以侦查文书为例，它又分为：立案文书；破案文书；侦查阶段律师参与诉讼文书；强制措施文书；调取证据文书；勘验、搜查文书；查询、扣押、冻结文书；委托检验鉴定书；通缉文书；要求复议意见书；提请复核意见书；起诉意见书；补充侦查报告书；延长羁押期限意见书；撤消案件决定书等。

（二）按照诉讼的性质分类

可分为：刑事诉讼文书、民事诉讼文书、行政诉讼文书。每类再以不同的审级和诉讼程序来划分。例如，刑事诉讼文书又分为：第一审程序的刑事裁判文书、第二审程序的刑事裁判文书、死刑复核程序的刑事裁判文书、审判监督程序的刑事裁判文书和执行程序的刑事裁定书。

（三）按文书性质和用途分类

可分为：侦查类文书；起诉类文书、裁判类文书、执行类文书、国家赔偿类文书、笔录类文书、报告类文书、命令、决定类文书、公告、布告类文书、公函、通知类文书、证票类文书等。每一类文书又可分为若干种文书。例如，在笔录类文书中，主要分为：报告、控告、检举笔录；现场勘验笔录；侦查实验笔录；搜查笔录；人身检查笔录；调查笔录；询问证人笔录；讯问犯罪嫌疑人、被告人笔录；法庭审理笔录；调解笔录；合议庭评议笔录；宣判笔录；验明正身笔录；执行死刑笔录；死刑临场监督笔录；强制执行财产笔录等。

（四）按照文书格式的体制分类

可分为：拟制类（或称制作类，即用文字直接叙述）、表格类、填空类、笔录类。拟制类文书主要包括起诉意见书、起诉书、不起诉决定书、抗诉书、判决书、裁定书、调解书以及诉状、代理词、辩护词、仲裁裁决书、公证书等。这种文书是本书阐述的重点。

各司法机关根据自身业务特点和方便业务工作的需要，对本部门的文书种类做出了规定。如最高人民法院制订的《法院诉讼文书样式（试行）》有 314 种，共分为刑事、民事、行政案件裁判文书；决定、命令；报告、批复；笔录；证票；书函；通知；公告；布告；书状；涉外专用文书等十四大类。

最高人民检察院制订的《人民检察院法律文书格式》(样本),分为三大类,即刑事法律文书;民事、行政法律文书;通用法律文书,共有159种格式。

公安部制订的《公安机关刑事法律文书格式(2002版)》,共分立案、破案;强制措施;讯问、侦查终结等七大类文书,92种格式。

第二节 医学事故认定与法律处理制度

一、医疗纠纷与医疗事故

(一)医疗纠纷

1. 医疗纠纷的概念

医疗纠纷是指医患双方对医疗后果及其原因和法律责任在认识上不一致而向司法机关或者卫生行政部门提出控告所引起的纠纷。

在医疗实践中常常出现这样那样的纠纷,由于它们产生的原因不同,纠纷的性质也有区别,表现形式也不尽相同。从引起医疗纠纷的原因来看,它可以分为医源性纠纷和非医源性纠纷两种。前者是指纠纷的主要原因出自医疗过程中的医务人员方面,也就是由于医务人员责任心不强、态度简单粗暴、医术不够精湛、抢救不得力、不及时等引起患者、家属或其所在单位的不满、提出追究责任而形成的纠纷。后者则主要出自社会原因,是医疗服务以外的原因,如患者或其家属出于对生命和健康的珍视以及他们对医疗工作的不了解,当患者病情恶化或死亡时,主观上难以接受,误认为是医方造成的事故,从而提出追究责任甚至毁坏医院公物、打骂医务人员等造成的纠纷。

按照医疗纠纷的表现形式,它可以分为医疗失误直接造成不良后果的纠纷、无医疗失误而发生不良后果的纠纷、因第三者参与而发生的人为纠纷。从法律的角度来区分医疗纠纷,则分为民事纠纷和刑事纠纷两种。如果是当事人要求赔偿的为民事纠纷,如果是当事人要求追究刑事责任的则是刑事纠纷。在这里,即使法院已经受理为刑事案件的,如经立案审理确认该案件未触犯刑律而予以驳回时,仍然属于民事纠纷。

2. 医疗纠纷的分类

在医学法中,对医疗纠纷的分类一般是根据医务人员在诊疗护理过程中有没有诊疗护理过失而将其分为两大类：有过失的医疗纠纷和无过失的医疗纠纷。

所谓有过失的医疗纠纷，是指患者的死亡或伤残等不良后果的发生是由于医务人员的诊疗护理过失所致，但患者及其家属与医疗单位对这种不良后果的性质、程度以及处理结果等存在着不同的看法而引起的纠纷。这里就包含有医疗事故和医疗差错，医疗差错就是医务人员在诊疗护理过程中因为过失而加重了患者一般性痛苦或者是影响了正常的治疗，但没有造成不良后果，或者因及时纠正而没有酿成事故的。例如，在诊疗护理过程中，确因医务人员诊疗护理过失造成患者残废，医疗单位认为这属于医疗事故，但双方当事人对这属于什么性质的医疗事故，即责任事故还是技术事故；属于几级医疗事故，即为一级、二级还是三级；处理结果，如应给予多少经济补偿等意见分歧，从而产生纠纷。这就是有过失的医疗纠纷。

所谓无过失的医疗纠纷，就是指在对患者的诊疗护理过程中，并非由于医务人员的过失，而是由于其他的因素导致患者的死亡、残废、病情加剧等不良后果的。主要就是医疗意外，包括并发症和患者方面不配合而造成的不良后果的发生。例如，某甲在住院期间，因其患不治之症，而丧失了生活的信心，于某夜凌晨2时乘人不备跳楼身亡。对这一事故，某甲家属认为，医务人员有照料和看护好某甲的义务，某甲跳楼自杀是医务人员没有尽到职责的失职行为所致，因此，某甲的死亡应属于医疗事故，医院应承担责任。医院方面认为，某甲虽然死于住院期间，但非属于医务人员的过失行为所致。某甲属于理智正常的人，因其对生活失去信心，在深更半夜跳楼自杀，这是医务人员没有预见也不可能预见和防范的意外情况。因此，某甲的死亡不属于医疗事故，医院对此不应承担任何责任。这种纠纷，就是无过失的医疗纠纷。

以上两种纠纷，一般有过失的医疗纠纷其直接责任者要承担一定的法律责任，而在无过失的医疗纠纷中，医务人员则不承担法律责任，《中华人民共和国刑法》第十三条就明确规定了“行为在客观上虽然造成了损害结果，但是不是出于故意或者过失，而是由于不能抗拒或者不能预见的原因所引起的，不认为是犯罪。”

3. 医疗纠纷案例

小儿手术输液过量死于手术台上

在×年×月×日患儿齐××，女，3岁，因“O”形腿（俗称罗圈腿）住×市×医院作矫正术，手术由外科医师陈××主刀。但被告人陈××对小儿输液量根本没有计算应输多少，手术前也未请示上级医师，又未与其他同事们研究就进行了手术。

手术进行中被告陈××曾嫌护士输液速度慢，指示护士加快输液速度。在陈××的指令下，在不到一个小时的时间里竟输入盐水、葡萄糖液1700毫升，使患儿在短时间内骤然增大血容量，加大心脏负荷，造成急性肺水肿和急性心力衰竭，当发现情况不好时，被告仍指令护士继续输液，终因在短时间内患儿接受液体超量死于手术台上，使一个健康的儿童为矫正"O"形腿而丧失生命。

此外，患儿住院后直到手术前尚未完成病历书写，事故发生后又伪造了病历。

患儿家长向某市人民法院控告了外科医师陈××。经×市医疗事故鉴定委员会鉴定属医疗责任事故，×市人民法院刑事审判庭依法公开审理，被告人陈××受到应有的法律制裁。

二、医疗事故

（一）医疗事故

1. 医疗事故的概念

《医疗事故处理办法》第二条对医疗事故下了一个明确的概念："本法所指的医疗事故，是指在诊疗护理工作中，因医务人员诊疗护理过失，直接造成病员死亡、残废、组织器官损伤导致功能障碍的。"

从这个概念我们可以看出，构成医疗事故在理论上可归纳为4个必要条件，医疗事故的构成就以这些条件的总和进行判定，它们既是医疗事故构成的要件和标准，也是医疗事故区别于非医疗事故情况的特征。这些条件是：

(1)医疗事故的行为人必须是医务人员。所谓的医务人员，就是指经过考核和卫生行政机关批准或者承认，取得相应资格的各级各类卫生技术人员，如医疗防疫人员、药剂人员、护理人员及其他技术人员和个体开业人员。

(2)发生事故的时间、地点必须是行为人履行诊疗护理职责活动中。

(3)受害对象必须是病员。

(4)行为人必须在主观上有过失，因这种过失对病员造成了法定程度的损害事实，而且损害事实与损害结果之间构成了直接的因果关系。

医疗事故的构成，以上四个条件必须要同时具备，缺一不可。

2. 医疗事故的特征

从医疗事故的概念及其构成要件，我们可以看出医疗事故有以下几个特征：

(1)医疗事故的责任主体必须是医务人员。医务人员是指经过考核和卫生行政机关批准或者承认，取得相应资格的各级各类卫生技术人员。

由于现代医学中的诊疗护理活动涉及到多方面、多层次的协同配合，作为可以构成医疗事故的行为人或责任者有扩大解释的趋势。就是把在医疗单位从事工作的一切人员统括在内，它包括卫生技术人员、工程技术人员、工勤人员和党政管理人员。这是因为，医疗单位是一个有机的统一体，在这个统一体中，虽然有分工的不同，但都是为了一个共同的目标——防病治病，救死扶伤，保障人民的生命和健康；他们也都在为这一特定的义务而必须实施某种行为。因此，对于传统医务人员概念以外的人员，如后勤人员和管理人员等，造成不良后果的，可按照医疗事故予以处理。

(2)主观方面必须有过失。医疗事故的发生是出于医务人员的过失，也就是指医务人员应当预见自己的行为可能会产生不良后果，却因疏忽大意没有预见或者已经预见而轻信可以避免而致危害结果发生，如注射青霉素应做皮试，但因为医务人员抱有侥幸心理，不予皮试，结果出现危害后果的发生。对于前者，基本上是属于认识、判断、决策上的失误，而后者则是不负责任，对此在对事故情节考虑或处理时就要特别注意。若是为了达到某种目的而利用医疗手段故意杀人或伤害，则已不属于医疗事故的范畴。

总的来讲，过失行为可分为“作为”和“不作为”两种形式。“作为”是指法律(在医疗事故的认定中，指诊疗护理的规章制度)禁止人们去做，但行为人却不顾规定而去做.从而造成危害；“不作为”则是指法律(诊疗护理规章制度)规定人们必须去做，而行为人却不去做，从而导致危害结果产生。此外，在相应职称中应当掌握的技术未掌握而造成损害，也属于不作为的表现。

在医疗事故的认定中，不论是作为，还是不作为，都必须要具备违法性和危害性两重特征。违法性主要是指违反医药卫生法规及诊疗护理规章的行为，而由此造成的损害就是非法、违法、渎职、失职，就要追究责任。如果完全按章处理，并且有事实证明行为人尽职尽力，仍然发生不良后果的，则主要是医疗技术本身尚存有缺陷或者不可抗拒的原因所造成，不能归咎于行为人的责任。所谓危害性，就是指行为人的过失行为是否造成了危害。如果虽然有过失行为，但没有造成危害，即不具危害性，就不能视为危害行为，不能作为医疗事故的条件来认定。可见，过失行为的危害性是适用于医疗事故的条件根据。

另外，在实践中认定医务人员有无过失，还必须严格区分抢救行为和危害行为的界限。前者是对患者极为负责的行为，虽然已知或者应当知道自己的行为可能给患者造成某种损害，但为了抢救生命或治疗疾病，不得不冒风险去争取，如实施某种手术或者侵入性检查及急救措施，或者使用某些毒副作用较强的药物等，在这种情况下，或者因事态紧迫来不及准备，或者因患者病情笃重复杂（如特异体质、手术区组织粘连严重、解剖异常等），或者因为遇到事先没有预料到的新情况，以致发生了某种失误造成患者的损害，对此应当看作是行为人在履行职务中由于不可抗拒的原因所引起的，不应追究行为人的责任。而后者则是对患者生命和健康极不负责的行为，是指在行为人的主观上明知或者是应当知道自己的行为可能给患者造成危害结果，但还是马虎草率、胆大妄为，以致危害结果发生。因而这是一种既违反法律规范又违反职业道德的行为。在过失行为适用于医疗事故条件的认定中，具有决定性的意义，也就是说，只有危害行为才能适用医疗事故条件的认定。

(3)必须要有损害事实。这是构成医疗事故的决定性条件，没有损害事实，就谈不上医疗事故。

所谓损害事实，就是指因医务人员的作为或者不作为，直接造成患者死亡、残废、组织器官损伤，功能障碍等事实。因行为人的过失而直接造成严重的输血、输液和药物过敏反应或者毒性反应；在胸腔、腹腔、盆腔、颅内及深部组织遗留沙布、器械等异物，手术开错部位，造成较大创伤；严重毁容等，均可视不同情况作为医疗事故予以认定。但反应轻微，或者是体内遗留物品微小，不需要再次手术，或者是异物被及时取出或及时采取了补救措施，而且没有不良后果的，不能认为是医疗事故。

(4)危害行为与不良后果之间必须有因果关系。医疗事故的认定条件规定，患者的损害事实必须是危害行为直接造成的，也就是说危害行为必须和损害事实之间构成直接的因果关系。一般来说，判断医务人员的行为与患者出现的不良后果之间有没有直接因果关系并不是特别困难，但有时也比较复杂。因此在实践中一定要分清原因和条件、主要原因和次要原因等问题，准确把握因果关系的认定。如一老人在医院就诊，由于护士态度恶劣，该老人一气而亡，后查明该老人患有严重心脏病，死因是心脏病突发，故而护士的态度是老人致死的条件而不是致死的原因，老人的死亡与护士的态度之间没有必然的联系，因而不能成为因果关系。

认定医疗事故，必须同时具备上述四个待征。

3. 不属于医疗事故的几种情况

为了在医疗事故的认定中减少纠纷，我国《医疗事故处理办法》规定了 4 种不属于医疗事故的情况。

(1)虽然有诊疗护理错误，但没有造成患者死亡、残废和功能障碍的。这也就是人们通常所说的医疗差错，它与医疗事故的区别就在于损害程度的不同。

(2)由于患者病情或体质特殊而发生难以预料和防范的不良后果的。这就是人们通常所说的医疗意外，它与医疗事故的区别就在于主观上是否有过失。

(3)发生难以避免的并发症。也就是在诊疗护理过程中，由于一种疾病合并发生另一种疾病，而第二种疾病的发生是医务人员难以预料和防范的。它与医疗事故的不同就在于不良后果是由于并发症导致的，而不是诊疗护理过失所致。

(4)以患者及其家属不配合诊断治疗为主要原因而造成不良后果的，它与医疗事故的区别就在于造成不良后果的主要原因是因为患者或其家属的不配合。如一女性患者，19岁，因右下腹反复疼痛而入院，诊断为慢性阑尾炎急性发作，当天就进行了阑尾切除术，手术顺利，术后第三天患者出现恶心、呕吐等症状；第四天腹痛发作，呕吐次数增加，×线腹部平片发现有肠梗阻征象，需要进行第二次手术，但患者家属不同意。医院主管医师、科主任、院长等多次作解释与动员工作，讲明手术的必要性、重要性和不作手术的严重后果，但是家属却执意不从，结果造成了患者不可逆转的休克死亡。在这里，造成患者死亡的主要原因不是医务人员的过失而是其家属的不配合，因而不能视为医疗事故。

三、医疗事故的预防与处理程序

(一)医疗事故的预防

医疗事故重在预防，《医疗事故处理条例》规定了预防医疗纠纷的措施。主要有：

1.有关法律、法规、部门规章和诊疗护理规范、常规以及职业道德的培训、教育与遵守

为了适应社会的需要、维护医疗秩序、保证卫生事业的健康发展，有关部门制订了系列法律规范和道德规范，医疗机构应该加强系列法律规范的培训，注重道德规范的教育，广大医务工作人员要自觉遵守法律规范和诊疗护理常规，恪守职业道德，做到依德行医与依法行医。

2.医疗服务质量监控部门的设置

医疗机构要加强对医疗服务质量的监控，医疗机构应当设置医疗服务质量监控部门或者配备专(兼)职人员，具体负责监督本医疗机构的医务人员的医疗服务工作，检查医务人员执业情况，接受患者对医疗服务的投诉，向其提供咨询服务。

3.病例资料的管理

《医疗事故处理条例》(以下简称《条例》)加强了对病历资料的管理，卫生部

并制订了《医疗机构病历管理规定》。要求医疗机构应当按照卫生部规定的要求，书写并妥善保管病历资料；因抢救危患者未能及时书写病历的，有关医务人员应当在抢救结束后 6 小时内据实补记，并加以注明；严禁涂改、伪造、隐匿、销毁或者抢夺病历资料。

患者有权复印或者复制客观性病历，包括门诊病历、住院志、体温单、医嘱单、化验单(检验报告)、医学影像检查资料、特殊检查同意书、手术同意书、手术及麻醉记录单、病理资料、护理记录以及国务院卫生行政部门规定的其他病历资料。

4. 尊重患者的知情同意权

有些医患纠纷的发生是由于医患之间缺乏沟通，知情同意是加强医患沟通的重要措施，也是国际医学界的常规做法。因此，在医疗活动中要求医疗机构及其医务人员在一般情况下，应当将患者的病情、医疗措施、医疗风险等情况如实告知患者，及时解答其咨询。但是，在特殊情况下，应当避免对患者产生不利后果。

5. 防范、处理医疗事故的预案

医疗机构应当制订防范、处理医疗事故的预案，预防医疗事故的发生，减轻医疗事故的损害。

(二)医疗事故的处理程序

1. 医疗事故的报告与查处

《医疗事故处理办法》第 7 条规定："凡发生医疗事故或事件，当事的医务人员应立即向本医疗单位的科室负责人报告，科室负责人应随即向本医疗单位负责人报告。个体开业的医务人员应立即向当地卫生行政部门报告。"第 9 条还规定："病员及家属也可以向医疗单位提出查处要求。"法律之所以这样规定，是因为：

(1)事故发生后，要尽最大可能减轻事故给病员带来的不良影响。立即报告，便于及时组织力量，采取积极有效的补救措施，以减轻事故的最终后果。

(2)便于及时派人保管资料，防止有关责任人员涂改、伪造、隐匿、销毁原始资料或破坏现场与实物的情况发生，掌握第一手资料和证据，避免发生不利于医疗事故的鉴定和处理的情况。

(3)便于及时进行调查、处理，特别是对死亡事故，可及时进行尸检，确保结果的准确性。

(4)使患者或其家属依法行使权利，保护自己的利益，避免医务人员不报告或者不及时报告情况的发生，对他们实施监督，促使他们依法办事。

《医疗事故处理办法》第 9 条规定："医疗单位对发生的医疗事故或事件，应立即进行调查、处理，并报告上级卫生部门，个体开业的医务人员发生的事故或事件，由当地卫生行政部门组织调查、处理，病员及其家属也可以向医疗单位提出查处要求。”

根据这一规定，医疗单位的主管领导，在接到了发生医疗事故或事件的报告和查处要求后，应立即组织专门人员，对事故或事件进行调查研究、讨论核实、提出处理意见，及时上报上级卫生政部门。

个体开业的医务人员所发生的事故或事件，直接由当地卫生行政部门进行查处。

2. 各种资料与现场实物的保管和保存

《医疗事故处理办法》第 8 条规定：“发生医疗事故或事件的医疗单位，应指派专人妥善保管有关的各种原始资料，严禁涂改、伪造、隐匿、销毁。因输液、输血、注射、服药等引起不良后果的，要对现场实物暂时封存保留，以备检验。”根据这一规定，发生医疗事故或事件的单位应做好以下几项工作：

(1)病案保管。病案是以治病为目的，对病员健康状况及其所患疾病的的发生、发展与转归过程、治疗方法和治疗效果所作的全面而真实的记录。通过它不仅可以了解疾病的情况，还可以了解医务人员的技术水平。在一般情况下，可以直接判断出医疗过程中医务人员有无过失以及过失之所在。因此事故发生后，要立即指派专人做好病案的保管工作，不得涂改、伪造、隐匿和销毁。如有必要对病案进行追记或补充，只有另写；封存后的病案，除主管处理事故的有关领导、事故鉴定人员和办案的司法人员有权审阅外，其他人员一律不准借阅。如果需要进行病案讨论，应指定专人负责记录和整理，不得分散遗失。

(2)现场实物封存保留。实物是指造成病员不良后果前曾用过的一切可疑的物证，如药物、输液和输血残留液与容器以及其他器械等。如果是因药物引起的医疗事故或事件，务必保管好空安瓿或实物；如因输血或输液引起的死亡事故或事件，务必立即查清领取过程的凭证，残留及时送检，并且将原包装药液妥善封存至医疗事故的处理解决。因各种仪器设备而引起的医疗事故或事件(如因手术电刀漏电而致病员死亡或因心电图机电极板漏电而烧伤病员等)，务必经专门人员现场检查、做好记录后，方可撤离现场。

3. 解剖尸体、判明死因

《医疗事故处理办法》第 10 条规定：“凡发生医疗事故或事件，临床诊断不能明确死亡原因的，在有条件的地方必须进行尸检。”根据这一规定，进行医疗事故或事件中的尸检，必须具备两个条件，一是临床诊断不能明确死亡原因的，二是尸检必须在有条件的地方进行〔据卫生部颁发的《尸体解剖规定》,凡设有病理科(室)的教学、医学科研和医疗预防机构均可实施〕。在实践中,对于死因已明确,但是病员家属对此持有疑义,双方难以取得一致意见,在家属同意后,就可以采取尸检来进一步明确死因。这样不但可以做到保护死者方面的基本利益,向责任者追究责任,也可澄清事实,消除误会或纠纷。那些自身不具备施行解剖设备的条件,又争取不到外援,确定无条件实施解剖的,才可以不施行尸检,不承担任何责任。

如果医疗单位或者病员家属方面拒绝尸检,或者拖延尸检超过时间——48小时,而使尸检不能得以实施,从而影响对死因判定的,其责任由拒绝或者拖延的一方负责。

一般来说,如果是医疗单位拒绝或者拖延尸检的,按医疗事故对待和处理,如果是病员家属拒绝或者拖延的,则按非医疗事故对待相处理,医疗单位不承担经济补偿和支付医疗费用的责任。同时负责任的一方还有可能丧失自己所享有的其他权利,如不得向上级卫生行政部门申请复议,或者是向人民法院提起诉讼,法院不予受理。

四、医疗事故的技术鉴定

医疗事故的鉴定是一项科学性、技术性、风险性和政策性很强的工作,鉴定的结果直接关系到医疗事故能不能正确处理。

《医疗事故处理办法》(以下简称《办法》)第 11 条规定:“病员及其家属和医疗单位对医疗事故或事件的确认和处理有争议时,可提请当地医疗事故技术鉴定委员会进行鉴定,由卫生行政部门处理。对医疗事故技术鉴定委员会所作的结论或者对卫生行政部门所作的处理不服的,病员及其家属和医疗单位均可在接到结论或者处理通知书之日起 15 日内,向上一级医疗事故技术鉴定委员会申请重新鉴定或者向上一级卫生行政部门申请复议;也可以直接向当地人民法院起诉。”

根据规定,医疗事故鉴定组织是医疗事故技术鉴定委员会。省、自治区分别成立省、自治区,地区、市、自治州和县、市、市辖区三级鉴定委员会;直辖市则成立市、区二级鉴定委员会,一切医疗单位发生的医疗事故均由本地区的鉴定委员会鉴定,其他任何组织和个人均没有这个权力。其中省、自治区、直辖市级鉴定委员会的鉴定是最终鉴定,它的鉴定结果是处理医疗事故的依据,具有法律效力。因此,这一级的鉴定委员会一般不负责进行医疗事故的第一次鉴定工作,人民法院受理此类案件也仍将这一级的鉴定结果作为审理裁判的依据。

鉴定委员会由有经验、有权威、作风正派的主治医师、主管护师以及医务人员和卫生行政管理干部若干人组成，其人选由卫生行政部门提名，报经同级人民政府批准，鉴定必须要"以事实为依据，符合医学科学原理"（见《办法》第12条、14条），非委员会成员或者非委员会邀请人员，不得参加鉴定。鉴定不受任何单位和个人的干涉。如果委员会成员中有医疗事故或事件的当事人或者与医疗事故或事件有利害关系的，应当回避。（见《办法》第15条）

鉴定结果一式四份，两份交申请人或申请单位，一份交上级卫生行政部门、一份留存。鉴定委员会的鉴定在收到申请书之日起3个月内做出，签定结果书面告知当事人。在此以前，鉴定结果不得对外泄露。

至于有关鉴定费用，《办法》第15条明确规定："经鉴定属于医疗事故的，鉴定费用由医疗单位支付，不属于医疗事故的，鉴定费用由提出鉴定的一方负担。如果不服鉴定，可以申请上一级鉴定委员会重新鉴定，并另行支付鉴定费用，原来支付的鉴定费，不论重新鉴定的结果如何，均不退还。

解放军所属的向地方开放的医院发生医疗争故，也可以提请当地鉴定委员会进行鉴定。

以上四点就是医疗故处理中不可缺少的程序，也是对医疗事故的确认过程。

医疗事故的技术鉴定需要调查取证，即医学会可以向双方当事人和其他相关组织、个人进行调查取证，进行调查取证时不得少于2人。调查取证结束后，调查人员和调查对象应当在有关文书上签字。如调查对象拒绝签字的，应当记录在案。

具体的技术鉴定应当由专家组组长主持，并按照以下程序进行：

(1)陈述：双方当事人分别陈述意见和理由，陈述顺序患方在先、医疗机构在后。

(2)提问：专家鉴定组成员根据需要可以提问，当事人应当如实回答。

(3)双方当事人退场。

(4)讨论：专家鉴定组对双方当事人提供的书面材料、陈述及答辩等进行讨论。

(5)合议：根据半数以上专家鉴定成员对鉴定结论的不同意见，应当予以注明。

(6)签发与盖章：医疗事故技术鉴定书应当根据鉴定结论做出，其文稿由专家鉴定组组长签发。医疗事故技术鉴定书盖医学会医疗事故技术鉴定专用印章。

(7)移送与送达:医学会应当及时将医疗事故技术鉴定书送达移交鉴定的卫生行政部门,经卫生行政部门审核,对符合规定做出的医疗事故技术鉴定结论,应当及时送达双方当事人;由双方当事人共同委托的,直接送达双方当事人。

医疗事故技术鉴定书应当包括下列主要内容:

(1)双方当事人的基本情况及要求。包括当事人姓名、性别、年龄、住址、身份证号码、简要的治疗经过、陈述的主要意见、理由、申请鉴定时间等,医疗机构要载明医疗机构名称、地址、《医疗机构许可证》代码,医务人员要载明专业、专业技术任职资格、合法执业资格证书代码。

(2)当事人提交的材料和负责组织医疗事故技术鉴定工作的医学会的调查材料。由于医患方均有举证的义务,因此,这一部分包括医患双方提供的病案(可以是复印件或复制件)和其他有关材料,医学会在组织本次医疗事故技术鉴定前进行调查的有关材料。

(3)对鉴定过程的说明。主要是对鉴定程序的合法性进行说明。包括鉴定专家的资格是否合法,鉴定专家是否由医患双方当事人在医学会主持下随机从专家库中抽取,鉴定专家的人数和专业是否符合规定,是否实行回避原则,双方当事人是否到场陈述等。

(4)医疗行为是否违反医疗卫生管理法律、行政法规、部门规章和诊疗护理规范、常规。应当载明医疗过程中的哪一个具体医疗行为违反了哪一部法律、法规、规章、常规、规范,要指明违反了哪一条哪一款。

(5)医疗过失行为与人身损害后果之间是否存在因果关系。应说明医疗过失行为与人身损害后果之间是否存在直接的必然联系,即损害后果是否由医疗过失行为直接引起。在医疗纠纷案件中,因果关系往往是错综复杂的,某一原因可能产生多种损害后果,某一损害结果的发生又可能缘于各种原因。损害结果的发生可能是一个人的过失行为直接造成的,也可能是多个人的过失行为造成的,还可能是医疗过失行为和疾病发展的共同结果。因此,这一部分应当载明医务人员在诊疗过程中的医疗行为是否存在医疗过失,如果存在医疗过失,要以医学科学原理分析这一过失行为与损害后果之间是否存在直接的因果关系。

(6)医疗过失行为在医疗事故损害后果中的责任程度。根据《医疗事故中关于医疗过失行为责任程度评定的暂行规定》,这一部分应当载明患者在接受发生医疗事故争议的治疗之前原有疾病的状况、医疗过失行为和患者原有疾病在造成本次损害后果之中所起的作用、所占比重如何,科学、客观地判定医疗过失行为在造成损害后果中的责任程度。

(7)医疗事故等级。如已确定为医疗事故的,这一部分应根据《医疗事故分级标准》明确医疗事故的等级。医疗事故技术鉴定只做出属于医疗事故的结论而不明确事故等级,则属于无效鉴定。

(8)对医疗事故患者的诊疗护理医学建议。由于医疗事故中医疗过失行为已经给患者造成损害后果的,这一部分应当提出适宜的、合理的诊疗护理建议,以减轻对患者造成的损害后果

五、医疗事故的行政处理与监督

(一)医疗事故的行政处理

卫生行政部门应当依照《医疗事故处理条例》和有关法律、行政法规、部门规章的规定,对发生医疗事故的医疗机构和医务人员做出行政处理。

1. 对医疗机构报告的重大医疗过失行为的处理

卫生行政部门接到医疗机构关于重大医疗过失行为的报告后,除责令医疗机构及时采取必要的医疗救治措施、防止损害后果扩大外,应当组织调查,判定是否属于医疗事故;对不能判定是否属于医疗事故的,应当依照条例的有关规定交由负责医疗事故技术鉴定工作的医学会组织鉴定。

2. 对当事人申请处理的医疗事故争议的处理

医疗事故的解决办法,过去只能是向卫生部门申请。现在可以有三种选择办法,一是和医院协商;二是通过卫生部门进行调解、处理;三是诉诸于法律。如果当事人选择向卫生行政部门申请处理,则遵照下列程序:

(1)申请。发生医疗事故争议,当事人申请卫生行政部门处理的,应当提出书面申请。申请书应当载明申请人的基本情况、有关事实、具体请求及理由等。当事人自知道或者应当知道其身体健康受到损害之日起1年内,可以向卫生行政部门提出医疗事故争议处理申请。

(2)管辖。发生医疗事故争议,当事人申请卫生行政部门处理的,由医疗机构所在地的县级人民政府卫生行政部门受理。医疗机构所在地是直辖市的,由医疗机构所在地的区、县人民政府卫生行政部门受理。

(3)处理。卫生行政部门应当自收到医疗事故争议处理申请之日起10日内进行审查,做出是否受理的决定。对符合条例的规定,予以受理,需要进行医疗事故技术鉴定的,应当自做出受理决定之日起5日内将有关材料交由负责医疗事故技术鉴定工作的医学会组织鉴定并书面通知申请人;对不符合条例规定、不予受理的,应当书面通知申请人并说明理由。

当事人对首次医疗事故技术鉴定结论有异议、申请再次鉴定的，卫生行政部门应当自收到申请之日起7日内交由省、自治区、直辖市地方医学会组织再次鉴定。

3. 移送处理

有下列情形之一的，县级人民政府部门应当自接到医疗机构的报告或者当事人提出医疗事故争议处理申请之日起7日内移送上一级人民政府卫生行政部门处理：

(1)患者死亡；

(2)可能为二级以上的医疗事故；

(3)国务院卫生行政部门和省、自治区、直辖市人民政府卫生行政部门规定的其他情形。

4. 行政处理情况的上报

县级以上地方人民政府卫生行政部门应当按照规定逐级将当地发生的医疗事故以及依法对发生医疗事故的医疗机构和医务人员做出行政处理的情况，上报国务院卫生行政部门。

5. 诉讼优先原则

当事人既向卫生行政部门提出医疗事故争议处理申请，又向人民法院提起诉讼的，卫生行政部门不予受理；卫生行政部门已经受理的，应当终止处理。

(二)医疗事故的行政监督

1. 对医疗事故鉴定的审核监督

卫生行政部门收到负责组织医疗事故技术鉴定工作的医学会出具的医疗事故技术鉴定书后，应当对参加鉴定的人员资格和专业类别、鉴定程序进行审核；必要时，可以组织调查，听取医疗事故争议双方当事人的意见。卫生行政部门经审核，对符合规定做出的医疗事故技术鉴定结论，应当作为对发生医疗事故的医疗机构和医务人员做出行政处理以及进行医疗事故赔偿调解的依据；经审核，发现医疗事故技术鉴定不符合《条例》规定的，应当要求重新鉴定。

2. 对由双方当事人自行协商解决的医疗事故争议的监督

医疗事故争议由双方当事人自行协商解决的，医疗机构应当自协商解决之日起7日内向所在地卫生行政部门做出书面报告，并附具协议书。

3. 对经人民法院调解或者判决解决的医疗事故争议的监督

医疗事故争议经人民法院调解或者判决解决的，医疗机构应当自收到生效的人民法院的调解书或者判决书之日起7日内向所在地卫生行政部门做出书面报告，并附具调解书或者判决书。

六、医疗事故的赔偿

确定为医疗事故的医疗机构根据情节及等级承担相应的赔偿责任。不属于医疗事故的，医疗机构不承担赔偿责任。

（一）医疗事故赔偿的解决途径

发生医疗事故的赔偿等民事责任争议，医患双方可以协商解决；不愿意协商或者协商不成的，当事人可以向卫生行政部门提出调解申请，也可以直接向人民法院提起民事诉讼。

1.医患双方可以协商解决

双方当事人协商解决医疗事故的赔偿等民事责任争议的，应当制作协议书。协议书应当载明双方当事人的基本情况和医疗事故的原因、双方当事人共同认定的医疗事故等级以及协商确定的赔偿数额等，并由双方当事人在协议书上签名。

2.申请行政调解

已确定为医疗事故的，卫生行政部门应医疗事故争议双方当事人请求，可以进行医疗事故赔偿调解。调解时，应当遵循当事人双方自愿原则，并应当依据《条例》的规定计算赔偿数额。经调解，双方当事人就赔偿数额达成协议的，制作调解书，双方当事人应当履行；调解不成或者经调解达成协议后一方反悔的，卫生行政部门不再调解。

3.提起民事诉讼

发生医疗事故的赔偿等民事责任争议，医患双方也可以直接向人民法院提起民事诉讼。

（二）确定赔偿数额的考虑因素

医疗事故赔偿应当考虑下列因素，确定具体赔偿数额：

（1）医疗事故等级；

（2）医疗过失行为在医疗事故损害后果中的责任程度；

（3）医疗事故损害后果与患者原有疾病状况之间的关系。

（三）赔偿项目和计算标准

医疗事故赔偿，按照下列项目和标准计算：

（1）医疗费：按照医疗事故对患者造成的人身损害进行治疗所发生的医疗费用计算，凭据支付，但不包括原发病医疗费用。结案后确实需要继续治疗的，按照基本医疗费用支付。

(2)误工费:患者有固定收入的,按照本人因误工减少的固定收入计算,对收入高于医疗事故发生地上一年度职工年平均工资3倍以上,按照3倍计算;无固定收入的,按照医疗事故发生地上一年度职工年平均工资计算。

(3)住院伙食补助费:按照医疗事故发生地国家机关一般工作人员的出差伙食补助标准计算。

(4)陪护费:患者住院期间需要专人陪护的,按照医疗事故发生地上一年度职工年平均工资标准计算。

(5)残疾生活补助费:根据伤残等级,按照医疗事故发生地居民年平均生活费计算,自定残之月起最长赔偿30年;但是,60周岁以上的,不超过15年;70周岁以上的,不超过5年。

(6)残疾用具费:因残疾需要配置补偿功能器具的,凭医疗机构证明,按照普及型器具的费用计算。

(7)丧葬费;按照医疗事故发生地规定的丧葬费补助标准计算。

(8)被抚养人生活费:以死者生前或者残疾者丧失劳动能力前实际抚养且没有劳动能力的人为限,按照其户籍所在地(或者居所地)居民最低生活保障标准计算。对不满16周岁的,抚养到16周岁。对年满16周岁但无劳动能力的,抚养20年;但是,60周岁以上的,不超过15年;70周岁以上的,不超过5年。

(9)交通费:按照患者实际必需的交通费用计算,凭据支付。

(10)住宿费:按照医疗事故发生地国家机关一般工作人员的出差住宿补助标准计算,凭据支付。

(11)精神损害抚慰金;按照医疗事故发生地居民年平均生活费计算。造成患者死亡的,赔偿年限最长不超过6年;造成患者残疾的,赔偿年限最长不超过3年。

(四)相关费用的项目和计算标准

参加医疗事故处理的患者近亲属所需交通费、误工费、住宿费,参照医疗事故赔偿的有关规定计算,计算费用的人数不超过2人。

医疗事故造成患者死亡的,参加丧葬活动的患者的配偶和直系亲属所需交通费、误工费、住宿费,参照医疗事故赔偿的有关规定计算,计算费用的人数不超过2人。

(五)结算方式

医疗事故赔偿费用,实行一次性结算医疗机构支付。由承担医疗事故责任的医疗机构支付。

第三节 起诉状

起诉状是指民事、行政案件的原告人或刑事自诉案件的自诉人向人民法院提出或指控被告的诉状，通称起诉状。起诉状分为刑事自诉状、民事起诉状和行政起诉状。

一、刑事自诉状

(一)刑事自诉状的概念和适用范围

刑事自诉状是法律规定自诉案件的受害人或者他的法定代理人，直接向人民法院控告刑事被告人的犯罪行为，要求人民法院追究其刑事责任或附带民事责任所递交的书面请求。

根据《刑事诉讼法》第170条规定，刑事自诉状只适用于由人民法院直接受理的告诉才处理的条件和其他不需要进行侦查的轻微刑事案件，主要包括：轻伤案件、侮辱案件、诽谤案件、暴力干涉婚姻案件、破坏现役军人婚姻案件、虐待案件、遗弃案件等。刑事自诉状和人民检察院提起公诉的起诉书，在法律上具有相同的性质和作用。所不同的是，前者以自诉人个人的名义向人民法院提起诉讼的文书，后者则是以国家的名义向人民法院提起诉讼的文书，两者起诉的案件适用范围是不同的。

(二)刑事自诉状的基本内容与写法

刑事自诉状由首部、正文、尾部组成。

1.首部

首部应依次写明：

(1)标题。写明“刑事自诉状”。

(2)当事人的基本情况。

首先，列出自诉人姓名、性别、出生年月日、民族、籍贯、职业或工作单位和职务、住址等项。如系受害人的法定代理人提起自诉的，还须注明与受害人的关系；其次，列出被告人的姓名、性别、年龄、民族、籍贯、职业(或职务)、单位和住址。自诉人和被告人不止一人的，应根据情节主次，顺序排列。先把自诉人一一列出,然后再逐一列写被告人。

2.正文

正文应包括以下内容:

(1)案由和诉讼请求。要按照刑法分则规定的罪名,写明控告被告人犯了什么罪,请求人民法院依法追究被告人的刑事责任,但不必写具体的刑罚。如果同时提起附带民事诉讼,还应写明要求被告人赔偿损失的项目和具体数额。

(2)事实与理由。这是刑事自诉状的主要内容,是提起诉讼、请求人民法院受理案件和依法审判案件的重要依据,要叙述清楚。

事实部分,是自诉人指控被告人实施具体犯罪行为的事实,要写明受害的时间、地点和侵害行为的手段、情节、危害结果等事实。如果由于被告人的犯罪行为而遭受物质、经济损失的,还要写明其损失的实际情况。对当事人双方关系和犯罪的原因及案情的关键性问题也要写清楚,以便人民法院调查研究、认定案情、正确审理。

理由部分,应分别列举证据,写明被告人行为的性质和社会危害性。按照刑事诉讼法的规定,自诉人负有提出证明被告人犯罪的证据材料的义务,对所指控的犯罪事实应当有证据证明。如果自诉人在起诉时缺乏证据,起诉后又提不出补充证据,经人民法院调查又未能收集到必要的证据,自诉人应当撤回自诉。否则,人民法院将依法驳回自诉。因此,在自诉状中写明证据十分重要。物证、书证、人证都要一一交待清楚。物证,要写清它的来源;书证或其复制件,可作为附件递交;人证,除说明证明的问题外,还应将证人姓名和住址明确写上,以便人民法院调查核实。

在叙述事实和列举证据基础上,援引法律相应条款,指控被告人已触犯刑律,构成何种犯罪,应当依法追究刑事责任,或者同时承担民事责任。

3.尾部

尾部应写明受诉人民法院名称,附件的名称和件数,自诉人签名或者盖章,起诉日期等。

(三)刑事自诉状的格式与实例

1.刑事自诉状格式

刑事自诉状

（刑事自诉案件起诉用）

自诉人		
被告人		
案由和诉讼请求		
事实与理由		
证据和证据来源，证人姓名和住址		
此致		
人民法院		
		自诉人
附：本诉状副本　份		年　月　日

注：①本诉状供刑事自诉案件起诉用，用钢笔或毛笔书写。

②“自诉人”、“被告人”栏，均应写明姓名、性别、出生年月日、民族、籍贯、职业或工作单位和职务、住址等项，对被告人的出生年月日确实不知的，可写其年龄。

③“案由和诉讼请求”栏，应写明控告的罪名和具体的诉讼请求。

④“事实与理由”部分的空格不够用时，可增加中页。

⑤自诉状副本份数，应按被告的人数提交。

2.刑事自诉状实例

刑事自诉状

自诉人俞××，女，87岁，汉族，××市人，系××市××厂退休工人，现住××市××路××号。

被告人李××，男，50岁，汉族，××市人，系××市××厂工人，现住××市××路××号。

被告人王×，女，45岁，汉族，××市人，系××市××厂工人，住××市××路××号。

被告人李××与被告人王×犯虐待老人罪，要求人民法院依法予以惩处。

被告人李××、王×与自诉人俞××系母子媳关系，被告李××与被告王×结婚后一直与自诉人共同居住、共同生活。自诉人退休后在家庭中承担了两被告的全部家务劳动。近年来，由于自诉人年老体弱，丧失了劳动能力，两被告对自诉人逐渐产生了厌恶情绪，继而在生活上精神上对自诉人进行虐待，由不给吃饭到将自诉人赶出家门，致自诉人食宿无门，虽经被告单位出面协调，但不见效。据上事实，根据《中华人民共和国刑法》第260条规定，两被告已构成虐待罪，请求人民法院依法追究其虐待罪的刑事责任。

此致

××市人民法院

自诉人：俞××

20××年×月×日

附项：

(1)本诉状副本一份

(2)书证一份(单位证明信)

(3)证物一份(结婚证书)

二、民事起诉状

(一)民事起诉状的概念和作用

民事起诉状是指民事案件的当事人因合法权益受到侵害，为维护自身的权益，就有关民事权利和义务的争议向人民法院提起诉讼，请求依法裁判的书面请求。

我国《民事诉讼法》第82条规定："起诉应向人民法院递交起诉状，并按被告人数提出副本。""书写起诉状确有困难的，可以口诉，由人民法院记入笔录，并告知对方当事人。"据此，起诉的主要形式是递交书面的起诉状，口头起诉只是对"确有困难的"特殊情况所作的必要补充。但就其法律后果来说，起诉状和口诉笔录都是向人民法院提起民事诉讼的形式要件。

我国《民事诉讼法》第 112 条规定："人民法院接受起诉状或者口头起诉，经审查，符合本法规定的受理条件的，应当在 7 日内立案；不符合本法规定的受理条件的，应当在 7 日内通知原告不予受理，并说明理由。"由此可见，民事诉状不仅是民事原告为维护民事权益提起诉讼的前提条件，也是人民法院立案受理和审理案件的依据。

（二）民事起诉状的基本内容和写作要求

我国《民事诉讼法》第 110 条规定："起诉状应当证明以下事项：（一）当事人的姓名、性别、年龄、职业、工作单位和住址，法人或者其他组织的名称、住所和法定代表人或主要负责人的姓名、职务；（二）诉讼请求和所根据的事实与理由；（三）证据和证据来源，证人姓名和住所。"这一法律规定高度概括了民事诉状的基本内容。根据这一法律规定，结合司法实践，民事诉状一般包括首部、正文、尾部三大部分的内容。

1. 首部

首部应依次写明文书名称，即标题"民事起诉状"，原告和被告的基本情况，先写原告，后写被告。是公民个人起诉的，应写明姓名、性别、出生年月日、民族、籍贯、职业、工作单位和住址等项；是法人或者其他组织起诉的，应写明法人或者其他组织的名称，所在地址和法定代表人或者主要负责人的姓名、职务，被告基本情况的写法与原告相同，如有的项目不知道，可以不写，但必须写明被告的姓名或名称与住址或所在地址，因为"有明确的被告"是人民法院受理案件的法定条件之一。如有的被告下落不明（如离婚案件的对方当事人），则要说明原因和有关情况。如果有诉讼代理人的，可在该当事人基本情况下，另起一行写明诉讼代理人的姓名、单位和职务等；如果有第三人参加诉讼的，应当在列写当事人之后，写明第三人的姓名和基本情况，并指明第三人与原、被告的关系。

2. 正文

正文应包括以下内容：

（1）诉讼请求。即案由，主要写明请求法院解决什么问题，提出明确的具体要求，如请求离婚、财产继承、偿还债务、履行合同等。有多项具体要求的，可分项表述。如离婚案件，应先写明要求与被告离婚；其次，要明确提出子女的抚养及财产分割的意见和要求。

(2)事实与理由。这一部分是民事起诉状的核心部分,是请求人民法院裁决当事人之间权益纠纷和争议的重要依据。要摆事实、讲道理,引用有关法律和政策规定,为诉讼请求的合法性提供充足的依据。

摆事实,就是要叙述事实和证据,主要应写明:双方当事人之间纠纷的由来,发生和发展的情况;当事人之间争执的主要焦点和双方对民事权益争执的具体内容;举出充分的人证、物证、书证及其他足以证明原告起诉有理的证据,并写明证据来源。证据可以在事实之后另起一段写,也可以与事实合并一起写。讲道理,就是在事实和证据后,写明提起诉讼的理由。所谓理由,就是根据事实和证据,写明认定被告侵权或违法行为的性质和所造成的后果以及应承担的责任;恰当地援引法律条款,说明提起诉讼是具有法律依据的;论证权利和义务关系,说明提起的诉讼请求是合情合理的:因此,写理由部分时,一定要严格掌握两点:一是依据的事实和提供的证据,必须绝对真实可靠;二是要以法论理或以法律条款为依据,切不可胡编乱造、强词夺理。

3.尾部

尾部应写明受诉法院名称,附件除写明起诉状副本多少份外,提交证据的还要写明证据的名称和数量。最后由起诉人签名盖章,写明起诉日期。

(三)民事起诉状的格式与实例

1.民事起诉状格式

起诉状

(公民提起民事、行政诉讼用)

原告
被告
诉讼请求

事实与理由
证据和证据来源，证人姓名和住址
此致
人民法院
起诉人
附：本诉状副本　　份　　　　年　月　日

注：①本诉状供公民提起民事、行政诉讼用，用钢笔或毛笔书写。

②“原告”、“被告”栏，均应写明姓名、性别、出生年月日（对民事被告的出生年月日确实不知的，可写其年龄）、民族、籍贯、职业或工作单位和职务、住址等项，被告是法人、组织或行政机关的，应写明其名称和所在地址。

③“事实与理由”部分的空格不够用时，可增加中页。

④起诉状副本份数，应按被告的人数提交

2. 民事诉讼状实例

民事起诉状

原告林××，女，34岁（19××年×月×日出生），汉族，××县人，××石雕工厂职工，住××县××镇××条×号×楼。

被告××县××住宅经营公司，地址：××县龙津路×号。

法定代表人：朱××，系该公司经理（简称第一被告）。

被告××县××房地产开发公司，地址：××县××路×号。

法定代表人：谢×，系该公司经理（简称第二被告）。

第三人陈××，男，50多岁（以其身份证为准），汉族，××县人，农民，住××县××乡×××村，临时占住诉争房：县城华宇×幢205室。

案由:房屋买卖合同纠纷。

诉讼请求:

1.确认原告与第一被告1992年9月23日订立的购房协议书合法有效。

2.确认原告交给第一被告购买房屋3万元作定金的性质。

3.判令两被告(因撤并事项未了结,两位被告各有法人执照又有经济的合并关系)共同履行把诉争的205室交还原告林××所有。

4.宣告第二被告违背第一被告和原告协议是非法行为,即行判令,两被告将205室交还林××所有,强制执行陈××立即退出205室;判令两被告违背协议,赔偿林××的所有经济损失,两位被告无权将林××的205室卖给第三人陈××。

5.令第三人搬出诉争房,将205室交还原告林××,确认205室为原告合法买得的所有权属。

事实和理由:

原告与第一被告系买卖商品房的买主与卖主关系;第一、第二被告是企业撤并但未完全合一的法人之间关系;第二被告与第三人系非法买卖诉争房的业务双方关系。

1992年9月23日,原告得知第一被告有商品房出售,即根据全家事先商量过的意见,向第一被告订购位于××县×××路×号的县××住宅经营公司×幢205室商品房一套。由于当时×号所有套房尚未竣工,故经双方商定,写下购房协议书一份,原告当场向第一被告交付了3万元现金。由于房未竣工,物价局和第一被告都无法确定205室的购买房全价,故协议中附有条件:3万元以外的房款按第一被告要求随时可以付清。

原告与第一被告签订购房合同并交付3万元现金后,原告一直在等第一被告通知交足余款并接收205室。直到第二年正月初原告之妹从×××回国探亲时要去看我买的205室,我姐妹俩才知道205室已被陈××侵占,陈××并说该房子是他买下的私房,我感到莫名其妙。

我认为我买下205室有凭据在手,卖主住宅经营公司经理朱××要求给我交付房子,他认为205室已属我所有,但又受他人权力干预未能如愿;我又委托他人找到县房地产开发谢×经理,他不同意解决;我又劝第三人不要侵买我已先行买下的205室,他也不予理睬。由于我本人父母兄弟姐妹定居在外国,我到上海办理我自己去×××的出国手续,委托我弟之友暂住205室代我保管房屋,镇派出所所长季××带领几个联防队员将我弟之友赶走,并让第三人住进了该屋,激化了本案矛盾。

在原告数次求询有关部门要求按合同保护其购买房所有权而得不到解决的情况下，我决定拿起法律武器诉之法院解决。认为：(1)我与第一被告订立的购房协议与交付购房款行为是受法律保护的，即被告必须将205室竣工后交给原告所有；两位被告无权将室转卖给陈××。(2)至于第一被告与第二被告间的撤并事项，并不影响原告购买205室。(3)就算第二被告将来有权吞并第一被告，但也无权将第一被告已实施的合法卖房行为推倒重来，因为第二被告的权利和义务只随第一被告身上继受而得。何况现在第一被告的法人地位尚存，执照犹在，法定代表人还赫赫健在，不改初衷，这桩买卖怎能由第二被告推翻？

由此可见，第二被告如果确有非法将属第一被告卖出的房子再卖给第三人的话(原告只是听说的推理，还得知第三人的购房发票是204室的)，那也是无效的，该民事行为应予撤销，宣告无效。

为此，原告特诉请法院明镜高悬，洞察秋毫，查清"一房卖二主"闹剧幕后的违法之处，判准原告的所有诉讼请求，以正法威，依法保护公民合法的民事权益。

请速立案并判准(请按《中华人民共和国民事诉讼法》第112条规定在收到我诉状后7天内给予书面答复)。

此致

××人民法院

起诉人：林××(签字印章)

19××年×月×日

三、行政起诉状

(一)行政起诉状的概念

行政起诉状是指公民、法人或者其他组织认为行政机关和行政机关工作人员的具体行政行为侵犯其合法权益时，按照行政诉讼法的规定，向人民法院提起行政诉讼，要求依法做出裁判的书面请求。

根据《中华人民共和国行政诉讼法》第41条规定，提起行政诉讼必须符合4个条件，这与提起民事诉讼的4个条件基本相同。同时，根据《行政诉讼法》第11条规定的人民法院受理行政案件的范围，人民法院接受起诉状，经审查，应当在7日内立案或做出裁定不予受理。原告对裁定不服的，可以提起上诉。因此，行政起诉状既反映了原告的诉讼请求，又反映了行政诉讼案件的事实与性质，是人民法院立案、受理行政案件的主要依据。所以，写好行政起诉状对于人民法院了解案情、正确处理行政案件有着重要的意义。

(二)行政起诉状的基本内容和写作要求

行政起诉状的内容和写法,与民事起诉状基本相同,其诉状也是由首部、正文(包括诉讼请求、事实与理由、证据和证据来源等)、尾部和附项组成。但是,由于行政诉讼与民事诉讼的特点不同,在制作行政起诉状时,应注意以下问题:

1.要正确列写行政诉讼参加人

当事人双方应称原告、被告,不能称“起诉人”、“应诉人”。提起诉讼的原告只能是行政管理行为的相对人,即认为具体行政行为侵犯其合法权益的公民、法人和其他组织。如果有权起诉的公民已死亡,其近亲属可以代为提起诉讼。如果有权起诉的法人或者其他组织终止,承受其权利的法人或者其他组织可以提起诉讼。

行政诉讼的被告只能是做出具体行政行为的行政机关或者法律、法规授权的组织。行政机关的工作人员不能当被告。经复议的案件,复议机关决定维持原具体行政行为的,做出原具体行政行为的行政机关是被告;复议机关改变原具体行政行为的,复议机关是被告。由行政机关委托的组织所作的具体行政行为,委托的行政机关是被告。对行政机关的派出机构做出的具体行政行为不服而起诉的,该行政机关是被告,但法律、法规对派出机构有授权的除外。如果做出具体行政行为的行政机关被撤销,继续行使其职权的行政机关是被告。

2.要针对行政诉讼的特点,提出诉讼请求,叙述事实和理由

根据我国行政诉讼法有关“人民法院审理行政案件,对具体行政行为是否合法进行审查”的规定,原告在起诉状中应紧紧围绕“具体行政行为是否合法”这一重点,叙述事实,阐明理由,提出诉讼请求。如认为被告的行政行为所根据的主证据不足或者适用法律法规错误、违反法定程序或者超越职权、滥用职权等,可以请求法院判决予以撤销或者部分撤销;如果由于错误的具体行政行为侵犯原告合法权益而造成损害的,原告有权请求赔偿;对被告不履行或者拖延履行法定职责的,可以请求法院判决其在一定期限内履行;对行政处罚显失公平的,可以请求人民法院判决变更处罚。根据行政诉讼采用的“被告负举证责任”原则,原告在行政起诉状中一般可不写证据材料。这显然与民事诉讼采用的“谁主张,谁举证”原则不同。当然,在审案过程中,人民法院有权要求当事人提供或者补充证据,原告也可以向法院提供有利于其诉讼请求的证据材料。

(三)行政起诉状的格式与实例

1.行政起诉状格式

起诉状

（法人或其他组织提起民事、行政诉讼用）

原告名称
所在地址
法定代表人（或代表人）姓名　　职务　　电话
企业性质　　　　　　工商登记核准号
经营范围和方式
开户银行　　　　　　账号
被告名称
所在地址　　　　　　电话
诉讼请求
事实与理由
证据和证据来源，证人姓名和住址
此致
人民法院
起诉人
附：本诉状副本　份　　　　　　年　月　日

注：①本诉状供法人或其他组织提起民事、行政诉讼用，用钢笔、毛笔书写或印制。

②被告是法人、组织或行政机关的，应写明其名称和所在地址，民事诉讼的被告是公民的，应写明其姓名、性别、出生年月日（或年龄）、民族、籍贯、职业或工作单位和职务、住址等。

③“事实与理由”部分的空格不够用时，可增加中页。

④“起诉人”署名栏应写明法人或其他组织全称，加盖单位公章。

2.行政起诉状实例

行政诉状

原告:庞××,男,33岁,汉族,××市人,初中文化,××区(卖肉)个体户,住××巷××号105室。

被告:××市公安局××分局。

法定代表人李××,局长,电话×××××××××。

请求事项:撤销××市公安局××分局06号治安管理申诉裁决书。

事实与理由:

2008年4月28日下午6时许,住我楼上206室的张××因把脏水从楼上往下倒,脏水溅进我家厨房。为此,我出来与张××评理,张××明知自己不对,却不讲道理,反而与我争吵。在争吵过程中,张××拿出菜刀就往我头上砍,顿时我头上鲜血直流,由于流血不止,我用衬衣包住头部,去××卫生院求医,这有邻居与居委会干部作证。事后,派出所在处理此事时,对加害人张××予以警告处分,我作为受害人,派出所却也对我予以警告处分。对此,我表示不服。派出所的理由是:因为对血衣、刀进行了鉴定,结论是血衣和刀上的血不是人血。对此原告人认为,血衣上的血分明是我身上的血,怎么一到了鉴定机关就不是人血了呢?为此,原告人对鉴定机关的鉴定结论不得不怀疑。

原告人认为,加害人张××在光天化日之下,持刀行凶,砍我头部,使我在精神上、经济上造成很大损失。且派出所对加害人张××仅仅予以警告处分,显然处罚过轻。为此原告人曾于2008年5月6日对分局××派出所第209号裁决书提起申诉,提出对加害人张××应加重处罚,要求对血衣、刀进行重新鉴定。但××公安分局于5月10日下达了06号申诉裁决书,既没有对血衣进行重新鉴定,也没有对加害人加重处罚,反而维持了对我的警告处分,同时撤销了对加害人张××的警告处分。

原告人对××分局的第06号申诉裁决书表示不服,根据《治安管理处罚条例》有关规定,特提起诉讼,请依法公正裁判。

此致

××市××区人民法院

起诉人:庞××

××年××月××日

附项：

(1)本状副本×份

(2)证物×件

(3)书证×件

第四节 上诉状、申诉状、答辩状

一、上诉状

上诉状是指当事人或者他们的法定代理人，不服未生效的一审法院的判决或裁定，在法定的上诉期内，向原审法院的上一级法院提起上诉书面请求。上诉状如符合上诉的法定条件，才能被二审法院受理，经审查做出正确裁决，以保证法律的正确实施。

上诉是法律赋予诉讼当事人的一项诉讼权利。我国刑事、民事、行政三大诉讼法的有关法条对当事人的上诉权都作了明确规定。上诉状可分为刑事上诉状、民事上诉状、行政上诉状。

(一)刑事上诉状

1.刑事上诉状的概念

刑事上诉状是指刑事公诉案件的被告人或他的辩护人和近亲属经被告人同意，对人民法院第一审刑事判决或裁定不服，在法定期限内，向上一级人民法院提出上诉，要求撤销、变更原裁判的书面请求。也是指刑事自诉案件的当事人(被告人或自诉人)及其法定代理人，不服人民法院第一审刑事判决或裁定，在法定期限内提起的上诉。上诉是法律赋予公民的一种诉讼权利，是二审法院进行审理的依据。任何单位和个人不得以任何借口剥夺当事人的上诉权利。

2.刑事上诉状的基本内容和写作要求

刑事上诉状由首部、正文、尾部及附项组成。

(1)首部。首部应依次写明文书名称“刑事上诉状”和上诉人的身份等基本情况。公诉案件只写：上诉人(即原审被告人)姓名、性别、年龄、民族、籍贯、职业、工作单位和住址，何时被拘留，何时被逮捕，现羁押于何处。自诉案件，先列上诉人(原审被告人或自诉人)姓名、性别、年龄、民族、籍贯、职业、工作单位及住址。如系原审被告人上诉，应写明何时被拘留，何时被逮捕，现羁押在何处。在实践中，对刑事公诉案件不写“被上诉人”，也不要把公诉机关列为上诉人。

在写完上诉人基本情况后，应另起一行写明被上诉人的基本情况，即：被上诉人（原审原告人或自诉人）姓名、性别、年龄、民族、籍贯、职业、工作单位或住址。被上诉人不止一人的，可按原审裁判书所列次序依次列写。

（2）正文。正文是上诉状的主体部分，应包括3个方面内容：首先写明上诉人因何案件，不服哪个法院的什么裁判而提出上诉。一般表述为：“上诉人因××一案，不服××××人民法院于×年×月×日×字第×号刑事判决（或裁定），现提出上诉。”其次，写明上诉请求。这部分内容要写得具体明确，例如，刑事被告人提出上诉的，要写明是要求撤销原判、宣告无罪，还是要求减轻处罚；对刑事附带民事诉讼部分提出上诉的，就民事责任部分提出上诉人的请求，要写明是否承担经济赔偿及其具体数额等。再次，写明上诉理由。这部分是上诉人对原审裁判的辩驳，其理由是否充分有力，关系到上诉请求能否成立。因此，要针对原审裁判的不当之处，有的放矢地进行论述，并注意引用有关法律规定作为依据。

上诉的判决、裁定一般可从以下几个方面去考虑：①认定的事实是否清楚，证据是否充分；②原审判决、裁定的定性是否准确，量刑是否适当，适用法律是否正确；③原审法院在诉讼程序上有无违反法律规定，是否影响正确裁判等。

（3）尾部及附项。写明受诉的上诉一审法院的名称，附项的名称和份数，由上诉人签名或者盖章，写明上诉日期。

3.刑事上诉状的格式与实例

（1）刑事上诉状格式。

刑事上诉状

（当事人上诉用）

上诉人
上诉人因　　　　　　　　　　　　一案，
不服　　　　人民法院　　　　年　　月　　　　（　　）　　　字
第　　　　号刑事　　　　　　　　，现提出上诉，
上诉请求

上诉理由

此致

人民法院

上诉人

附：本诉状副本　　份　　　　　　　　　　年　　月　　日

注：①本上诉状供刑事案件当事人或者他们的法定代理人对一审刑事判决、裁定不服提出上诉用，用钢笔或毛笔书写。

②"上诉人"栏，应写明姓名、性别、出生年月日、民族、籍贯、职业或工作单位和职务、住址等。

③"上诉理由"部分的空格不够用时，可增加中页。

(2)刑事上诉状实例。

刑事上诉状

上诉人林××,男,19××年×月×日生,××省××市人,农民。家住××市××镇××村。

上诉人不服××市中级人月民法院2006年7月12日(2006)××中刑初字第92号对上诉人判处死刑、剥夺政治权利终身的刑事判决,现提出上诉,其事实与理由如下:

上诉请求:上诉人认为一审判决定故意杀人罪是定性不准;认定上诉人犯罪情节恶劣,后果严重,并判处死刑,量刑过重,请求二审法院撤消原审法院对上诉人的刑事判决,给予重新审理,纠正原审法院认定事实、定性、量刑、适用法律的错误,做出公正的判处,给上诉人一个重新做人的机会。

上诉理由:

一、案发当时,上诉人只是用拳头打了被害人一下,并未借助任何工具殴打。当时上诉人确实是无意打死被害人的,想不到一拳就将他打死了。上诉人没有杀人的意图,不属于故意杀人罪,只构成故意伤害致死罪。

二、上诉人的犯罪情节不属于特别恶劣。发案当天晚上,上诉人到父亲承包的养鱼水库守夜,路过本村路边,突然看见一个人坐在路边,又是黑夜,不知是干什么的,所以走近那人身边,问了才发现是本村人。那人讨厌上诉人问他,站起来抓住衣领打上诉人。上诉人与被害人争执时,是被害人酒后逞凶先出手打人,事因是由被害人引起的。并且上诉人也只是打了被害人一下,并未连续打击。抛尸行为是由于把人打死了,上诉人是出于害怕的心理。

三、上诉人打人后,还到派出所主动投案,交代了犯罪事实,认罪态度好,有悔罪表现。

上诉人一贯遵纪守法,平时表现好。而死者林××则是经常寻衅斗殴,敲诈他人。本案的民愤不大,死者失踪后,其亲友也未到公安部门报告、认领。

上诉人自知犯了严重的罪行。但根据本案的实际情况及上诉人的投案坦白和悔罪表现,恳请二审法院从轻处理,给上诉人一个重新做人的机会。

此致

××省高级人民法院

上诉人:林××

2006年8月6日

附:本上诉状副本一份。

(二)民事上诉状

1.民事上诉状的概念

民事上诉状是当事人或者其法定代理人不服人民法院的第一审民事判决、裁定,在法定上诉期限内向上一级人民法院提起上诉的书面请求。根据我国民事诉讼法的有关规定,有权提起上诉的主体,仅限于民事案件的当事人,具体是指一审程序中的原告、被告、第三人、代表人诉讼等。

上诉状是针对原审判决、裁定认定事实错误、适用法律不当、诉讼程序违法而提起上诉,并非针对当事人。

2.民事上诉状的基本内容和写作要求

民事上诉状由首部、正文、尾部组成。

(1)首部。首部应依次写明:文书名称"民事上诉状";当事人的基本情况:按上诉人、被上诉人、第三人的顺序写明他们的基本情况,应注意在"上诉人"或"被上诉人"的后面用括号注明其在原审中的诉讼称谓。

(2)正文。正文要写明提起上诉的来由、上诉请求和上诉理由。

①提起上诉的来由,一般可表述为:"上诉人因…(写明对方当事人姓名或名称和案由)一案,不服××人民法院××年××月××日(××)×字第××号民事判决(裁决),现提起上诉。"

②上诉请求要具体明确,写清是部分不服或者是全部不服。除提出请求上一级人民法院予以撤销或变更原审裁判外,还要写明上诉人对民事权益的实体上或者程序上的诉讼权利的主张。

③上诉理由要针对原审裁判在认定事实上、适用法律上的主要问题,进行有理有据的论述,并引用有关法律、法规的规定作为依据。上诉理由要有的放矢、层次分明、逻辑性强,使上诉请求得到充分的支持。

(3)尾部。尾部应写明受诉的上诉审法院名称、附项的名称和件数,由上诉人签名或者盖章,写明上诉日期。

3.民事上诉状的格式与实例

(1)民事上诉状格式。

上诉状

(民事、行政案件公民当事人提出上诉用)

上诉人
被上诉人

<table>
<tr><td></td></tr>
<tr><td></td></tr>
<tr><td>上诉人因　　　　　　　　　　　　一案，</td></tr>
<tr><td>不服　　　　人民法院　　　年　　月　　　（　　）　　字</td></tr>
<tr><td>第　　　　号　　　　　　，现提出上诉。</td></tr>
<tr><td>　　　　　　上诉请求</td></tr>
<tr><td></td></tr>
<tr><td></td></tr>
<tr><td>　　　　　　上诉理由</td></tr>
<tr><td></td></tr>
<tr><td></td></tr>
<tr><td></td></tr>
<tr><td></td></tr>
<tr><td></td></tr>
<tr><td></td></tr>
<tr><td></td></tr>
<tr><td></td></tr>
<tr><td></td></tr>
<tr><td></td></tr>
<tr><td></td></tr>
<tr><td>　　此致</td></tr>
<tr><td>　　　　人民法院</td></tr>
<tr><td></td></tr>
<tr><td>上诉人</td></tr>
<tr><td>附:本诉状副本　　份　　　　　　　　　　　　　　　年　　月　　日</td></tr>
</table>

注:①本上诉状供民事、行政案件的公民当事人对一审判决、裁定不服提出上诉用，用钢笔或毛笔书写。

②“上诉人”“被上诉人”栏，应写明姓名、性别、出生年月日、民族、籍贯、职业或工作单位和职务、住址等。被上诉人是法人、组织或行政机关的，应写明其名称、地址、法定代表人或代表人的姓名。

③“上诉理由”部分的空格不够用时，可增加中页。

④上诉状副本份数，应按被上诉人的人数提交。

(2)民事上诉状实例。

民事上诉状

上诉人林××,女,34岁(19××年×月×日出生),汉族,××县人,原××县××工厂工人,原租住××条街,现已旅居×××。

特别授权的全权代理人林××,男,68岁(19××年×月×日出生),××二厂退休职工,现住××县××镇××路×号(委托手续在一审案,有代理上诉的权利)。

被上诉人××县××房地产开发公司。

法定代表人:叶××,系经理。

一审漏列的被上诉人××县××住宅经营公司。

法定代表人:朱××,该公司负责人,该公司至今未办理注销手续,仍具法人资格。

被上诉人:陈××,原审第三人〔一审错列为陈×光(陈××之子)〕,男,年龄以身份证为准,现非法占住在诉争205房内。

上诉人(由特别授权代理人林××全权代理)于1994年5月30日收到××县人民法院1994年5月17日(1993)青鹤民初字第50号民事判决书,因不服,特提起上诉,请二审法院依法裁定撤销原判,发回重审或自行查明,并追加当事人进行调处或撤销原判提审作一审判处。

一审之错判表现在:

一、在诉讼程序上漏列共同被告。

1. 上诉人在一审起诉状中列有两个被告(法人)和一个第三人陈××。

2. 按诉讼程序常规:如果原告所列被告及第三人不妥,应由法院在受理前做出不予受理的裁定,或在受理后用裁定通知方式要求原告变更当事人,直至驳回对不应当当被告或第三人的起诉,而不能由法院随意将原告起诉的对方当事人去掉一个法人,改变一个第三人。

3. 现在的一审判决,将两个被告少掉一个(而这个被告法人至今仍有执照、公章,未办理注销企业的法律手续);将第三人改父亲为儿子。

4. 本应一审出庭应诉的以朱××为负责人(一审判决书第2页倒数第一段第一行也承认朱××是负责人)的××住宅经营公司,因一审法院没有向它发送诉状副本和通知其应诉,而被剥夺参加诉讼的权利和履行诉讼义务。

5. 从严格执法的意义上讲,一个企业的法人地位和诉讼主体资格是否符合法律规定的条件,就看这个企业是否在开业后又被依法注销。如已被依法注销,则不具备法人资格；反之，则具备法人地位，具有诉讼行为能力，可以进行民事活动（含出卖房子）。

我上诉方的代理人在一审代理词中就是这样阐述的，可惜一审法院未予采纳。收到一审判决后，我上诉方的代理人又到××地区工商局对副局长徐×（分管企业开业、注销等工作）进行了咨询与调查取证。徐副局长认为：企业未被依法注销（包括一定要登报公告该企业被注销）前，企业还是依法存在的（调查笔录直接交给二审法院）。

所以，一审漏列朱××负责的住宅经营公司为被告是违反诉讼程序的，应撤销原判。

至于一审将第三人改名之事，也与诉状不一。此不赘述。

一审漏列当事人，违反诉讼程序，直接影响到合同的效力问题，严重影响公正判决，所以请二审法院依法撤销一审判决。

撤销一审判决后是发回重审还是中院直接提审，考虑到一审的前判之错，我要求中院提审理所当然，二审在裁定撤销一审前，如能依法追加当事人后调解一下，我是同意的，调解不成再裁定。

二、一审判决在认定事实上漏了两个十分关键的事实，正是因这两个事实被隐瞒了，才得出合同无效的"结论"。

1. 一审漏定被上诉人××××房地产开发公司，也默认上诉人（一审原告）与朱××负责兼经办的住宅公司的购房合同。

（1）在1993年1月11日前，王××和陈××争买204房不要205房是事实，有陈××打给县政府的"报告"为凭（现本案第三人是陈××，不是其子陈×光），可见，此前的1992年9月23日，住宅公司把205房卖给上诉人是合法的。

上诉人指出：原审认为上诉人与住宅经营公司购房协议书是在住宅公司被撤销后签订的，这是没有证据的：

①该住宅公司至今未被依法注销。

②撤销企业的法定手续是注销企业，企业没有注销，撤销不生效。

（2）上诉人买下205房时，钱很快被"××房地产开发公司"收过去（从建行转帐），收下林××的购房款，就等于承认朱××的职务卖房行为。不然的话，为何收下林××交给住宅经营公司的3万元钱？

（3）由上可推知：不仅朱××负责的住宅经营公司同意把205房（当时没人要）卖给林××，而且谢×负责的××房地产开发公司也同意把205室（当时陈××不要205房，只要争买204房，见陈××的"报告"）卖给林××。从这点看：

两个公司中，一个以书面合同(朱××负责的公司)、一个以收款行为(谢×负责的公司)都同意在陈××坚决不买205室的情况下于1992年9月23日将空房205室卖给上诉人(陈××直到1993年1月11日才在买不到204室的情况下改口同意买早已卖给我的205室)，怎能说合同无效呢?

二、申诉状

(一)申诉状的概念和种类

申诉状是指申诉人对人民法院已经发生法律效力的判决、裁定，认为有错误而向人民法院或者人民检察院提出重新审理予以复查纠正的书面请求。

根据我国刑事诉讼法、民事诉讼法和行政诉讼法的有关规定，有权提出申诉的主体是有所不同的：刑事案件是当事人、被害人及其家属或者其他公民，范围比较广；民事案件是当事人、法定代理人；而行政案件则限于当事人。

(二)申诉状的基本内容和写作要求

诉状一般由首部、正文、尾部组成。

1.首部

(1)标题。直接写明文书名称，即“刑事申诉状”、“民事申诉状”或者“行政申诉状”。最高人民法院1992年制订下发的《法院诉讼文书样式》中新规定的名称为“申诉书”，并为各类案件所通用。

(2)诉讼当事人的基本情况。刑事公诉案件申诉状，只有申诉人栏，没有被申诉人栏。如系被告人提出申诉的，则写“申诉人”(注明原诉讼地位)的姓名、性别、年龄、民族、籍贯、职业、住址。如系被告人的近亲属或者其他公民提出申诉的，则写“申诉人”(注明与被告人的关系)的姓名、性别、年龄、民族、籍贯、职业和住址。

刑事自诉案件、民事案件和行政案件，提出申诉的当事人称“申诉人”，未提出申诉一方称为“被申诉人”或“对方当事人”，并在称谓后用括号注明其在原审的诉讼地位。然后依次写明各自身份等基本情况。

2.正文

正文要写明申诉的来由、请求事项、事实与理由等。这部分是申诉状的重点。

(1)申诉的来由。包括原来案件案由，原处理机关名称，处理时间，处理文书名称、案号，以及作不服处理的表示。一般表述为：“申诉人因××一案，不服××人民法院(或人民检察院)于××年××月××日所作的(××)××字第××

号一审（或二审，不起诉）判决（或裁定、决定），提出申诉。”

（2）请求事项。要明确具体，写明请求人民法院（或者人民检察院）予以解决什么问题，说明原审裁判有什么不当之处，要求给予怎样的改变处理等，如请求撤销（或变更）原裁决等。

（3）事实与理由。这部分是申诉状的核心部分，也是能够引起审判监督程序（或复查）的重要依据，务必写清楚。主要针对原判决、裁定（或者决定）错误之处，从认定事实、适用法律和诉讼程序存在的问题，分别加以阐述，并要提出有关证据材料和有关法律规定进行论证，以用来论证提出的请求事项是合理合法的。

3. 尾部

尾部应写明接受申诉的机关的名称，附原审判决书或裁定书的抄件，及有关证据材料，申诉人签名盖章，申诉的时间等。

（三）申诉状的格式与实例

1. 申诉状格式

申诉书

（各类案件通用）

申诉人				
申诉人	对	人民法院	年	
月	（　）	字第	号	，提出申诉。
	请求事项			
	事实与理由			

此致
人民法院
申诉人
附:原审　书抄件一份　　　　　　　　　年　月　日

注:①本申诉书对各类案件提出申诉时通用,用钢笔或毛笔书写。

②"申诉人"栏,如系公民的,应写明姓名、性别、出生年月日、民族、籍贯、职业或工作单位和职务、住址等;如系法人或者其他组织的,应写明其名称、所在地址、法定代表人或代表人的姓名。

③"事实与理由"部分的空格不够用时,可增加中页。

④"申诉"署名栏,如系法人或者其他组织的,应写明全称,由法定代表人或代表人签字,加盖单位公章。

2. 申诉状实例

申诉状

申诉人陈××因不服××省××地区中级人民法院(1994)×中民终字第179号民事判决,特提起申诉,其主要的事实和理由如下:

一、由二审法院判决确认本案上诉人林××与青××××住宅经营公司(下称住宅经营公司)签订的购房协议书有效,与事实不符。事实情况是:

(一)该协议不仅缺少普通条款,就连基本条款也不具备。根据我国《经济合同法》第12条规定:"经济合同应具备以下主要条款:1. 标的(指货物、劳务、工程项目等);2. 数量和质量;3. 价款或者酬金;4. 履行的期限、地点和方式;5. 违约责任。"对照这一规定,该协议书除标的、地点之外,其他条款均无。对转移不动产房屋所有权的协议，法律要求更应严格，如此草率的购房协议怎么能认定为有效？

（二）该协议书中第二条明确规定："持此协议书为据，合同待签。"这一规定已表明：此协议书尚属意向性，是为将来签订正式协议的意向，不是合格的购房合同。试想，如果这已经是正式、有效的合同，那又何须再在协议上注明"合同待签"的字样呢？

（三）上诉人林××与住宅经营公司之间自签订上述协议之后，并未再签购房合同，待签成为一句空话，正式的购房合同双方并未签订。

（四）该协议是朱××越权与林××签订的。从1990年起，住宅经营公司与购房户签订售房协议由蒋××办理，使用行政图章；1991年至1992年6月，蒋××外出期间，对外售房协议由朱××办理；1992年7月蒋××回到原单位，到同年9月19日住房协议的签订权复归蒋××行使；到9月23日，当朱××以住宅经营公司名义与林××签订协议书时，朱××已经无代理权，故朱××只能用一张信笺和住宅经营公司的业务章与林××签订了该协议，而不能以正式的购房标准合同签订（见蒋××证言）。

二、申诉人与住宅经营公司所签的"购买商品房合同"是有效合同，应该受到法律保护。其理由有：

（一）签约双方主体合格，意思真实，符合法律和社会公益。

（二）主要条款、普通条款齐备，形式合法。合同中不仅对楼层、房号、建筑面积、房间数量作了规定，而且对购房申请书、每平方米价格、预付款是否计息、交付使用的期限、产权证的提供、房屋结构、付款方法等一系列问题也作了规定。与前述协议相比，从形式到内容，孰是孰非，孰应受到法律保护，事实已不容争辩。

（三）特别要说明的是，在申诉人与住宅经营公司签订购房合同之前，住宅经营公司也曾经将204号房卖给申诉人与王××两家而引起过争议；住宅经营公司曾要申诉人发扬风格，做出让步，改买205号房，起初，申请人不肯让步，后来通过进一步协商，同意改买205号房，这从购房合同第七条之后的新增条款可以说明。

因此，上诉人林××诉称申诉人不要购买205号房的说法是毫无根据的，属于捕风捉影之谈。

综观上述，住宅经营公司"一房两卖"是形成本案诉讼的主要根源。依照法理：一物数卖，以先签合同者优先；双方均签有合同时，以先付款者优先；双方均付款的，以先占有该物者优先。今天，申诉人不仅先付款，而且已取得该房的所有权，再加上申诉人有合法有效合同作为基础，该房理应归申诉人所有。二审法院怎能不顾事实，违背法理，做出保护无效合同，而排斥有效合同的判决呢？

三、由于申诉人与住宅经营公司所签的购房合同合法有效，故依此合同取得的205号房（根据房产证，该房改为二单元202室）的产权则是顺理成章的事，法律理应予以保护。

从1993年1月28日签订购房合同之日起，到1994年5月30日止，申诉人已履行购房合同的全部义务，办完转移产权的一切手续，领取了××县人民政府颁发的（×字第10547号）“房屋所有权证”。同时，申诉人还花费8000余元进行了装修。

如前所述，林××与住宅经营公司所签的购房协议属于意向性协议，是为进一步签订购房合同的基础性文件，还不是真正的购房合同。因此，林××并没有依此协议而取得205号房的产权。故申诉人依法、依合同从住宅经营公司处取得的205号房的所有权，与林××毫无法律上的关系。二审法院将205号房判归林××所有，要申诉人退出依法取得产权的房屋，不仅没有法律上和事实上的根据，而且有悖常理，实难令申诉人信服。另外，对申诉人来说，由于住宅经营公司两次出现“一房两卖”的情况，这不仅给我这个旅奥侨民带来烦恼，而且给我的老父和哥哥乃至全家都带来烦恼和痛苦。寄钱回国购房本是件好事，但万没想到此买房之日竟成为我和全家烦恼不安的开端。我的父亲手持合法取得的房产所有权证，却面临被赶出家门的危险，这件事在旅奥和旅欧华侨中都造成极坏的影响。申诉人为使合法权益不受损害，特向贵院提出申诉。恳请贵院依再审程序提起再审，以纠正二审法院的错误判决，维护申诉人合法权益和法律的尊严。同时追究住宅经营公司的法律责任。

此致

××省高级人民法院告申庭

申诉人：旅奥华侨陈××

代理人：陈×山　陈×光

附：

1. 书证8份共28页

2. 一、二审判决各1份

三、答辩状

（一）答辩状的概念和作用

答辩状是指民事或行政诉讼被告人或被上诉人在收到起诉状或上诉状副本

后，在法定限期内，针对起诉状或上诉状的事实、理由、请求，进行回答和辩解的一种文书。

我国《民事诉讼法》第 113 条规定："人民法院应当在立案之日起五日内将起诉状副本发送被告，被告在收到之日起十五日内提出答辩状。被告提出答辩状的，人民法院应当在收到之日起五日内将答辩状副本发送原告……"第 150 条规定："原审人民法院收到上诉状，应当在五日内将上诉状副本送达对方当事人，对方当事人在收到之日起十五日内提出答辩状。人民法院应当在收到答辩状之日起五日内将副本送达上诉人……"原审人民法院收到上诉状、答辩状，应当在五日内连同全部案卷和证据，报送第二审人民法院。

我国《行政诉讼法》第 43 条对行政诉讼答辩也有明确的规定。

根据上述法律的明文规定，可以看出，答辩是被告人或被上诉人的一种应诉行为，是法律赋予被告人和被上诉人的一项诉讼权利，而行使这种权利的主要形式是依法提出答辩状。答辩状的作用是维护被告人和被上诉人的合法权益，同时也有助于人民法院查明案情事实，做出正确审理。

（二）答辩状的基本内容和写作要求

答辩状一般由首部、正文、尾部及附项组成。

1. 首部

(1)标题。应写明文书名称，即一审写为"民事答辩状"或者"行政答辩状"；二审写为"民事被上诉答辩状"或者"行政被上诉答辩状"。

(2)答辩人身份等基本情况。答辩人是公民的，应当写明公民的姓名、性别、出生年月日、民族、籍贯、职业或工作单位和职务、住址等；答辩人是法人或其他组织的，则应写明法人或其他组织全称、地址和法人代表的姓名和职务，并加盖单位公章。有委托代理人的亦应写明。

2. 正文

这是答辩状的核心部分，必须针对起诉状或上诉状的内容进行答辩。

(1)答辩事由（案由）。写明对何人起诉或上诉的什么案件提出答辩。

一审答辩状一般表述为"因×××（原告）诉×××（被告）××一案，根据起诉状所列事实、理由和请求，现答辩如下：……"或者写为："××年××月××日，接到×××（原告姓名）的起诉状副本，现就起诉状所述各点答辩如下：……"

二审答辩状一般表述为"为×××（姓名或单位名称）诉×××（姓名或单位名称）××（案名）一案，上诉人不服原判，现就上诉状所列各点，答辩如年月下：……"或者写为"××年××月××日接到上诉人的上诉状副本，现就上诉的请求和理由答辩如下：……”也可以简明地表述为“接到上诉人×××的上诉状副本，现答辩如下：……”

(2)答辩理由。答辩状理由的写法应针对起诉状或上诉状中提出的具体问题来确定。或针对起诉状或上诉状中提出的事实和证据，用正确的、客观真实的事实和证据进行回答和辩解；或针对起诉状或上诉状提出的起诉理由和上诉理由是否符合法律规定进行回答和辩解。答辩状写得有无说服力，反映答辩人阐述的理由是否有理，是否符合法律要求。因此，答辩状要准确引用法律条款，要依法阐明自己的理由。只有以法律为准绳，据理回答和辩驳，才能使答辩人的答辩意见立于不败之地，为法庭所采纳。

3.尾部

写明受诉法院名称，附项的名称和件数，由答辩人签名或者盖章，写明答辩日期。

(三)答辩状的格式与实例

1.民事答辩状的格式与实例

(1)民事答辩状格式。

【格式1】

民事答辩状

(公民对民事起诉提出答辩用)

答辩人
因　　　　　一案，
提出答辩如下：

此致
人民法院
答辩人
附:本答辩状副本 份 年 月 日

注:①本答辩状供公民对民事起诉提出答辩用,用钢笔或毛笔书写。

②"答辩人"栏,应当写明姓名、性别、出生年月日、民族、籍贯、职业或工作单位和职务、住址等。

③答辩中有关举证事项,应具体写明证据和证据来源、证人姓名及其住址。

④答辩状副本份数,应按原告的人数提交。

【格式2】

民事答辩状

(法人或其他组织对民事起诉提出答辩用)

答辩人名称		
所在地址		
法定代表人(或代表人)姓名	职务	电话
企业性质	工商登记核准号	
经营范围和方式		
开户银行	账号	

因　　　　　　　　　　　　　　　　　一案，提出答辩如下：
此致
人民法院
答辩人
附：本答辩状副本　份　　　　　　　　　　　　　　年　　月　　日

注：①本答辩状供法人或其他组织对民事起诉提出答辩用，用钢笔、毛笔书写或印制。

②答辩中有关举证事项，应具体写明证据和证据来源、证人姓名及其住址。

③“答辩人”署名栏应写明法人或其他组织全称，加盖单位公章。

④答辩状副本份数，应按原告的人数提交。

(2)民事答辩状实例。

民事答辩状

被上诉人：××省××县棉纺织厂

法定代表人：徐××

上诉人：××省××××漂染总厂销售公司

法定代表人：唐××(经理)

因购销合同纠纷一案，上诉人不服××县人民法院(1994)第57—2号民事裁定提起上诉，被上诉人认为，上诉人的上诉请求和上诉理由是不能成立的，现被上诉人答辩如下：

一、1993年9月5日，上诉人与被上诉人曾签订过一份坯布购销合同，在履行过程中，发生纠纷，形成诉讼。双方本着和解精神，在1994年5月23日达成和解协议。被上诉人为履行协议，组织货源，与××市四路纺织品经营部签订坯布购销合同，并预付定金50万元。但由于坯布市场价与协议价相差甚大，依照平等互利原则，被上诉人于1994年6月9日先向上诉人发了加急电报，告知“原商定六、七、八三个月交货，现于7月15日一次交货，请准备资金，请见合同函”。同时被上诉人立即将与市四路纺织品经营部之间的合同、汇票及变更函件，通过县邮电局以特快专递寄给上诉人。应该说，被上诉人这一变更要求，是合情合理的，并无半点欺骗。由于上诉人没按变更协议时间付款，致使被上诉人付给××市四路纺织品经营部的50万元定金无权请求返还，造成了损失。

二、关于变更协议邮寄经过：被上诉人为慎重起见，将变更信函与永康签订的购销合同和50万元定金复印件用“国内特快专递”在武义县邮局号寄给上诉人收，武义县邮局出具NO.080856号“特快专递邮件收据”，邮件编号为620699605，收费12.5元。在该收据上邮局在邮件类别“信函、文件”两项上打上“√”号，同时在“特快专递”封面“内件说明”栏内“信函、文件、物品”三项中，均打“√”(表示事实)；但对第二项“文件”项划去，写上“合同”；“物品”项划去，写上“汇票”，同时写上“共2张3页”，因为实际上特快专递内只有二张，一张是50万元汇票复印件，另一张却是正面变更信函、原件，而在该变更信函背面复印上被上诉人与永康签订购同销合同的复印件，故是2张3页，而非3张3页。同时为了防止可能出现正像上诉人所称“从未收到过变更信函”之说，被上诉人才在一式二份的变更信函左边，加盖二枚骑纹公章(见证据之二)。上诉人称：6月14日收到的特快专递信内只有“合同、汇票”，未见变更信函，但上诉人忽略了一个重要事实，即合同的另一面正是变更信函的原件，上诉人称只有合同、没有信函是毫无事实根据的。被上诉人认为，上诉人称只收到合同和汇票，而未收到在合同同一张的变更信函，真是怪事了。

三、上诉人承认6月14日(实际是6月13日)收到变更信函等材料，于7月9日向被上诉人发出一份对本厂变更信函的正式答复(见证据之三)，应该说这是一份上诉人出于真实意思千真万确的回函，而上诉人对此矢口否认是完全站不住脚的，理由是：①上诉人这一封回函，是通过××市邮电局正式向被上诉人发来的传真，而且是××县邮电局通知本厂前往领取，被上诉人并付传真费6元(见费证据之四)；②上诉人的复函上的“××东方漂染总厂销售公司”印章与原

"和解协议"的印章完全相一致。

综上所述,上诉人在上诉状中对被上诉人的所谓"密谋控告伪证"、"制造骗局"、"欺骗法院"等指责毫无事实依据,是站不住脚的。而事实却相反,倒是上诉人在收到被上诉人的变更信函后,没在约定期限内明确答复,深感理亏,只承认收到"合同、汇票",而否认关键的变更信函,尽管手法巧妙,但还是破绽百出。

为此被上诉人认为,上诉人已于6月13日收到变更信函,是确凿无疑的。根据经济合同法的有关规定,协议是成立的,上诉人的上诉理由不能成立,原审法院裁定完全正确。请求二审法院依法驳回上诉,维持一审裁定。

此致

××市中级人民法院

答辩人:××省××县棉纺织厂

1994年8月27日

2.行政答辩状的格式与实例

(1)行政答辩状格式。

行政答辩状

(被诉行政机关提出答辩用)

答辩人名称		
所在地址		
代表人姓名	职务	电话
因	一案,提出答辩如下:	

此致
人民法院
答辩人
附:本答辩状副本　份　　年　　月　　日

注:①本答辩状供被诉行政机关对行政起诉提出答辩用,用钢笔、毛笔书写或印制。

②答辩中有关举证事项,应具体写明证据和证据来源、证人姓名及其住址。

③“答辩人”署名栏应写明法人或其他组织全称,加盖单位公章。

④答辩状副本份数,应按原告的人数提交。

(2)行政答辩状实例。

行政答辩状

答辩单位(全称):××县标准计量管理所

性质:行政事业

地址及电话:××××××

法定代表人姓名、职务:周××,所长

因戴××诉本单位计量行政处罚纠纷一案,提出答辩如下:

一、原告所诉事实不清

原告违法使用“以欺骗消费者为目的的计量器具”,是由消费者检举,由县工商行政部门移送到县标准计量所查实后处罚的。原告诉称,在11月30日上午,原告在和××路衡器店交涉时,“被告单位的刘××刚过来上班,原告人即和他一起到他的办公室。”仅在短短的“十来分钟”内,即做出了原告“人为地改变了秤砣”的结论,第二天即做出了处罚决定。原告企图把一起严肃查处违法行为的工作说成是被告单位个别人的轻率行为,这是不对的。

事实是:1988年11月29日上午,有义务物价员来反映原告短斤缺两问题

(见书证1),县工商所指导员黄××同志接到报告后,要义务物价员将原告之秤拿到工商所检查,检查初步确定原告之秤(壹拾斤)5000克少(贰两)100克以上。黄××同志找原告谈话,并当场决定到××路衡器店查证。在衡器店不承认该秤系店内生产责任误差的情况下,黄同志决定送交县计量所处理。这样,我所的刘刚同志接受了县工商所移送的案件(见书证2)。我所在工商行政部门的协助下,认真处理这起计量违法案件,完全是按正常程序处理的(见书证3)。

2.原告掩盖违法事实,自相矛盾。原告在诉状中称"这把秤是10月9日从店内购买的,实际使用才11天",原告这种说法根本拿不出任何证据,就算按原告的说法是10月份买的,10月份的营业加上整个11月份的营业又何止11天呢?更何况原告的秤砣有意磨损的痕迹是怎么也赖不掉的。在11月30日的现场检查中,发现原告的杆秤"砣底有明显打磨痕迹"(见书证3)。就是原告人在接到处罚通知后,在12月6日写的检讨书中也不得不承认"对这杆秤在家里是不是有人为造成失准,本人也很难说"(见书证5)。对于这杆被明显"破坏了计量准确度"的秤,到底该由谁负责呢?当原告一口咬定是衡器厂的生产责任问题时,1988年11月30日下午,县计量所对衡器厂木杆秤定量仓库进行了突击检查,检查发现13只500克定量砣,没有一只误差在±0.15克以上(见书证4)。如果不是人为地破坏,原告这只一个多月前买的秤砣,怎么会误差为5.3克!显然,原告是在为自己的违法行为开脱责任。

二、县计量所处罚原告事实清楚、有法可依

原告人的秤砣有意磨损,造成称量失准,严重损害了广大消费者的利益。可原告在案发后,不仅不老实认错、痛改前非,反而百般抵赖、知错不改,甚至转嫁祸名,损害衡器厂信誉,这是绝对不允许的。《中华人民共和国计量法》第27条规定:"使用不合格的计量衡具或者破坏计量器具准确度,给国家和消费者造成损失的,责令赔偿损失,没收计量器具和违法所得,可以并处罚款。"《计量法实施细则》第51条规定:"使用不合格计量器具或者破坏计量器具准确度和伪造数据,给国家和消费者造成损失的,责令其赔偿损失,没收计量器具和全部违法所得,可并处二千元以下的罚款。"据此,县标准计量所做出的行政处罚决定是完全正确的。县标准计量所相信人民法院会依据事实和法律,做出正确的判决。

此致

××人民法院

答辩单位:××县标准计量管理所(盖章)

××年××月××日

【思考题】

1.什么是医疗纠纷？

2.什么是医疗事故，如何处理医疗事故？

3.医疗事故技术鉴定书包括哪些主要内容？

4.不同类型起诉状的写法及格式是什么？

5.如何撰写不同类型的上诉状、申诉状、答辩状？

第八章
礼仪文书

信函即书信。在人际交往中,信函是一种极为广泛的书面交流形式。信函在我们的实际工作中有着举足轻重的作用。因此,每一位公务人员都必须熟练掌握信函的书写和使用规范。尽管公务信函和私人信函都属于信函的一种,但由于适用范围和使用目的大相径庭,两者不论是在书写上,还是在办理中都存在很多不同之处。本章拟就公务信函的格式和内容方面需要严格遵守的规范要求做出具体阐述,并举例说明有关公务信函的书写方法。

信函的最大功效和目的在于传递信息,因此其内容必须完整无缺,其表述必须准确清楚,如果信函的内容不够完整,表述不够规范,甚至词不达意,工作中就难以准确有效地传递信息,进而会延误工作的开展。而要使信函的内容完整无缺,表述准确清楚,关键一点就在于要严格遵守信函的书写格式。信函的格式如同信函的骨架,贯穿信函始末,支撑起所有的内容。

公务信函的结构一般由抬头、启词、正文、祝词、落款以及附言等几部分组成。

(一)抬头

抬头是对收件人的称呼,在首行顶格书写,并且单独成行。抬头可以是机关、团体、企事业单位,如“××局”、“××公司”,也可以是个人,通常适用的称呼有以下几类:一是以姓氏加上称谓词作称呼,例如“张先生”、“李女士”等,这类称呼显得较为自然;二是姓氏后加上职衔作为称呼,例如“王科长”、“黄经理”“赵委员”等,这类称呼多用于关系一般的交往双方之间;三是称呼之前,加一些适当的形容词,如“尊敬的”、“敬爱的”等。

(二)启词

启词是正文之前的开场白。这一部分可以表示客气寒暄,也可以提示写信原因。启词应于抬头之下另起一行空两格书写,一般应单独成段。公务信函的启词应力求篇幅简短,不可过于啰嗦。如果采用“您好”一类的简略启词可使之成为正文首句,而不必单独成段。

(三)正文

正文是公务信函的主体部分,是写信者叙述的主旨所在。为方便阅读,正文可酌情分段，每段句首空两格，转行后顶格书写。正文虽是公务信函的“主心骨”，但亦应力求简明扼要，切忌拖沓冗长，甚至文不对题。正文的语言要求平实朴素但不失礼貌优雅。语言的朴实是公务人员形象的内在要求，语言的优雅不仅体现着一个人的修养，而且体现着对交往对象的尊重。如果语言过于粗俗、枯燥，不仅会使自己在交往对象眼中的形象受损，而且是不尊重对方的表现。

（四）祝词

祝词即写信者在结尾处向收信者所表达的祝愿、钦敬、勉慰之语。祝词一般包括两部分内容。一是应酬语，结尾特以一两句话结束正文的语句。应酬语应当简洁而自然。二是问候祝福语，即出于礼貌而对收信人所作的不可缺少的祝颂或问候。如“敬颂春安”、“即颂大安”、“祝您成功”等。书写时应字斟句酌，具体对象具体对待。如果祝词较多，可单独成行，空两格后书写。也可将祝词分成两部分书写，其法有二：一是将“敬颂”、“敬请”一类词单独成行，前空四格，而将“春祺”、“大安”一类词另行顶格书写；二是将“敬请”、“敬颂”一类词置于正文末句之后，不另行书写，则将“大安”、“春祺”一类词另起一行顶格书写。

（五）落款

落款包括署名和日期两部分。署名应位于祝词之后另起一行的右方。若有写信者领导或同事的附问或写信者对收信者领导或同事的致意，则应另起一行书写，或直接写于署名之后。一般而言，日期应具体到年月日，另起一行，写于署名的正下方。

（六）附言

附言是写信者对正文的补充。附言往往以“又”、“另”一类词引出，或不写引出词，而以“又及”、“再及”一类词结束。附言应在署名与日期之后另起一行空两格书写，且不必分段。附言力求简洁，无须另用信笺。切勿在信笺的上下左右乱写附言，令人眼花缭乱而不知所云。

第一节 介绍信、证明信

一、介绍信

（一）介绍信的概念

介绍信是机关团体、企事业单位的人员与其他单位或个人联系工作、了解情况、洽谈业务、参加各种社会活动时使用的一种专用书信。

介绍信适用于单位与单位之间的工作，是一种较为正规的、具有一定凭证作用的信件，主要适用于以下情况：

学生到某单位实习或搞什么活动时，由所在院系开据介绍信；国家机关人员外出调查或前往其他单位商讨重要事宜时，要带上介绍信；一些商业单位派人到其他单位推销宣传自己的产品时，要带上介绍信；一些单位在同其他单位进行业务交流时，若派新手前往接洽，需带上介绍信。另外，推荐他人入学，为他人推荐工作或向他人求教问题而相互并不认识时，都可带上一封有关单位开具的介绍信。

（二）介绍信的特点

一般来讲，介绍信具有以下特点。

1. 证明性

介绍信是机关团体必备的具有介绍、证明作用的书信。持有介绍信的人，可以凭借此信同有关单位或个人联系，商量洽谈一些具体事宜，而接收介绍信的一方则可以从对方的介绍信中了解来人的职业、身份、要办的事情、要见的人、有什么希望和要求等。介绍信是连结双方关系的一个桥梁，其目的旨在证明来人的身份。

2. 时效性

介绍信相当于一个在一定时间一定范围内的有效证件，它可以帮助对方了解你的身份、来历，同时也赋予了你一定的责任和权利，所以介绍信一般都开列出一定的时日期限，是在限期内才具备有用性的一种专用文书。

（三）介绍信的种类

介绍信的分类方式可以有很多种。角度依据不同，划分得到的种类也不同。介绍信通常可以分为以下两种，即普通介绍信和专用介绍信。

1. 普通介绍信

普通介绍信是一种较常见的介绍信，一般带存根，手写居多，也可打印。

普通介绍信是一种比较便捷的介绍信方式，但因其用纸、书写没有什么严格的要求，所以容易被人伪造，所以在更为正规的场合下很少用这种介绍信。

2. 专用介绍信

这是一种正式的介绍信，铅印成文，内容格式等已事先印刷出来，使用者只需填写姓名、单位，另加盖公章即可。

专用介绍信又可以细分为两种，一种为有存根的介绍信，一种为不带存根的介绍信。

带存根的介绍信通常一式两联，存根联由开介绍信一方留档备查，正式联由被介绍人随身携带。两联正中有间缝，同时编有号码。格式统一制作的介绍信使用时简单方便，只需填写个别内容，可以提高工作效率，是公用介绍信使用较多的一种。

不带存根的介绍信内容格式同带存根的介绍信在正文的印制上没有差别，也是随用随填，只是未留存根而已。

（四）介绍信的写作

介绍信一般应包括标题、称谓、被介绍者简况、事由、署名日期和有效期等内容。具体到不同形式的介绍信的写法，其格式内容也略有差异。

1. 普通介绍信的写法

普通介绍信包括标题、称谓、正文、结尾、署名等五部分。

(1)标题。普通介绍信的标题一般是在信纸的第一行居中写上“介绍信”三个字，有些也可省略。

(2)称谓。称谓在第二行，顶格写明联系单位或个人的单位名称（全称）或姓名，称呼后要加上冒号。

(3)正文。正文要另起一行，空两格写介绍信的内容。介绍信的内容要写明如下几点：

①要说明被介绍者的姓名、年龄、政治面貌、职务等。如被介绍者不止一人还需注明人数。其中，政治面貌和被介绍者的年龄有时可以省略。

②写明要接洽或联系的事项，以及向接洽单位或个人所提出的希望和要求等。

③要在正文的最后注明本介绍信的使用期限。

(4)结尾。介绍信的结尾要写上“此致——敬礼”等表示祝愿和敬意的话。

(5)署名。出具介绍信的单位名称写在正文右下方，并署上介绍信的成文日期，加盖单位公章。

这种手写的介绍信写好之后，一般装入公文信封内。信封的写法同普通信封的写法相同。

2. 专用介绍信的写法

不带存根的专用介绍信的内容、格式同普通介绍信大体一样，只是有些内容已经印好，使用时只需填写相应的内容既可。这里主要介绍带存根的介绍信。带存根的介绍信一般由存根联、正式联和间缝三部分组成。

(1)存根部分。

①标题。存根部分的第一行正中写有“介绍信”三个字，字体要大；“介绍信”

之后，用括号注明“存根”两个字。

②编号。标题之下在右下方标注“××字×号”字样。如是市政府的介绍信就写“×市政字×号”；如是县政府商业局的介绍信可写“县商字×号”。“×号”是介绍信的页码编号。

③存根正文。正文包括以下内容：被介绍对象的姓名、人数及相关的身份；前往何处何单位；具体办理什么事情；有什么要求等。

④结尾。结尾只注明成文日期即可，不必署名，因为存根仅供本单位在必要时查考。

(2)介绍信的间缝部分。存根部分同正文部分之间有一条虚线，虚线上有“××字第××号”字样。可照存根第二行“××字×号”的内容填写。要求数字要大写，如“壹佰叁拾肆号”，字体要大些，便于从虚线处截开后，字迹在存根联和正文联各有一半。同时，应在虚线正中加盖公章。

(3)正式联部分。

①标题。第一行正中写有“介绍信”字样，字体较大。

②编号。第二行在右下方有“××字××号”字样，内容照存根联填写。

③称谓。称谓要顶格写，写明所联系的单位或个人的称呼或姓名。

④正文。正文应另起一行，空两格起再写介绍信的具体内容。内容同存根内容一样，主要写明持介绍信者的姓名、人数、要接洽的具体事项、要求等。

⑤结尾。写明祝愿或敬意的话，一般要写些诸如“请接洽”、“请指教”、“请协助”等类的话，后边还要写“此致——敬礼”。最后要注明该介绍信的有效期限。

⑦署名。在右下方要署上本单位的名称全名，并加盖公章，同时另起一行署成文日期。

这类介绍信写好后，也应装入公文信封内。信封的写法同普通信封相同。

(五)写介绍信要注意的问题

介绍信是介绍人的身份的一种有用的证件，是建立一种良好的合作或有效办理某项事情的有效凭证，所以在写或填写介绍信的时候，务必注意以下事项：

(1)要填写被介绍人的真实姓名、身份，不得虚假编造、冒名顶替；

(2)所接洽办理的事项要写清楚，与此无关的不要写。介绍信要简明扼要不可太长；

(3)务必加盖公章，以免造成不必要的麻烦。查看介绍信时，也要核对公章和介绍信的有效期限。

(4)有存根的介绍信，存根联和正式联要内容完全一致。存根底稿要妥善保存，以备今后查考。

(5)介绍信书写要工整，不得涂改。有涂改的地方可加盖公章，否则此介绍信将被视为无效信件。

(六)例文

1. 普通介绍信

介绍信

(姓名或单位名称)：

兹介绍我公司________同志＜等________人＞(系我公司________)，前往贵处联系________。请予以接洽。

此致

敬礼！

××公司(盖章)

(有效期N天)×年×月×日

2. 专用介绍信

介绍信(存根)

(________字第N号)

(姓名或单位名称)：

兹介绍我××××所×××同志＜等一人＞前往贵处调查××××事宜，请予以接洽并给予协助。

(有效期N天)×年×月×日

(间隔虚线)________字第N号(盖章)

介 绍 信

(________字第N号)

(姓名或单位名称)：

兹介绍________等________同志(系我公司________)，前往贵处联系____________________，望接洽为盼！

此致

敬礼！

××公司(盖章)

×年×月×日

(有效期截至××××年××月××日止)

二、证明信

（一）概念

证明信是以行政机关、社会团体、企事业单位或个人的名义凭借确凿的证据证明某人的身份、经历或某件事情的真实情况时所使用的一种专用书信。证明信一般也称作证明。

证明信一般由单位或熟悉情况的个人来写。具体来讲，证明信适宜于下列情况：

(1)某人要入党入团，组织在进行调查时，原单位或有关人员要为其写出证明信。

(2)有些真相模糊不清的历史事实或事件，由当时亲身经历的人写出证明以澄清事实。

(3)在公安机关寻求某些案件的目击者时，当时在场的群众写出证明，以说明案发时的真实情况。

(4)个人在为单位办理某些事项，或个人由于具体情况而必须向单位做出解释说明时，可以请有关人员出据证明。

（二）特点

证明信具有以下一些特点。

1.凭证的特点

证明信的作用贵在证明，是持有者用以证明自己身份、经历或某事真实性的一种凭证。

2.书信体的格式特点

证明信是一种专用书信，尽管证明信有好几种形式，但它的写法同书信的写法基本一致，大部分采用书信体的格式。

（三）分类

证明信的种类有很多。依据不同，分类也不同。比如从证明信的内容来看，我们可以将证明信分为证明某人身份、证明某人某一时期的工作经历和证明某件事情真相的证明信等。

从证明信具体的存在方式上来划分，还可以将证明信分为公文式、书信式、便条式等形式。

证明信还可以根据开据证明的人的不同而分为以组织的名义所发的证明信和以个人的名义所发的证明信两种。而以组织的名义所发的证明信还可再分为手写证明信和印刷证明信两种。

1.以组织名义所发的证明信

这种证明信多数是证明某人曾在或正在该单位工作的证明信。它可以证明此人的身份、经历、职务,以及同该单位的所属关系等真实情况。这种材料的来源一般源于该单位的档案,或来自调查研究。

以组织名义所发的证明信可采用普通书信形式,一般都是该单位的负责人或文字工作者根据真实的档案或调查的材料来组织书写的一种证明性书信。篇幅可长可短,视具体情况而定。

以组织名义发出的印刷式的证明信则是一种较方便的已事先把格式印好、只需填进主要内容的一种证明信。这种证明信一般留有存根,以备今后查看。这是一种较为正规的证明信。

2.以个人名义所发的证明信

这类证明信由个人书写。证明信的内容完全由个人负责。写这样的证明信,个人一定要严肃认真,仔细回忆,不得信笔由缰、马马虎虎。个人所写的证明信一般都以个人名义、采用书信体格式。

(四)写作

不管是哪种形式的证明信,其结构都大致相同,一般都有标题、称呼、正文、落款等几部分构成。

1.标题

证明信的标题通常有以下两种方式。

(1)单独以文种名作标题。一般在第一行中间冠以"证明信"、"证明"字样。

(2)由文种名和事由共同构成。在文种前冠以相应内容。如"关于×××同志××情况(或问题)的证明"。

2.称呼

在第二行顶格书写受文单位名称或受文个人的姓名称呼,然后加冒号。

有些供有关人员外出活动证明身份的证明信因没有固定的受文者,开头可以不写受文者,而是在正文前用公文引导词"兹"引起正文内容。

3.正文

正文要在称呼写完后另起一行空两格书写。这部分要针对对方所要求的要点写,需要证明什么问题就证明什么问题,其他无关的不写。如证明的是某人的历史问题,则应写清人名、何时、何地及所经历的事情;若要证明某一事件,则要写清参与者的姓名、身份,及其在此事件的地位、作用和事件本身的前因后果。也就是要写清人物、事件的本来面目。

正文写完后,要另起一行,顶格写上"特此证明"四个字。也可直接在正文结尾处写出。

4.落款

落款即署名和写明成文日期。要在正文的右下方署上出具证明的单位或个人的姓名，成文日期写在署名下另起一行，然后由证明单位或证明人加盖公章或签名、盖私章，否则证明信将是无效的。

（五）写作要求

（1）以个人名义所发的证明信。即使是个人出具的证明信，作者所在的单位也要签署意见，对其政治、工作、人品等方面加以评价，并对证明内容表示态度，以便对方组织鉴别证明信材料的真伪与可信程度。

（2）个人所写的证明信的内容如果本人不太熟悉，应写“仅供参考”的提示性语言。因为证明信有时是作为结论性证据的，所以要实事求是，严肃认真，要尽量言之有据。

（3）对于随身携带的证明信，一般要求在证明信的结尾注明有效时间、过期无效的期限。

（4）个人出具的介绍信，如果是打印成文，最后的署名一定要手写或者要加盖个人印章。

（5）证明信的语言要十分准确，不可含糊其辞。证明信不能用铅笔、红色笔书写，若有涂改，必须在涂改处加盖公章或个人印章。

（六）例文

1.个人出具的证明信

证明信

××局负责同志：

王××原为我校中文系××级学生，曾担任前学生会主席职务，在校期间，该生遵守学校各项规章制度，没有参与任何不利于安定团结的活动。

特此证明。

证明人：龚××

×年×月×日

2.组织出具的介绍信

对×××同志研究生身份的证明信

×××局党委：

××同志，男，现年40岁，一九六四年九月考入我校学习，系×××教授的研究生，一九六七年九月毕业。由于历史原因，毕业时未能发给研究生毕业证书，现即将补发。特此证明。

此致

敬礼！

××大学校长×××(签名)

×年×月×日

评析：这是一则以组织名义所发的证明信。具体而言，是由一所高校发给××局党委以证明×××同志研究生身份的证明信。标题为“证明信”，位置居中，称呼顶格写“××局党委”并加上冒号，正文部分写清人名×××，时间一九六四年九月至一九六七年九日就读×××大学×××教授的研究生。因历史原因当时未发毕业证书，现即将补发。正文结尾处写上“特此证明”。落款处署名××大学校长××(签名)及写证明日期×年×月×日。至此，这则语言十分准确并且实事求是、严肃认真的证明信便完成了。这则证明信最大的优点是篇幅短小精悍，寥寥数语便把所要证明的事疏理清晰，值得借鉴。

第二节　慰问信、贺信、贺词

一、慰问信

(一)慰问信的概念与种类

慰问信是国家机关、企事业单位、社会团体或个人对做出突出贡献、取得优异成绩或遭遇天灾人祸、蒙受重大损失的集体、个人表示鼓励、关心、安慰，在重大节日向有关单位、个人表示问候的书信形式的礼仪文书。

慰问信一般分为表彰慰问信、遇灾慰问信和节日慰问信3种。一般是上级向下级发慰问信，同级之间可发慰问信，或者是组织向个人发慰问信。

(二)慰问信的写法

1.标题

常见写法有3种：一种是只写“慰问信”三字；一种是由慰问对象和文种名称构成，如《给春节期间坚守工作岗位的全体职工及其家属的慰问信》；一种是在文种名称前加上致信方和慰问对象构成，如《中共中央、国务院给四川灾区军民的慰问信》。

2.称谓

要顶格写明慰问对象名称,可以是单位名称,也可以是个人姓名加上“同志”、“先生”、“女士”等词语。

3.正文

首先要写明致信的背景、原因及慰问语;接着,应概括叙述对方忘我的奉献精神、可贵的品德、工作成绩、先进事迹、遭受的困难和损失等;然后,根据对方的具体情况,或着重慰问对方工作的辛苦,或着重褒扬对方所做的贡献,或着重表达深切的关心和慰勉。

4.结语和落款

结尾要表达对慰问对象的祝愿、希望或共同的愿望和决心。落款写明发信单位名称或个人姓名及发信日期。

(三)慰问信的写作要求

(1)对象写明确。根据不同的对象确定慰问内容和重点。

(2)感情要真挚。应以高度的政治热情赞颂或慰勉对方。

(3)语言要亲切。慰问信的主旨是向对方表示慰问,语言要精练、朴实、亲切、诚恳。可适当运用抒情的表达方式,不要总用公式化、概念化的词语,也不宜套用刻板的公文语言。

(四)例文

给春节期间坚守工作岗位的全体职工及其家属的慰问信

全体职工及家属同志们:

值此新春佳节之际,向你们致以节日的问候和崇高的敬礼!春节期间,全体职工同志为了抢时间、争速度,为我国一项重点建设工程赶制成套优质设备,主动提出春节期间不休息,仍然紧张战斗在生产第一线;职工家属同志们放弃节日欢聚,不仅没有怨言,有人还把饺子亲自送到车间,并帮助工厂做些力所能及的劳动……所有这些,都充分显示了工人阶级的伟大胸怀和崇高的精神境界!你们这种大公无私的精神,值得称赞,值得学习,值得嘉奖!

同志们,春节期间你们虽然没有休息,没能同家人很好地团聚,但你们的春节却是过得最有意义的。厂领导感谢你们,全国人民感激你们!让我们再次向你们表示亲切的慰问和衷心感谢!

敬祝

春节好!

中共××厂委员会

×年×月×日

学校给甲流同学的慰问信

亲爱的同学们：

首先祝贺你们顺利地解除了甲型流感隔离，同时感谢你们对学校甲型流感防控工作的积极配合。在此我们向所有隔离的同学表示衷心的感谢和诚挚的问候！

为期七天的隔离生活，你们选择了用自己坚强的意志和勇气微笑面对。空荡的房间、孤独的生活、难以打发的168个小时、空气中弥漫着淡淡的恐慌气息……所有这些，在勇敢的你们面前都退缩了。你们用平和的心态接受隔离，积极地配合工作人员繁琐但必要的医学检查，充分地理解做好隔离工作对学校师生的重要性。你们用实际行动展现了浙中学子的风采，展示出一个医学院学生所持有的高度的医疗防范意识！

在你们被隔离的这段时间里，我们全校广大师生都时刻关注着你们，关心着你们。学校领导高度重视，专门成立了甲型流感防控工作小组，并抽调专家组成中医专家组，到隔离点对被隔离观察的部分同学进行现场把脉和问诊，提出诊疗意见。学校还为隔离点设立了医疗服务队，做好被隔离同学的日常身体检查和诊疗工作，同时安排专门的工作人员照顾被隔离同学的饮食起居，这些都为同学们的早日康复提供了很好的保障。

同学们，甲型流感，可防可控可治，不可怕！因此我们没有必要对甲型流感感到不安和恐惧，只要防护措施到位，治疗得当，一定是可以治愈的。希望你们在解除隔离之后，了解和掌握甲型流感的各种预防措施，继续保持高度的警惕，绝不松懈，并且结合自己的亲身经历和体会，向同学们广泛宣传预防甲型流感工作的重要性和紧迫性，积极配合学校做好各项甲型流感的防控工作。也希望你们在今后的日子里，坚持体育锻炼，增强身体免疫力，全面提高自身体质。

祝你们健康快乐、学习进步！

××大学学生委员会

2009年9月16日

二、贺信

（一）贺信的概念和种类

1. 贺信的概念

贺信是向获得成功、取得成绩、有喜庆之事的有关单位或人员表示祝贺的信函。

下列情况之一都可发贺信：

某项工作取得突破性进展或获得巨大成功，上级机关可发贺信；重大会议召开，有关单位可致贺信；某单位、公司、团体成立或周年，有关单位可致贺信；某人荣任要职，有关方面要致贺信。

2. 贺信的种类

按所贺事由分类，有会议贺信、产研成就贺信、经营业绩贺信、竞赛获奖贺信、荣誉贡献贺信、庆典贺信、婚庆寿辰贺信、国事贺信等。

按行文方向分类，还有上级单位给下级单位的贺信；同级单位之间的贺信；下级单位给上级单位的贺信；单位或领导给个人的贺信等。

（二）贺信的写作

1. 标题

贺信标题的常见写法有两种：一种是于首行正中写“贺信”二字；一种是在文种“贺信”前，写明祝贺方和被祝贺方或被祝贺的事由，如《温家宝总理给全国科技工作会议的贺信》。

2. 称谓

称谓需顶格写明被祝贺单位全称或个人姓名及职务、身份，或在个人姓名后加上“同志”、“先生”、“女士”等词语。

3. 正文

首先写明祝贺的理由并表达祝贺之意，必要时还要说明对方所取得的成绩的社会背景及历史条件。其次，根据祝贺的事由对被祝贺者给予赞誉性评价，根据与被祝贺对象的关系，或提出勉励、希望、要求，或表明虚心学习的态度及敬佩之意。最后，另起一行写上结束语，表示祝愿。

4. 落款

在正文右下方写明发信单位的全称或个人的姓名以及相关敬词，如“×××恭贺”等。

（三）贺信写作的要求

1. 感情要饱满充沛，让人感到热切、诚恳的祝贺之意。平平淡淡的陈述、漫不经心的评价是贺信写作的大忌。

2. 贺信的内容以褒扬祝颂为主，避提过失和不足。但肯定成绩要实事求是，评价贡献不能言过其实。

3. 语言要通俗易懂，简洁明快，篇幅不宜过长。

(四)例文

1. 公司开业贺信

贺信

××电脑公司：

贵公司落成开业，是商界也是企业界的一件大喜事。在此谨向你们致以热烈的祝贺！

贵公司拥有一支由软件专家组成的庞大队伍，技术力量相当雄厚，必定能够开发出具有竞争力的软件系统。对于满足用户的需求，活跃我国的电脑市场，定会起到重要作用。

祝贵公司开业大吉，鸿图大展！

××公司全体员工同贺

××年×月×日

2. 获得荣誉贺信

贺　信

读者杂志社：

我们怀着十分欣喜与钦佩的心情通知您，贵刊在刚刚结束的“中国期刊奖”暨“第二届全国百种重点社科期刊”评选中荣获“中国期刊奖”暨“第二届全国百种重点社科期刊”称号。在此，向贵刊表示衷心的祝贺与诚挚的敬意。

处于世纪之交的“中国期刊奖”与“第二届全国百种重点社科期刊”的评选，是本世纪最后一次对全国期刊界的检阅，承前启后，继往开来，预示着新世纪中国期刊业进一步繁荣、腾飞的灿烂前景。吮吸着悠久历史的芬芳，化育着时代奋进的精神，祝愿贵刊早日成长为中国期刊之林的一棵参天大树。

中国出版杂志社敬贺

××××年×月×日

三、贺词

(一)贺词的概念和种类

贺词又称祝词，是在喜庆仪式上对人或事表示祝贺、用于宣读的礼仪文书。

按照祝贺对象的不同，贺词一般分为用于婚礼之上的祝婚词；用于祝寿的贺寿词；用于重要会议、各类庆典、剪彩仪式上的祝贺词等。

(二)贺词的写法

1. 标题

常见写法有两种：一种是祝贺事由加上文种名称；一种是以主标题表现祝愿

的主题，再由祝贺事由加上文种名称构成副标题。

2.称谓

贺词的称谓既可明指，也可泛指。

3.引文

引文主要说明有关活动或会议的举行情况，通常用“我向(对)……表示热烈祝贺”之类的过渡语，引出正文。

4.正文

贺词的内容因祝贺对象的不同往往会有不同的侧重点。通常贺词的正文要先介绍活动的背景、基本情况、意义等；接下来或是评价活动的意义，提出对未来发展的设想，探讨未来的发展和途径，倡导某种精神并号召人们继续奋斗；或是回顾人生，赞美品德；或是寄语爱情，祝福婚姻。

5.结尾

贺词的结束语一般是表示良好祝愿、衷心期望的话语。

(三)贺词写作的注意事项

(1)要详细了解祝贺对象的有关情况。

(2)主题要集中，结构要精巧，篇幅要适宜。

(3)要有真情实感，切忌虚情假意。

(4)要与现场气氛相适应。会议贺词要庄重典雅，庆典贺词要喜庆热烈，婚礼贺词要热情欢悦，寿辰贺词要郑重亲切。

(5)贺词的语言要准确简练、热情通俗、生动优美。

(四)例文

1.婚礼贺词

各位亲朋好友，各位来宾，女士们，先生们：

大家好！在这欢声笑语、天降吉祥、花好月圆、天地之合的喜庆日子里，我们相聚在这里，隆重庆贺××先生与××小姐喜结良缘！

今天，我十分荣幸地接受女方亲属的委托，步入这神圣而庄重的婚礼殿堂为这对新人致新婚贺词。在这里，首先请允许我代表二位新人，以及他们的家人对各位来宾的光临表示衷心的感谢和热烈的欢迎！同时，让我们衷心地为他们祝福，为他们祈祷，为他们欢呼，为他们喝彩，为了他们完美的结合，让我们以最热烈的掌声，祝福幸福的新郎新娘，祝愿他们的生活像蜜糖般甜蜜，他们的爱情像钻石般永恒，他们的事业像黄金般那样灿烂！

各位来宾，××先生和××小姐，两位新人志同道合，从相识、相知到相爱，直到今天步入婚姻的殿堂，是缘，是份把他们两颗纯洁的心相撞在一起，可谓“花开并蒂，珠联壁合，佳偶天成”；是情，是爱把这对心心相印的新人结合得甜甜蜜蜜，融合得恩恩爱爱。

我想，此时此刻，我们的新郎，要比平时任何一个时候更感受到真正的幸福，更显得英俊潇洒；而我们的新娘要比平时任何一个时候更感到内心的激动，更显得楚楚动人和漂亮温柔，大家一起说——是不是？（掌声）。

最后，让我们共同祝福这对龙凤新人新婚愉快、白头偕老、永结同心！

2. 祝寿贺词

尊敬的各位来宾，各位亲朋好友：

春秋迭易，岁月轮回，当甲申新春迈着轻盈的脚步向我们款款走来的时候，我们欢聚在这里，为××先生的母亲——我们尊敬的×老妈妈共祝八十大寿。

在这里，我首先代表所有老同学、所有亲朋好友向×妈妈送上最真诚、最温馨的祝福，祝×妈妈福如东海，寿比南山，健康如意，福乐绵绵，笑口常开，益寿延年！

风风雨雨八十年，×妈妈阅尽人间沧桑，她一生中积累的最大财富是她那勤劳善良的朴素品格，她那宽厚待人的处世之道，她那严肃的朴实家风。这一切，伴随她经历了坎坷的岁月，更伴随她迎来了今天晚年的幸福生活。

而最让×妈妈高兴的是，这笔宝贵的财富已经被她的儿子×先生所继承。多年来，他叱咤商海，以过人的胆识和诚信的品质获得了巨大的成功。然而，他没有忘记父母长辈养育之恩，没有忘记父老乡亲提携之情，没有忘记同学朋友相助之意，为需要帮助的亲友慷慨解囊，为家乡建设贡献力量。可以说，他把孝心献给了母亲，把爱心献给了家乡，把关心献给了亲人，把诚心献给了朋友。我想，让我们共同响起热烈的掌声，为×先生送去无穷无尽的信心！

嘉宾旨酒，笑指青山来献寿。百岁平安，人共梅花老岁寒。今天，这里高朋满座，让寒冷的冬天有了春天般的温暖。

最后还是让我们献上最衷心的祝愿，祝福老人家生活之树常绿，生命之水长流，寿诞快乐，春辉永绽！

祝福在座的所有来宾身体健康、工作顺利、合家欢乐、万事如意！

谢谢大家！

3. 庆典贺词

各位朋友们、先生们、女士们：

下午好！

在这充满激情的夏日里，我们迎来了一个值得纪念的喜庆日子：一飞彩印公司两周年的生日。

日月轮回，斗转星移，两年前的今天，一飞公司在郑州成立，两年后，我们在这里为她的生日举行隆重的庆典会。首先，请允许我代表一飞公司全体员工向关心和支持我们的各界朋友表示衷心的感谢和崇高的敬意，让我们以热烈的掌声，欢迎他们的到来！同时，也允许我代表公司向各位员工的辛勤劳动表示亲切的慰问，以及曾经在一飞工作过的所有员工表示衷心的感谢，感谢你们对一飞做出的卓越贡献，感谢你们的到来，欢迎你们回家！

两年前，一飞公司三个人用六千元在郑州起步，两年来，公司从无到有，不断地发展壮大，走过了一条平凡而又不平凡的路，取得了较辉煌的成绩，由成立时的三个人发展到现在的十四个人，由成立时的月营业额两千元发展到现在的四十万左右。虽然这点成绩对于一个企业来说是微不足道的，但是，对于一个年轻的一飞来说，是一个很大的成绩。在此，让我们以热烈的掌声再次对支持我们的各界朋友表示感谢，让我们以热烈的掌声对致力于一飞事业的所有员工们表示感谢！

回首往事，我们心潮澎湃，感慨万千，一幅幅平凡而充满激情的历史片断在我们每个人的眼前交相辉映，汇集成一飞公司发展的历史，一个员工奋斗的历史。我们相信在社会各界朋友的帮助中，经过公司员工的不懈努力与拼搏，我们一定会茁壮成长，希望公司所有员工继续发扬团结进取、艰苦奋斗的创业精神，再写历史新篇。

最后让我们衷心祝愿：一飞公司兴旺发达，再创辉煌！谢谢大家。

第三节　欢迎词、欢送词、答谢词

一、欢迎词

（一）欢迎词的概念和种类

欢迎词是国家机关、企事业单位、社会团体或个人在迎接宾客的仪式、宴会或在会议开始时，主人为表示热烈的欢迎而发表的热情友好的讲话。

欢迎词按社会交往活动的不同，可分为公事往来欢迎词、会议欢迎词和个人交往欢迎词等。

(二)欢迎词的写作

1.标题

常见的写法有两种:一种是只写"欢迎词"三字;一种是在文种名称前加上致词人和致词场合或致词缘由,如《×××在××学术讨论会上的欢迎词》。

2.称谓

要顶格写明欢迎对象的名称,如用泛称,有时需特意写明主要宾客的称呼。在欢迎对象的称呼前往往要加上"尊敬的"、"亲爱的"等词语,如"尊敬的某某先生"等。

3.正文

正文的写作要落在对宾客的热烈欢迎之情上,要体现出迎客的诚意。

开头要说明致词人是在什么情况下、以什么身份、代表谁、对谁表示欢迎,应对宾客的光临表示热烈的欢迎。欢迎词的主体,首先应介绍来宾的基本情况和活动目的及此次来访的意义,然后,根据宾主双方的关系,回顾相互交往的历程,阐明宾客来访的意义,展望美好的未来。欢迎词的结尾,一般要再次向来宾表示欢迎,并表达对此活动及双方今后交往的良好祝愿。

(三)欢迎词的写作要求

1.欢迎对象的称谓要用全称、尊称,措辞要符合礼仪规范,要尊重特殊对象的文化习俗。

2.欢迎词要热情大方、不卑不亢。一方面要有礼有节,热情大方,让对方感到友好、亲切;另一方面,对双方有分歧的问题,又要婉约友好地表明原则立场。

3.篇幅不宜过长,表达应口语化并力求生动。

(四)例文

周总理在欢迎尼克松总统宴会上的祝酒词

总统先生,尼克松夫人,女士们,先生们,同志们,朋友们:

首先,我高兴地代表毛泽东主席和中国政府向尼克松总统和夫人,以及其他的美国客人们,表示欢迎。同时,我也想利用这个机会代表中国人民向远在大洋彼岸的美国人民致以亲切的问候。尼克松总统应中国政府的邀请,前来我国访问,使两国领导人有机会直接会晤,谋求两国关系正常化,并就共同关心的问题交换意见,这是符合中美两国人民愿望的积极行动,这在中美两国关系史上是一个创举。

美国人民是伟大的人民,中国人民是伟大的人民。我们两国人民一向是友好的。由于大家都知道的原因,两国人民之间的来往中断了二十多年。现在,经过中美双方的共同努力，友好来往的大门终于打开了。目前，促使两国关系正常化，争取缓和紧张局势，已成为中美两国人民强烈的愿望。人民，只有人民，才是创造世界历史的动力。我们相信，我们两国人民这种共同愿望，总有一天是要实现的。

中美两国的社会制度根本不同，在中美两国政府之间存在着巨大的分歧。但是，这种分歧不应当妨碍中美两国在互相尊重主权和领土完整、互不侵犯、互不干涉内政、平等互利和和平共处五项原则的基础上建立正常的国家关系，更不应该导致战争。中国政府早在一九五五年就公开声明，中国人民不要同美国打仗，中国政府愿意坐下来同美国政府谈判，这是我们一贯奉行的方针。我们注意到尼克松总统在来华前的讲话中也谈到"我们必须做的事情是寻找某种办法使我们可以有分歧而又不成为战争中的敌人"。我们希望，通过双方坦率地交换意见，弄清楚彼此之间的分歧，努力寻找共同点，使我们两国的关系能够有一个新的开始。

最后，我建议：为尼克松总统和夫人的健康，为其他美国客人们的健康，为在座的所有朋友们和同志们的健康，为中美两国人民之间的友谊，干杯！

二、欢送词

(一)欢送词的概念和种类

欢送词是国家机关、企事业单位、社会团体或个人在送往宾客的仪式上或会议、活动结束时，对宾客、会议代表、活动参与者的离去表示热情欢送的讲话。

欢送词按社会交往活动的不同，可分为公事往来的欢送词、会议欢送词、活动结束欢送词等。

(二)欢送词的写法

1. 标题

与欢迎词类同，只需将"欢迎词"改为"欢送词"即可。

2. 称谓

与欢迎词写法类同。

3. 正文

欢送词的开头要表明热情欢送的意愿；欢送词的主体，首先应简要介绍宾客在访问、会议、活动期间的基本情况，对宾客此次来访取得的成功和友谊的加深表示称颂；然后，陈述双方的合作交流增进了友谊、取得了共识及对未来产生的积极意义；最后，展望未来，表达惜别之情、勉励之意，提出对双方进一步增进友谊与加强合作的希望。欢送词的结语通常要再次向来宾表示欢送之情，并表达期待再次合作的愿望及美好的祝愿。

(三)欢送词的写作要求

与欢迎词的写作要求基本相同。

(四)例文

欢　送　词

尊敬的××博士,尊敬的朋友们、同志们:

××博士结束了在我校为期三年的执教生活,近日就要回国了。今天我们备此薄餐,为××博士送行。

三年来,××博士以出众的才智和辛勤的工作,赢得了全校师生的信赖与尊敬。他所做的几次学术报告,开阔了我们的视野,推动了学校的教学改革。对此,请允许我代表全体师生对××博士再次表示感谢!

在三年的教学工作和日常交往中,××博士与油脂专业的师生诚挚交流,以友相待,结下了浓厚的友谊,我们为此而感到高兴。

中国有句古话"海内存知已,天涯若比邻",千山万水无阻于我们友谊的发展,隔不断彼此之间的联系。我们期望××博士在适当的时候再回来做客、讲学。

××博士将踏上回程的时候,请带上我们全体师生的深情厚谊,也请给我们留下宝贵的意见和建议。

××大学×××

××××年×月×日

三、答谢词

(一)答谢词概念和种类

答谢词是在特定的公关礼仪活动场合,对曾经帮助、招待自己的单位或个人表示感谢的讲话稿。

答谢词有两类,一类是在主方致欢迎词或欢送词后,客方所致的答谢词;一类是在交往活动结束时,客方对主方表示感谢的答谢词。

(二)答谢词的写法

1.标题

常见写法有两种:一种是只写"答谢词"或"答词";一种是文种名称前面加上致词人和致词场合。

2.称谓

要顶格写明致谢对象的姓名和职务,有时在提出主要致谢对象后,还要兼顾其他致谢对象,如"温家宝总理阁下及在座的贵国朋友"。

3.正文

答谢词的开头应向对方致以感谢之意;答谢词的主体,首先要用具体的事例,对主人所作的一切安排给予高度评价,对主人的盛情款待表示衷心的感谢,对访问取得的收获给予充分肯定,说明对方的帮助给自己带来的益处;然后,或谈自己的感受和心情,或对宾主双方交流合作所取得的收获给予肯定。答谢词的结语一般要再次向主方表示感谢,并对双方交流合作的前景表示诚挚的祝愿。

(三)答谢词的写作要求

(1)措词应注意礼貌、委婉。答谢词应该礼貌诗人,创造一个亲切、友好、愉快的气氛,表达一种诚挚、真切的感情,但不能因为是友好往来,而放弃自己的原则立场。既要坚持自己的原则、立场、观点,又不出语伤人,就应注意措词的委婉。

(2)篇幅不宜过长。答谢词是宣读体的稿件,为特定的会议或场合使用,这就要求受会议或特定时间的限制。最长的不宜超过2000字。

(3)写作态度应谦虚诚恳、自然直率。语言也应简洁、朴实,不要说一般的客套话,力求文雅礼貌又幽默风趣。

(四)例文

答谢词

尊敬的×××先生,尊敬的××集团公司的朋友们:

首先,请允许我代表××代表团全体成员对×××先生及××集团公司对我们的盛情接待表示衷心的感谢!

我们一行五人代表××公司首次来贵地访问,我们对贵地的电子业有了比较全面的了解,与贵公司建立了友好的技术合作关系。这一切,都得益于主人的真诚合作和大力支持。对此,我们表示衷心的感谢!

贵公司拥有一支由网络专家组成的庞大的队伍,技术力量相当雄厚。我们有幸与贵公司建立友好的技术合作关系,为我地电子业的发展提供了新的契机,必将推动我地的电子业迈上一个新台阶。

最后,我代表××公司再次向××集团公司表示感谢,并祝贵公司迅猛发展,再创奇迹。更希望彼此继续加强合作,共创美好明天!

×××

××××年×月×日

第四节　聘书、请柬

一、聘书

（一）聘书的概念

聘书又叫聘请书，是机关单位、团体或企事业单位在工作、学习、研究工作中，因缺少一些必要的人员而聘请外单位有关人员担任某种职务、承担某项工作任务时使用的专用书信。

聘书的使用可以确认和证明发聘和受聘双方的聘任关系，并约定双方相应的权利义务。

（二）聘书的写法

1. 标题

聘书标题一般写“聘书”或“聘请书”。或者在有封面的折页纸的上面，用较大的字体书写；或者在单页的聘书的上方第一行居中用较大字体书写。

2. 称谓

称谓就是被聘者的姓名加尊称，如“××先生”、“××女士”等。有时将它写在正文之上的顶格处，有时就连写在正文中，可以灵活把握。

3. 正文

正文写明聘请的有关事宜，比如被聘者将担任何种职务，从事什么工作，聘期多长，聘任期间报酬如何等，使被聘者心中有数，不致盲目应聘。结尾处多写敬语“此致”、“此聘”等词语。

4. 落款

在正文右下方写明聘书发放单位的全称并加盖公章，还要注明聘书的具体发放日期。

（三）例文

聘　书

×××教授：

为加速我市对外经济开发速度，研究外向型经济发展战略，特聘请您为特邀研究员，指导我市的外向型经济发展战略的研究。其课题费用为××万元，由您组建研究班子，一年内完成第一阶段内容。

特此聘请。

××市经济研究中心（公章）

××××年×月×日

二、请柬

（一）请柬的概念

请柬又叫请帖，是邀请宾客参加某种活动时使用的礼仪文书。在日常交际活动中，请柬的使用范围非常广泛，常见的有庆典请柬、会议请柬、演出请柬、联谊请柬、宴会请柬、婚礼请柬、寿诞请柬等。

请柬分为封面和封里两部分。封面又有横式和竖式两种，一般来说，封面都要用美术字或其他字体写上“请柬”或“请帖”的字样，并烫金，也可以使用各种装饰物装饰。封里就是请柬的内容。

（二）请柬的写法

1. 标题

如果是单页请柬，就在第一行正中写“请柬”或“请帖”两字；如果是折页的合片请柬，就在第一面正面的居中位置写上“请柬”或“请帖”两个比较大的字。竖写时，均从右方写起。

2. 称谓

要写明受邀方的名称，在个人姓名后，多加“同志”、“先生”、“女士”等词语。

3. 正文

要写明邀请事由及具体时间、地点。结尾往往写上“敬请届时光临指导”或写上“此致，敬礼”等敬语。

4. 落款

在正文右下方写明邀请方的名称和发请柬的日期。如果是个人发出的邀请，落款处写上个人的名字；如果是单位发出的邀请，除了写上单位的名称外，有时还需加盖公章。

（三）例文

请　柬

×××书记：

兹定于200×年9月12日9时在××市××路×号大厦开工奠基典礼仪

式，我们恳请您参加，为××大厦奠基剪彩，并发表即席演讲。敬请届时光临为荷。

此致

敬礼

××大厦筹建委员会（章）

200×年9月1日

【思考题】

1. 为丰富大学生的暑期实践活动，×高校2008级营销专业的学生想利用暑假到某公司参观学习，请你为他们写一封介绍信。

2. 请你在教师节前夕，给你所在学校的教师写一封慰问信。

3. ×市人事局组织处级以上干部到××著名大学进行了为期半个月的集中培训，收获颇丰。结业时学校为他们举行告别晚宴。请你代×市人事局拟写一份答谢词。

4. ××大学拟聘请知名律师王××为该校兼职教授，请你代××大学拟写一份聘书。

第九章
传播文书

新闻这一社会现象的出现，可以追溯到远古时代。人类社会一经形成，彼此依存的社会关系和改造世界的社会实践，迫切需要相互间沟通以保持联系，于是产生了新闻和新闻传播现象。

伴随着人类生活的日趋复杂，物质技术条件的逐步改善，新闻内容也更加生动丰富，传播方式不断演进更新，新闻的社会影响也随之展开。原始的手势、音响、标记新闻、以至口传新闻和手抄新闻，其传播的内容、范围、速度及影响是有限的；到了印刷新闻时代，特别是有了现代化的广播、电视，人们精神生活和物质生活更为丰富多彩，新闻则以空前琳琅满目的内容和速度传播于社会，影响全社会。

当今时代已步入信息化社会，每个人都置身于信息的制作、传递和接收中。新闻作为社会上信息含量密度最高、影响力也最为广泛的信息体现形式，作为最便捷、最迅速的信息传载体，作为人际交流的一种普遍而有效的中介和桥梁，它的及时、大量的社会传播，每日甚至每时每刻都可能对公众的思想、情绪和行动产生影响。随着媒体技术的高速发展，新闻更新的速度越来越快，写作的主体日趋泛化，有超出记者群体之势。所以掌握基本的新闻写作方法对任何人而言，都像掌握一门手艺，受用一生。

应该说，新闻写作本身有其特殊的原则、规律及较固定的格式。随着全民媒介素养的提高，阅读习惯的养成，这种规律性的因素正在深入人心。只有遵循新闻写作的基本原则、运用基本方法、符合读者的基本需求，才能写出读者喜欢的新闻作品。

本章精选了新闻文体中的常用文体——消息和通讯，深入浅出地讲述了各自的种类、特点以及写作方法和技巧，概念清晰，宜于掌握。该章撰写的宗旨是理论结合实际，注重实用性，并充分考虑了医学生应用的要求，力求通过实例分析，为初学者提供可操作、可模仿的依据。

第一节 新闻概述

一、新闻定义

什么是新闻?

在美国,麦尔文·曼切尔著的《新闻报道与写作》一书,引述了过去和现在新闻学家对新闻的一些解释。例如:

达纳在1869年至1897年主管过《纽约太阳报》,他说,新闻是“社会上大多数人感兴趣,而且在此以前从未对它注意过的那些事情”。《纽约太阳报》的一个编辑提出了一个经典性的新闻概念:“狗咬人,不是新闻;人咬狗,才是新闻。”

另外一个新闻的典型概念是斯坦利·瓦利克尔提出来的。他是20世纪30年代初期《纽约先驱论坛报》的采编主任。他说,新闻是建立在三个“W”的基础上:“妇女(Women)、金钱(Wampun)和坏事(Wrongdoing)”。

以上表述集中地代表了西方新闻学的基本立场,即一切反常的、有刺激性的、人们好奇的事才是新闻。

在中国,“新闻”这个词最早出现在《新唐书》。“新闻”一词在书中是指“最近消息”。《申报》在1872年提出:“新闻则书今日之事。”1943年9月陆定一提出:“新闻就是新近发生的事实的报道。”

1981年8月,中宣部在京召开全国18大城市的报纸工作座谈会,其会议纪要对新闻定义作了新的诠释:“新闻反映新发生的、重要的、有意义的、能引起广泛兴趣的事实,具有迅速、明了、简短的特点,是一种最有效的宣传形式。”

综合上述种种看法,我们不妨把新闻定义为:新闻是对新近发生或发现的有社会意义的能引起广泛兴趣的事实的传播。

狭义的新闻专指消息。广义的新闻包括消息、通讯、特写、调查报告、新闻评论等,是报纸、广播、电视等媒体中常见的报道体裁,它的种类很多,这里只介绍使用频率最高的消息和通讯。

二、新闻价值

新闻价值是新闻工作者用以衡量客观事实是否能构成新闻的标准。

新闻价值这个概念最早形成于美国。1833 年 9 月 3 日，美国大众化报纸《太阳报》创刊，推动了面向全社会的“便士报”的迅速发展。在报业竞争中，各报社老板和主编为扩大报纸发行量，十分重视对新闻事实的选择。美国著名报人普利策要求记者采访“与众不同的、有特色的、戏剧性的、浪漫的、动人心魄的、独一无二的、奇妙的、幽默的、别出心裁的”新闻，认为符合上述要求的，是有价值的新闻。20 世纪初，美国、日本的一些新闻学者，把新闻事实的选择标准，统一到新闻价值这一概念上，并把“读者兴趣”作为衡量新闻价值的重要标准。

在中国新闻界，新闻价值就是选择和衡量事实是否报道及如何报道的标准。它包含两层意思：一是事实本身所具有的价值，即事实本身的重要性、影响力和新鲜程度等；二是读者接受新闻后的受益程度，即新闻所引起的社会效果。

新闻价值作为选择报道事实的标准，有下列要素：

(1)时新性：报道及时，内容新鲜。事件发生和公开报道之间的时间差越短，新闻价值越大；内容越新鲜，新闻价值越大。

(2)重要性：对国计民生的影响越大，就越重要，新闻价值也越大。

(3)接近性：包括地理上的接近，利害上的接近，思想上的接近，感情上的接近。凡是具有接近性的事实，受众关心，新闻价值就大。

(4)显著性：新闻报道对象(包括人物、团体、地点等)的知名度越高，新闻价值越大。

(5)趣味性：具有趣味性的事实，往往有新闻价值。

新闻价值对于采访、制作、编辑等新闻业务有直接的作用。在采访前，记者依据新闻价值判断某一新闻线索有无采访的必要；在采访中，记者依据新闻价值估量获得的各种事实，以便抓住要点，深入采访；在制作中，记者依据新闻价值选取、组织、体现材料。编辑依据新闻价值审视新闻稿，决定稿件的取舍、修改以及版面设计。

第二节　消息的写作

消息即狭义的新闻，它是对新近发生的有社会意义并引起公众兴趣的事实的简短报道。因此，真实性、时效性及文字少、篇幅小等成为消息的基本特征。

一、消息特点

（一）内容真实，事实准确

真实是消息的生命，是力量的所在。事实是它的本源，也是消息令人信服的基础。真实，就是事实真实，所写的人物、时间、地点、事情发生发展的经过不能虚构。准确，就是每个事实，包括细节在内都准确无误。如果一条消息失真或有差误，不仅会降低其新闻价值、失信于民，而且还会损害党和人民的事业。

（二）内容新鲜，有价值

新闻贵在新，而且有认识意义、启迪和指导意义。消息只有新，才能引起读者的注意，先睹为快。新，不仅要把新人物、新事件、新经验报道给读者。而且要选择有意义、有价值，给人以启迪，有指导性的事物。那种一味追求猎奇的“狗咬人不是新闻，人咬狗才是新闻”的观点，是我们所不取的。

（三）要迅速及时，有时效性

迅速是消息的价值，消息报道速度迟缓便会降低消息的价值，“新闻”变成了“旧闻”。时效，就是速度要快，内容要新。对新人、新事、新情况、新问题，要敏锐地发现、尽快地了解、迅速及时地反映。

（四）简明扼要，篇幅短小

简短是消息区别于其他文体的主要标志。所谓简短，就是“三言两语，记清事实，寥寥数笔，显出精神，概括而不流于抽象，简短而不陷于疏漏”，用笔要简洁利落，内容集中精炼。

二、消息种类

（一）动态消息

也称动态新闻，这种消息迅速、及时地报道国内国际的重大事件，报道社会主义建设中的新人新事、新气象、新成就、新经验。动态消息中有不少是简讯（短讯、简明新闻），内容更加单一，文字更加精简，常常一事一讯，几行文字。

（二）综合消息

也称综合新闻，指的是综合反映带有全局性情况、动向、成就和问题的消息报道。

（三）典型消息

也称典型新闻，这是对某一部门或某一单位的典型经验或成功做法的集中报道，用以带动全局、指导一般。

(四)述评消息

也称新闻述评,它除具有动态消息的一般特征外,还往往在叙述新闻事实的同时,由作者直接发出一些必要的议论,简明地表示作者的观点。记者述评、时事述评就是其中的两种。

三、消息写作

写作消息要设想并回答读者问的问题,这些问题就构成了新闻的要素,一般来说新闻有5个要素,即:When(何时)、Where(何地)、Who(何人)、What(何事)、Why(何故)。有的新闻学上补充了一个要素:HOW(如何)。在5个W和1个H中,最主要的是What(何事)、Who(何人)。写作时要认真写好这几个方面的内容。

当我们弄清了"我要说些什么",接下来就是"怎么说这些内容",显然这涉及到了如何安排消息的结构。消息的结构比较固定,大多数的消息都是"倒金字塔"式的结构,即:最重要的材料放在开头,次要材料放在后面,以此类推。具体表现为:标题、导语、主体、结尾,并在文中穿插背景材料。

(一)标题

标题是消息的眼睛,拟写得好,可以吸引读者;否则,一篇好消息也会被埋没。标题有着向读者推荐该消息的作用。如:《地球三分钟净增五百人》(新华社1996年7月13日电讯稿)、《郭昊东施工队巧绘北京奥运场馆"双唇"》(2008年1月28日《宁夏日报》)、《"海南的救命恩人,让我摸摸你们的脸"》(2008年5月16日《海南日报》)。这些都是拟写较好的标题。

消息的标题必须简明、准确地概括消息内容,帮助读者理解报道的事实。消息的标题,分眉题(又称引题、肩题)、正题(又称大标题、主题、母题)和副题(又称小标题、辅题、子题)。在具体写作实践中,标题的制作有以下几种情况:

1.多行标题

多行标题一般有三行,即中间一行是正题,是标题的核心,用来揭示主题或提示重要事实;正题上面一行是眉题,用来引出正题,说明事实,交代背景,烘托气氛,揭示含义;正题的下面一行是副标题,用来补充说明情况或说明正题或依据。如:

经贸部负责人发表谈话(眉题)

希望海峡两岸实现直接贸易(正题)

愿与台经贸主管部门接触协商解决双方贸易中问题(副题)

2.双行标题

其一,出现正题和眉题。如:

真正幸福要靠自己劳动去创造(眉题)

杜芸芸将十万元遗产献国家(正题)。

其二,出现正题和副题。如:

成都电讯局花钱"买"批评(正题)

在报上登"公告"欢迎群众对通讯服务工作进行监督(副题)

3.单行标题

单行标题只有正题。如:

唐山十三位农民兄弟惜别郴州市民

消息的标题,力求言简意明,平易亲切,准确新颖,富有吸引力。采用哪种标题,要酌情而定。

(二)导语

导语是指一篇消息的第一自然段或第一句话。它是用简明生动的文字,写出消息中最主要、最新鲜的事实,鲜明地提示消息的主题思想。

导语的要求,一是要抓住事情的核心,二是要能吸引读者看下去。要做到第一条,必须具备训练有素的分析能力;要做到第二条,则要有写作技巧。

导语写作中的思维过程:

(1)什么事情是已经发生的事件中最重要的?

(2)什么人参加进去了?——谁干的或谁讲的?

(3)是用直接性导语,还是用延缓性导语?

(4)有没有什么吸引人的词汇或生动形象的短语要写进导语中?

(5)主题是什么?什么样的动词能最有效地吸引读者?

以上5个问题中,第三个问题涉及到导语的类型。那么,导语有哪些类型呢?

一类是直接性导语:直接写出事实的核心的导语。多是陈述性的像速记一样地反映事实。

另一类是延缓性导语:多用于"软"消息。即所报道的不是正在发展中的、变化中的或突发性的事件。它通常用来设置一种现场或创造某种气氛,多是解释性、说明性的。

导语的形式主要有:

1.叙述式

用摘录或综合的方法,把消息中最新鲜、最主要的事实简明扼要地写出来。

这类导语的特点是开篇即告诉读者一件某种出人意外的事。

如:美联社纽约电——一位女王星期二因为抽烟太多而被罚款100美元。这就是玛丽女王。说具体一点,就是那艘著名的英国班轮。

2.描写式

对消息的主要事实或某一有意义的侧面作简洁朴素而又有特色的描写,以酿成气氛。描写式导语的特点是用较少的文字勾勒出一幅迅速、清晰的画面,给受众以现场感。这类导语在消息中不常用,通常在特稿中用。但如果用得好,在消息中也可以产生极好的效果。

如《芝加哥论坛报》一篇新闻特写的导语:阳光长久地照射在朝街的窗户上,里面靠门的那个男孩坐在椅子上,身子向前侧着,遮着眼睛,避开耀眼的阳光。他父母坐在他两旁,朝前望着。他显得闷闷不乐,他的父母面带忧色。没有人说话,只有坐在后面打字机旁的一位姑娘疲倦地抱怨天气太热了。

3.提问式

先揭露矛盾,鲜明尖锐地提出问题,再作简要的回答,引起受众的关注和思考。

如:亲爱的读者,你知道灯心绒可以做夏天穿的裙子吗?上海绒布厂新生产的许多灯芯绒中,就有这样新奇的品种。

4.结论式

把结论写在开头,提示报道某一事物的意义或目的或总结。

如:由于股票和地产问题,日本首相细川今天宣布总辞职。

另外还有摘要式、评论式、号召式、综合式、解释式等。

(三)主体

这是消息的主干部分。它紧接导语之后,对导语作具体全面的阐述,具体展开事实或进一步突出中心,从而写出导语所概括的内容,表现全篇消息的主题思想。应按“时间顺序”或“逻辑顺序”写作。

主体写作的一般要求:

1.变换角度,避免重复导语

主体常常要对导语概括的东西具体化,如果把握不好,容易犯重复的毛病。

2.紧扣主题,避免节外生枝

主体不能重复导语,又不能游离导语,这是一个问题的两个方面。

3.内容充实,防止空洞

作为阐述导语和补充导语的主体,要尽可能具体,以充实的信息满足受众,防止空洞无物。

4.叙述上灵活多变,防止罗列

为了增加新闻的可读性,行文时应力求多一点变化。西方推崇“断裂行文法”,就是段落比较短,各段相对独立,段落之间一般没有衔接过渡(而是依据材料之间的内在联系,这在其他文体中是断裂,是文气不贯通);叙述打破时空限制,造成快节奏推进;似断实连,形散神聚。有的消息甚至完全打乱时空,每一段都是相对独立的。段与段之间不要过渡和照应的文字。

(四)背景

1.背景的概念

写新闻有时要交代背景,目的在于帮助读者深刻理解新闻的内容和价值,起到衬托、深化主题的作用,是回答 5 个“W”中的 Why(为什么)。新闻背景指事件的历史背景、周围环境及与其他方面的联系等。

西方新闻学认为背景就是对新闻事件做出的解释。美国新闻学家赖斯特说得很清楚,“我看不出新闻背景与解释有什么区别。解释,在我看来,就是新闻报道的深入化,就是把单一的新闻事件放到一系列的事件中去写”,“就是提供新闻的背景知识,从而使读者能够对新闻事件做出客观的判断。”

但是“解释”不是议论,解释本身就是事实,也就是说用事实去解释。所以新闻背景又称之为“事实背景”。

2.背景的作用

第一,是说明新闻事件的起因。

第二,显示或帮助读者理解新闻事件的重要性。

第三,突出新闻稿件的新闻价值。

第四,表明记者的观点。记者是不准在新闻中发表议论的,但是,谁也无法禁止记者通过自己来写的新闻表达自己的立场和看法。纯客观的报道是不存在的。

3.背景的类型

常见的有 3 种:对比性的、说明性的、注释性的。有的新闻学则将背景分为 4 种:人物背景、地理背景、历史背景和事物背景。

(五)结尾

新闻的结尾有小结式、启发式、号召式、分析式、展望式等。这些结尾写作与一般记叙文结尾的写作并无大的不同。

【例文 1】

下面就以获得第十九届中国新闻奖消息类一等奖的获奖作品《郭昊东施工队巧绘北京奥运场馆“双唇”》为例，对该消息的写作做一个简略分析。

宁夏人攻克一道道世界性施工难题

郭昊东施工队巧绘北京奥运场馆“双唇”

本报讯 （记者 苏保伟）1月22日，在北京奥运会国家会议中心，郭昊东将火车票分发到一群打工者手中，让他们回宁夏过年。此前，这位从彭阳县大山深处走出来的打工头，率领他的“郭昊东施工队”奋战在国家会议中心外观装饰工程施工现场，攻克了一道道世界性施工难题，为宁夏人争了光。

家境贫寒的郭昊东读完高中后便到银川、西安、深圳等地打工。2001 年 7 月 13 日，北京申奥成功的不眠之夜，他在深圳做出决定：到北京去，与奥运同行不久，他受聘于北京一家公司。2005 年他成立了北京德泰兴装饰公司，将彭阳、同心一带农民纳于“麾下”。他重视职工生活和技能培训，花 30 多万元购置了一栋三层移动式职工宿舍，3 万多元添置了图书和影像资料，采取岗前学习、岗中传帮带、周末和晚上辅导等形式对工人进行培训。与武警北京北苑支队结成军民共建单位，对职工进行军训。一支纪律严明、作风技术过硬、由西北人组织的规模最大的玻璃幕墙施工队伍———“郭昊东施工队”在首都业界声名鹊起。

2007 年 3 月 10 日，“郭昊东施工队”承担了奥林匹克公园中心四大主场馆之一的国家会议中心东、北、南三面玻璃幕墙的施工任务。施工难度最大的是东面外观双曲线悬挑唇型工程，长各 500 米的“上、下唇”是不规则的三维曲面，全部用钢结构和金属铝板及 4 万多叶片组合而成，每一工艺、细节均通过三维空间集中表现，独特的造型由英国 RMJM 设计公司作总顾问设计，这样的施工在世界上是首次，没有先例可借鉴。此前已有几家施工队因技术难度大而临阵退缩。郭昊东组织技术人员，积极探索，大胆创新，采用“土洋结合”的办法，攻克了一道道技术难关。2007 年底，在监理单位严格审核下，中心上唇和玻璃幕墙工程顺利封闭，得到 2008 奥组委的认可。

目前，“郭昊东施工队”的业务以北京为中心，辐射到江苏、山东、内蒙古等地。2007 年累计引进宁夏劳务人员 230 多人，长期工达 150 人，除衣食住行开支 60 多万元外，每年按月足额发放工资 100 多万元。（《宁夏日报》2008 年 1 月 28 日）

评析：《郭昊东施工队巧绘北京奥运场馆“双唇”》这则消息是 2008 年农民工、奥运两大热点题材下的首次发现并独家报道的新典型。2008 年大批农民工返乡,成为社会焦点中的难点!这一影响着社会和谐发展进程的特殊庞大群体,其实,路就在他们自己脚下。这篇报道预见性地扣住了这一焦点,以从宁夏西海固打入京城的农民工郭浩东的立身经历,以及他将带出来务工的乡邻强化培训,实现了体力型向技能型的转变,在奥运场馆建设中大显身手。以小人物的经历和作为,解读了农民工务工立身之道。

该消息是双行标题,有眉题和正题,眉题揭示含义,正题提示重要事实。第一自然段是导语,“这位从彭阳县大山深处走出来的打工头,率领他的‘郭昊东施工队’奋战在国家会议中心外观装饰工程施工现场,攻克了一道道世界性施工难题,为宁夏人争了光。”作为叙述式导语,简明扼要地揭示事实。二、三自然段是主体,展开新闻事实,其中第三自然段交代背景,突出了新闻价值。最后一自然段是结尾部分,用数字的形式来进一步增强效果。

【例文 2】

下面一则消息是获得第十九届中国新闻奖消息类二等奖的获奖作品《“海南的救命恩人,让我摸摸你们的脸”》。

“海南的救命恩人,让我摸摸你们的脸”

本报四川北川 5 月 15 日电 (特派记者李英挺 通讯员胡金文)15 日上午 10 点 37 分,四川省绵阳市北川县地震灾区夏禹电力公司的一堆废墟上。当誉欣终于获救时,废墟上守候的人群响起一阵欢呼掌声。誉欣永远无法忘记这一时刻———被埋在坍塌建筑 68 个小时,当她绝望时,来自海南的地震紧急救援队冒着生命危险,为她打出一条生命通道。

誉欣被救出后,救援队员担心强光刺激她的眼睛,马上用布盖在脸上。誉欣躺在担架十分激动,由于双眼被蒙不能亲眼看到这群救命恩人,她只知道这是来自海南的救援队。她一边哭着一边说:“海南的救命恩人,让我摸摸你们的脸!给我留个电话,我一定会去海南感谢你们。”

地震灾害发生后,北川县老县城 80%、新县城 60%以上建筑垮塌。15 日早晨,居民扶老携幼从县城往任家坪方向撤离,北川县城一片死寂,大部分房屋垮塌形成巨大的水泥瓦砾场。海南地震紧急救援队冒着生命危险往县城前进,沿着已经无法辨认的县城主干道前行,仔细搜索巨大水泥石块下面传出来的微弱呼救声或呻吟声。

早上 9 时许,海南地震紧急救援队正在废墟中搜救幸存者,有人报告:该县夏禹电力公司,废墟中发现有幸存者呼救。

9 点 10 分,海南地震紧急救援队紧急驰援现场。在废墟中艰难挺过了 60

多个小时的誉欣告诉队员，自己身体状况很好，脚拇指还有感觉；

9点23分，救援队员把埋压誉欣的铝合金窗剪断；

9点40分，成功剪断压在誉欣的混凝土梁柱钢筋，慢慢地把石块往外刨；

10点08分，救援队员再次换下第二梯队，加快救援速度；

10点20分，刨出废墟空隙越来越大，誉欣的头可以扭动，左脚可以伸出；

10点37分，最后的时刻到了———5名救援队员从狭小的废墟间隙，将誉欣救出……

30岁的誉欣是夏禹电力公司调度办公室一名职工，地震时正在办公室上班，一阵天摇地晃后，所在办公楼坍塌，68个小时里就靠办公桌上的水维持生命。

余震引起旁边山体不停地有石块哗啦啦滚下山，进入夏禹电力公司救援现场高10多米的危桥时，倾斜越来越大，随时都有倒塌的可能，海南地震紧急救援队负责人立作做出决定，所有队员淌水过河，踏着余震继续寻找埋压在废墟的幸存者。(《海南日报》2008年5月16日)

评析：消息《"海南的救命恩人，让我摸摸你们的脸"》真实记录并热情讴歌了在抗震救灾中涌现的可歌可泣的英雄事迹和受灾者、救援者的顽强精神，起到了引导舆论、坚定信心、鼓舞士气、稳定人心的积极作用。

2008年5月15日，四川省北川地震灾区，誉欣被海南救援队救出后，救援队员担心强光刺激她的眼睛，由于蒙住双眼的誉欣一边哭着一边说："海南的救命恩人，让我摸摸你们的脸！"一句肺腑之言感动现场每个人，这是汶川大地震发生后一位幸存者被救后的真情感言。当时，记者的脑海中马上意识到这句话作为标题最恰当不过。

《"海南的救命恩人，让我摸摸你们的脸"》以倒金字塔结构，采用紧迫的时间为引线，用朴实的语言，通过对现场救与被救双方言行的描述，以细节刻画了救援队的英雄之举与幸存者的心存感恩。通过典型的细节，渲染了救援现场典型的环境气氛，深化了作品的主题。

【例文3】

下面一则消息是获得第十九届中国新闻奖消息类二等奖的获奖作品《寿光8万农民工"寒冬"不失岗》。

寿光8万农民工"寒冬"不失岗

本报寿光12月29日讯(记者　崔永刚　王德贞)今天上午，虽然天寒地冻，但寿光市侯镇项目区内却是春意盎然。山东联盟化工集团在此举行新员工宣誓上岗仪式，25岁的农民工王发亮和46名工友经过1个月的岗前培训，今天正式上班，从此成为寿光8万农民工大军中的一员。

正当一些地方的很多企业受国际金融危机影响，纷纷裁员应对经济“寒冬”时，寿光却是另一番景象。寿光市总工会副主席李仁光说，目前全市有大小企业4088家，其中的8万名农民工，已全部纳入工会组织。为保障农民工权益，寿光市总工会发出了《致厂长（经理）的一封信》，倡议企业理性应对危机，不做“经济性裁员”，得到了域内企业的集体响应。山东默锐化学有限公司是一家出口型企业，虽然经营遇到暂时困难，但是1000多名职工无一下岗。公司总经理杨树仁认为，让职工有稳定的收入是企业的社会责任，而且熟练工人也是企业的宝贵财富，裁掉容易招回难。杨树仁说：“关键时刻要有担当，企业愿做农民工的‘挡风墙’。”

目前在寿光，农民工不仅没有因经济“寒冬”而失岗，今年全市146亿元的工业投入还催生了近万个就业岗位，又吸纳了8622名农民变工人。仅山东联盟化工集团今年就开工了5个项目，新招进了951名农民工。

“寿光企业能从容应对危机，被称为‘寿光模式’的银政企合作，功不可没。”山东社科院研究员秦庆武介绍，寿光的银政企合作，就是由政府建立中小企业协会和政策性担保公司，为中小企业提供信贷支持。至今，作为银企“红娘”的担保公司，已为寿光25家中小企业提供了4550万元贷款担保，助其在“风雨飘摇”中站稳脚跟。

工业之外，快速发展的服务业也生成了一汪就业“活水”。近日，寿光全福元超市东城店开业，新聘800多名农民工；银座商场寿光店临近开张，又推出1600个招聘岗位。据悉，已有10家大型卖场先后落户寿光。

从今年10月下旬开始，寿光市职业介绍中心专门设立了“失业农民工登记服务窗口”，该中心主任刘月祯今天告诉记者：“到目前，前来登记失业的人数为零。”（《大众日报》2008年12月30日）

消息《寿光8万农民工“寒冬”不失岗》是一篇提振信心的独家经济报道，在金融危机袭来的关键时刻及时发声，发挥了重要的导向作用。

作品表现的主题重大：2008年末，国际金融危机迅速蔓延。经济“寒冬”引发失业潮，弱势群体农民工首当其冲。如何保障农民工就业，成为中央到地方都高度关注的民生热点。

作品凸显热点中的亮点，探寻了寿光破解难题之策：政府积极作为保增长、工会及时倡议维权益、企业履行责任勇担当、“银政企合作”渡难关。危机时刻交出了一份合格的民生答卷。

为什么是寿光市？新闻发生在这里不是偶然的。寿光市是胡锦涛总书记保持共产党员先进性教育活动的联系点，总书记曾在此明确提出"要使先进性教育活动真正成为群众满意工程"。危机来临时，心系群众冷暖，让每个农民工有活干、有钱挣，这是该市牢记并践行总书记嘱托的结果。彰显执政能力和民生情怀，成为科学发展构建和谐社会的典范。

作品"以小见大"，从农民工不失岗的角度切入，以一个县域"应考"金融危机的优异表现，映照了我国改革开放 30 年的实力积淀。面对考验，这份积淀愈显风范。

第三节　通讯的写作

通讯是以叙述、描写为主要表达方式，将具有新闻价值的人物或事件及时、具体、生动地予以报道的新闻体裁。

一、通讯特点

通讯作为报刊、电台等媒体最主要的体裁之一，新闻性显然是基本的特征。而新闻性中，真实、时效、思想性及典型意义构成了它的不同层面。就报道对象而言，或是人物、事件，或是经验、成果、工作情况、社会风貌等，都必须是真实的，不允许虚构或"合理想象"，而且报道对象应该具有必须的思想性和典型意义。就报道时效而言，通讯虽不及消息这般快速敏捷，有时为将人物、事件报道细致完整需时较长，但也必须及时，仍须有很强的时效概念。除去真实、时效的新闻性特征，通讯的主要特点有：

（一）生动性

通讯尤其是人物通讯具有一定的文学色彩。消息在表达上主要是平面的叙述，语言追求简洁、明快、准确。通讯则较多借用文学手段，可以描写、抒情、对话，可以用比喻、象征、拟人等修辞。因此通讯在语言和表达方法上都具有一定的文学性，它在报道真实的人和事的过程中，善于再现情景，平添许多生动和形象，给人以立体感、现场感。

此外，通讯虽然一般以第三人称叙述为主，但在"见闻"、"采访记"一类的通讯中，也采用第一人称。不过其中的“我”主要起见证人或采访线索的作用。在效果上第一人称的使用也增加了一些亲切感。

（二）完整性

通讯须相对完整、具体地报道人物或事件的过程。消息侧重写事，叙述简明扼要，一般不展开情节。通讯可写人物也可写事件，其材料比消息丰富、全面，其容量比消息厚实、充足。它要求详尽、具体地报告事件的经过、演绎人物的命运，充分展开情节，甚至描写细节和场面。这些既是生动性的表现，同时也是内容完整性、具体化的要求。

（三）评论性

通讯须运用夹叙夹议的方法对人或事做出直接的评论。消息是以事实说话，除述评消息一般不允许作者直接发表议论。通讯则要求在报道人物或事件的同时，表露记者的感情与倾向。然而通讯的评论不同于议论性文体的论证，它必须时时紧扣人物或事件，依傍事实作适时的、恰到好处的评价点拨。因此这是一种通过描写、叙述、抒情等表达手段进行的议论，它的特点是以情感人、理在情中。

二、通讯种类

（一）人物通讯

是以人物的思想、言行、事迹和命运为报道内容的通讯。人物通讯并非仅仅是“名人通讯”，报道对象的选择取决于其蕴含的新闻价值，一般来说人物必须具有先进性或典型性。在取材上可写“全人全貌”，也可截取片断着重写人物的某个侧面或阶段。这两类一般以人物的“行”为主，而“人物专访”则以写人物的“言”为主。通过记者的专访记述人物的谈话，从而揭示其精神世界。

下面的例子是获得第十九届中国新闻奖通讯类一等奖的获奖作品。这是一篇感人至深的人物通讯。《兵团日报》在一版头题位置刊发这篇通讯，将吴兰玉老人用 9 年时间拾荒还债的故事告诉读者，意义十分重大。一个拾荒老人的故事配评论在一版头题位置刊发，立刻引起极大的反响。当一个年迈、衰弱、贫困不堪的老太太掷地有声地说出“我要做一个诚信的人”时，我们应该相信，“诚信”一词及其他的丰富内涵早已融入中华民族的血脉中，中华民族的传统道德大厦是坚固的。作者几乎不发议论，而是注重写故事、写情节，用生动、详尽的事实凸现人物；文字清新、朴实，不拔高、不渲染，使得所报道的人物真实、可信、感人。新华网、中国新闻网、中国经济网、搜弧网、新浪网、百度等国内几十家知名门户网站纷纷转载了这篇通讯。诚信老人吴兰玉和她的故事最终引起了全国范围内的关注，经网民推荐，她荣登中央文明办、中国文明网举办的2008年度“中国好人榜”。

“我要做一个诚信的人”

记者　王遐

10月7日是重阳节，无数中国老人和家人一起饮菊花酒、吃重阳糕、登高望远，度过了这个和乐、温馨的节日。而74岁的吴兰玉老人，却和以往的许多个重阳节一样，独自忙碌了一天，捡回了一大堆废纸箱、饮料瓶。

尽管有些疲惫，但是老人的心情很好，因为和以往的许多个重阳节不一样的是，她如此忙碌不再是为了偿还沉重的债务，而仅仅是为了活动自己的肢体。“我不能闲下来，一闲下来，我的腰、腿啥子就没得劲了。”她操着浓重的四川方音说。

吴兰玉的家在建工师达丰社区。狭窄的小院里养着几只鸡和兔子，两间住房不到20平方米，暗淡的光线照着几件已看不出原始颜色的旧家具，这一切便是她全部的家当。站在这贫寒、简陋的家里，年迈、瘦弱的吴兰玉并不显得愁楚，因为背负了10多年的5.5万元债务已经全部还清，她将无忧无虑地度过余生。

吴兰玉是原兵团第二钢铁厂的职工家属，她的丈夫李升然、儿子李培川都是厂里的工人。她那个原本完整的家虽不富裕，但却是温暖、和睦的。

1990年，刚刚27岁的李培川不幸患上了尿毒症。医生说，拯救李培川的生命，就必须要给他做肾移植手术。手术需要10多万元费用，这个家顿然被逼到了极度窘迫的境地。

有人劝吴兰玉：“你到哪儿弄那么多钱？就算倾家荡产给孩子换了肾，也可能会出现排异现象，孩子的命最终保不住。放弃了吧……”

“我儿子这么年轻，哪怕只有一线希望，也要救他。我是他母亲，我不能放弃！”吴兰玉说。

吴兰玉的执著也激励着老实、内敛的丈夫。夫妇俩商量，李升然全心投入工作，挣一份足额工资，吴兰玉则在陪护儿子的间隙，出去干零活、捡废品。他们省吃俭用，一元钱一元钱地给儿子积攒手术费。

因为极度的焦虑和营养不良，1995年年初，李升然病倒了，被医生确诊为肝癌。仅仅3个月时间，李升然的生命就走到了尽头。弥留之际，看着瘦弱的老伴，想着就要遗留给她的重负和不知道未来如何的儿子，李升然浊泪横流，久久不能瞑目……

吴兰玉陪伴着儿子，继续与病魔抗争着。1996年，医院终于为李培川寻找到了合适的肾源。吴兰玉倾尽所有积蓄，又跟10多个熟人和朋友借了5.5万元钱，终于筹足了手术费，给儿子做了肾移植手术。

但是，这一切努力并没能挽回李培川的生命，1999年8月，他终因多种脏器功能衰竭而停止了呼吸。

丈夫走了，儿子走了，今后的日子怎么过？数万元借款怎么还？坐在冰冷、昏暗的屋子里，没有经济来源的吴兰玉绝望至极。她找出儿子吃剩下的一堆药，一股脑儿吞下去，然后躺在床上静静地等待死亡的来临。

但是昏睡了一天一夜后，吴兰玉竟苏醒过来了。知道自己没有死，她失声痛哭："老天爷都不让我死，因为我还欠着债呀！"

吴兰玉没有念过多少书，但是她明白，欠债就要还钱，这是天经地义的！给她借钱的大都是一些好心肠的姐妹，她们都明确地表示不要她付利息，而且也都没让她打借条。这些自身生活也并不宽裕的姐妹在她极度困难的时候都向她伸出了援手，她不能辜负她们。

吴兰玉逐个探访给她借款的姐妹，商定还款期限。"5万多元哪，不是小数目，你拿啥子还呀？"几十年前和吴兰玉一同从四川来到新疆的好姐妹刘文英忍不住发出了一声长叹，她对吴兰玉说："我借给你的5000元钱，是我自己悄悄攒下的，老伴和孩子们都不晓得，你实在还不了，就不用还了。"

"我能还。只要我活着，一定会一分不少地还给你，你放心。我吴兰玉虽然很穷，但也要明事理、讲良心，我要做一个诚信的人，对得起大家！"吴兰玉承诺道。

这以后，吴兰玉便背着一个塑料编织袋行走在街头巷尾，她决定捡废品卖钱来偿还5.5万元借款。这个没有多少文化、没有什么技能、身高不到1.50米的60多岁的老太太，以孱弱之身、用这样的方式担当起了一个对她来说几乎无法担当的责任。

吴兰玉每天天不亮就出门，黄昏时才拖着疲顿的脚步回家。拾掇好捡来的废品，她喘口气儿，然后煮一碗没有油花的土豆面疙瘩汤，算是吃了一天里的一顿正餐。第二天她仍旧早早出门，把废品背到收废站卖掉，将换得的几元钱小心掖好，又接着走街串巷……她就这样风雨无阻地捡拾着废品，重复着一个又一个艰辛、凄苦的日子。

在附近居民区开着一个小商店的姐妹唐坤莲给吴兰玉借了1.2万元钱，她的女儿后来也患了重病。知道吴兰玉的难处，唐坤莲没有上门催款。吴兰玉闻讯后非常不安，她拼命地干活儿，每天奔波 20 多千米，把能卖钱的废品都捡回来。两年后，当吴兰玉把 1.2 万元钱悉数还给唐坤莲时，唐坤莲惊讶极了，不敢相信家徒四壁、孤单无靠的吴兰玉竟然把借她的钱全部还清了。那是吴兰玉还的第一笔借款，也是数额最大的一笔借款。她说："还完了钱后，我激动了好几天。我开始有了信心，晓得我用自己的双手在有生之年还清所有借款，是可以做到的。"

距达丰社区 2 千米外的一座荒山上，掩埋着钢厂许多年前丢弃的废钢渣。得知卖这个也能挣钱，吴兰玉捡完了废品之后，又赶紧扛起十字镐，到荒山上去挖钢渣。

是一个很耗体力的活儿，常常要挖到 1 米多深才能找到几块钢渣，男人们干着都很吃力。吴兰玉带上馒头和水，在山上一干就是七八个小时。她一镐头一镐头地挖着坚硬的土石，实在太累了，就歇一会儿，喝点水、啃几口馒头，然后再接着挖。

许多女人上山来干几次就受不了，不愿再来了。而吴兰玉一直撑着，每天都挖几十千克，分装在几个袋子里，一点一点背下山。再苦再累吴兰玉都咬牙坚持着，迈着蹒跚的脚步一次次爬上荒山，从厚厚的土石下面共挖出了 10 余吨废钢渣。攒钱、还债，这是吴兰玉 9 年来唯一的生活目的。为了这个目的，她一直过着许多人都难以想象的清苦日子。9 年来，她没有买过食用油，没有买过肉，一日三餐都是馒头、泡米饭、面疙瘩汤。想吃菜了，她就去农贸市场帮人看菜摊儿、打扫卫生，换回来一些土豆、萝卜、青菜叶，用盐水煮一煮吃。9 年来，她没有添置一件衣物，她的衣服大都穿了几十年，破损了也不舍得扔掉，缀上补丁再继续穿。她把卖废品、卖钢渣、打零工所得的每一分钱都积攒起来，攒够了一笔欠款后，就立即给人家送去。

达丰社区、建工师、兵团民政局都很关心吴兰玉，在 1999 年她的儿子离去后，就根据政策给她发放了最低生活保障金。去年春节，兵团民政局局长刘钢来到吴兰玉家，见寒冷的季节家里竟然没有烧火炉，很吃惊。一问才知，吴兰玉把社区发给她的 300 元取暖费攒起来还了借款，没舍得用这笔钱买煤烧。刘钢的心里一阵酸楚，第二天他就派人给吴兰玉送来了一吨煤。

住在达丰社区和附近的许多居民都热诚地帮助着吴兰玉，他们经常给她送来一些面粉、大米和油、盐、酱、醋等生活用品。担心吴兰玉拒绝，大家总是在她出门的时候把东西悄悄放在她家门口。左右邻居做了好吃的饭菜时，也总是想着吴兰玉，把她叫到家里来一起吃。邻居樊焕成说："这个老太太很坚强，很厚道，不管多苦多难，她都要重信义、守信用，这一点让我们十分敬佩，我们能帮她一把就要帮她一把。”

今年春节，兵团民政局局长刘钢、建工师副师长王春全又来看望吴兰玉，得知吴兰玉把每月领取的最低生活保障金也用来还了借款，她的生活已极度困难，营养不良造成的贫血日益严重，就想方设法资助了她5000元钱，帮她给最后两位借款人还清了债。

“我从心里感激这些领导，要不，我还得苦熬两年。”吴兰玉说。她告诉记者，现在她每月的最低生活保障金已增加到237元，维持日常生活没有问题。“以后的日子不会太难了，我要好好地活着！”稀疏的灰发下面，老人那张曾经写满了苦难的脸上露出了微笑。（来源：《兵团日报》2008年11月13日）

（二）事件通讯

是以典型意义的事件为报道对象的通讯。事件通讯时效性较强，它围绕中心事件选材，虽不着力刻画人物，但往往通过典型事件表现一群人或一个集体。所以它通过较为详尽地展示事件的完整过程，挖掘其意义，揭示其本质，进而反映社会风尚，弘扬时代精神。

（三）工作通讯

工作通讯，是介绍某单位先进事迹，传播其典型经验和做法，以指导一般工作的通讯。

（四）概貌通讯

概貌通讯又称风貌通讯，是记述某地区、部门、行业、工程的新面貌、新气象的通讯。报刊上常见的“见闻”、“纪行”、“巡礼”、“散记”均属此类。此外，还有以写一个片断、一个场景、一场冲突为对象的“新闻故事”、“小通讯”之类，它们以生动、快捷的形式宣传新人新事新风尚。

下面是获得第十九届中国新闻奖通讯类一等奖的获奖作品，一篇事件通讯的节选。该篇报道率先在新闻中点名披露问题奶粉疑为“三鹿”奶粉。9月11日，稿件见报后迅速地被国内外各大媒体大量转载。该篇点名报道掀开了乳品行业的“三聚氰胺”黑幕，引发一场前所未有的质量问责风暴，众多高官及企业负责人因此引咎辞职，并被追究刑事责任。三鹿问题奶粉的受害婴儿达29万多人，该问题的曝光也推动了一系列法律法规的修改完善。中央电视台、新华社、人民网等国内外数百家媒体对东方早报及报道作者简光洲做过专题的采访报道，东方早报因此获《南方周末》2008年度致敬媒体。

甘肃14名婴儿同患肾病　疑因喝三鹿奶粉所致(节选)
不知是否冒牌产品　豫赣鄂等也有同样病例　样本已送国家鉴定机构
三鹿集团称产品“没质量问题”　甘肃省卫生厅今天介绍调查进展

早报记者　简光洲

9月8日,位于甘肃省兰州市的中国人民解放军第一医院泌尿科又接收了1名8个月大、来自该省岷县的患有“双肾多发性结石”和“输尿管结石”病症的婴儿,这是该院3个多月来接受的第14名患有同样疾病的病例。

到目前为止,对于婴儿患病的原因还没有调查清楚,但是这些家长们反映孩子们出生后一直都在吃名为“三鹿”牌的奶粉。患病婴儿的家长们怀疑说:“或许和当年安徽阜阳的空壳奶粉致婴儿成为大头娃娃一样,这次的罪魁祸首也可能是奶粉。”

记者昨日还了解到,10天前湖北省同济医院小儿科也接收了3名患有肾病的婴儿。这3名分别来自河南、江西和湖北的患儿家长也反映婴儿食用的是“三鹿”牌奶粉。

目前尚不知患儿所使用的奶粉是否为假冒伪劣产品。河北三鹿集团传媒部对早报记者表示,已派出工作人员赴甘肃调查,当地质检部门对该集团奶粉的检验显示没有质量问题。

……

(来源:《东方早报》2008年9月11日)

三、通讯的结构

通讯的结构和消息的结构有较大的区别。消息由于篇幅短小,结构相对单纯固定,通讯的结构则灵活而富于变化。

(一)通讯结构应遵循的原则

1.结构要服从主题的需要

人们爱用人体来比喻文章的各个要素:主题是灵魂,材料是血肉,结构是骨骼,语言是细胞。在这些要素中,灵魂无疑是最重要的。没有灵魂的人是行尸走肉,血肉、骨骼的存在就毫无意义,同样,缺少了骨骼、灵魂和血肉就无所依从。

2.首尾圆合,文情畅达

结构的主要环节是开头、结尾;层次、段落;线索、脉络;主次、详略。所谓首尾圆合,文情畅达,是说文章首尾要呼应,中间的主体部分不得无故残缺,线索脉络的设置精当,主次详略的搭配完美,文气畅通,浑然一体。

3. 新颖活泼，不拘一格

通讯的结构要巧妙、不雷同，要波澜起伏、引人入胜。在通讯的写作中，结构的安排是通讯写作中最具创造性的环节。

(二)通讯结构的常见形态

1. 纵式结构

凡全篇的层次与层次之间呈现纵深发展态势的，都是纵式结构。具体来说，又有两种基本形态。

(1)按时间的推进安排步骤，组织材料。这种结构形态可以被简称为时间结构。其基本特点就是以时间为脉络，沿着时间的长链，把事件的发生发展区分为若干个不同的步骤，每个步骤形成一个大的层次，几个层次构成全篇。

1996 年，我国的几大媒体同时推出了服务业的模范人物李素丽和徐虎的先进事迹。其中《工人日报》记者郭萍、吴晓向采写的通讯《北京有个李素丽——21 路公共汽车 1333 号车跟车记》获得了第七届中国新闻奖，这篇通讯就采用了以时间为脉络的纵式结构。这篇通讯共有 4800 字，共分为 17 个层次。

①雨点如断线的珠子砸在雨伞上，她的脸上、胳膊上都溅上了雨水。她招呼乘客们上车。

……她就是李素丽。中等身材，30 多岁。海蓝色的套装整洁可体，淡妆轻抹的脸上，闪动着一双笑眼。

②汽车启动了。李素丽折起雨伞，擦去脸上的雨水，理理自己的头发。随即，车厢里响起了甜润的声音……一位乘客动情地说：“售票员给上车的人打伞，不多见了。”……

③车厢外，雨还在下。车厢里，显得十分拥挤。

李素丽：“乘客同志们，下面，请您准备好零钱，我将到您的身边售票……”

④三里河站。

……李素丽走下车搀扶老人上车。

⑤车厢里挤满了人。

……她挤到两位年轻人面前，细语轻声地说：“请给老人让个座好吗?”

年轻人应声站起。两个老人也坐下了。

李素丽露出欣慰的笑容。

⑥……“我闹牙呢，专门来坐她的车。”女士指指自己的右腮，同时又向李素丽亲昵地瞥了一眼。

“坐她的车还能治牙痛?”我们颇为不解。

“可不。……听她说话，看她做事，心里特快活，一舒畅，就把痛给忘了……”

⑦……李素丽扶着那位中年妇女来到空位前，让她坐下。

原来，这是一个残废人……

说到残废人，记者当晚采访了李素丽的另一个故事。

⑧……我觉得她是我的亲姐姐，是她鼓起了我生活下去的勇气……

⑨一位戴墨镜的乘客摸着朝售票台走去。

她从挎包里掏出一个纸包，放在售票台上。

“同志，你……”李素丽莫名其妙。

“姑娘，我就爱听你话。这几天，我觉得你的嗓音有点哑，这点胖大海是我专门给你买的，泡着喝罢。”

……原来她是盲人。

⑩车厢里。

一位中年妇女走到李素丽身边：“姑娘，你太累了。我看你的脸色不太好。”……“这是新鲜荔枝，听说吃了补身子。”

……李素丽被逼无奈，吃了一颗。

大嫂爽朗地笑了，笑得那么开心。

……

——1996 年 10 月 4 日《工人日报》

从首趟车发车开始写起，写到下班为止，其中发生的事情，按时间顺序一一排列出来。这是完全按时间顺序安排的纵式结构。

(2)由浅入深地组织材料。这是一种“递进式”的纵式结构。特点是从浅层到深层，从现象到本质，或从感性到理性。层次与层次之间呈现逐层深入的态势。

例如，1997 年 9 月 22 日《大河报》刊登了一篇通讯，标题是《碑上，刻着百名学子的姓名》，全文分为四大层次：

第一个层次的小标题是：“村中央，有一块奇特的碑”。说在南阳市宛城区瓦店镇焦营村，有一块一人高的石碑，上面刻着自 1977 年恢复高考以来本村考上大中专院校的 106 人的名单。

第二个层次的小标题是：“一家几个大学生不是稀罕事”。说的是该村一家有两个以上大学生的至少有 8 家。

第三个层次的小标题是：“树高千丈忘不了根”。说的是该村的大学毕业生为本村的各项事业的发展献计献策。

第四个层次的小标题是:“对教育,村领导班子认识与众不同”。揭示的是村领导班子重视教育、高瞻远瞩的思想境界。

从以上所列可见,这篇通讯的层次与层次之间是逐层深入的关系,最终到达全篇思想的落脚点。也有人把这种结构形象地称为“层层剥笋”。

2. 横式结构

层次与层次之呈现相互并列关系的,就叫横式结构。它又可分为若干类型。

(1)空间并列式。空间并列式的特点是把发生在不同地区或不同单位的具有相同性质的新闻事实组织在一起,形成一篇完整的通讯。每一次空间的变换,就形成一个新的层次。

例如,我国 20 世纪 60 年代一篇著名的通讯《“一厘钱”精神》,主体部分由 3 个层次组成,分别是:“一厘钱”,写的是一家墨水厂想方设法把每瓶墨水的生产成本降低一厘钱的事迹;“一根火柴”,写的是一家火柴厂为提高产品质量要求每盒火柴少出一根废品的事迹;“一分钟”,写的是一家企业的职工抓紧每一分钟进行有效劳动的事迹。最后作者又写了一个结尾“一个真理”:“伟大的事业要从小事做起”,从而点出了全文的主题思想。

(2)人物并列式。人物并列式是在集中报道几个同类型的人物时采用的结构方式。每个人物的事迹相对独立,形成一个层次。若干个人物的事迹共同合成一篇,揭示一个深刻的主题思想。例如《手执金钥匙的人们——记北京景山学校的几位小学教师》就采用了这种结构。全篇分为四部分:优秀的小学识字专家马淑珍,引导学生攀登“作文山”的周淑溪,在数学教学改革中勇于创新的郑俊选,善于调动儿童学习外语积极性的方碧辉。

(3)侧面并列式。事物总是由不同的侧面组成的,通讯的结构也可以按照不同的侧面相互并列地组织在一起。这样的结构在人物通讯和工作通讯中占有较大的比例,因为人物的思想境界是可以区分为不同侧面的,工作中的成就或问题通常也会被条分缕析地区分为几个不同的方面。

同为报道李素丽的获奖好新闻,1996 年 10 月 4 日《北京日报》发表的《岗位做奉献　真情为他人——记北京市 21 路公共汽车售票员李素丽》,就采用了跟《北京有个李素丽》大不相同的结构。作者精心选取了李素丽的几段话,分别围绕这几段话来安排层次。所引的几段话分别是:

“我为我的职业、我的岗位自豪,是它给了我每天都能向他人奉献真情的机会,让我每一天都感到充实”

“用力去做只能达到称职,用心去做才能达到优秀。普通平凡的事情要往好里去做，是没有止境的”

“车厢是一个流动的社会，售票员要在乘客之间穿针引线，调节情绪，营造一个美好的空间”

“每一条公共汽车的线路都有终点站，但为人民服务没有终点站。我永远属于我的乘客，属于我的岗位”

全文5960字，分成4个部分安排在这四段话之后，使这四段话成为全文内容的点睛之笔。这4个部分，属于李素丽精神境界的几个侧面。

3.纵横结合式结构

在一篇通讯中既采用纵式结构，又采用横式结构，就形成了这种纵横结合式结构。在这种两相结合的结构之中，总会有一种占主要地位，另一种占次要地位。或者整体上采用纵式结构，局部有地方是横式结构；或者总体上是横式结构，某些局部是纵式结构。采用这种结构的作品以1961年2月28日《中国青年报》刊登的长篇事件通讯《为了六十一个阶级弟兄》最为典型。

这篇通讯从总体上看是纵式结构：写的是抢救61个食物中毒民工的过程，从2月2日民工中毒开始，直写到2月5日民工被抢救脱险为止。而在同一时间内，北京、山西、河南的多个不同单位和无数工作人员，都在为抢救民工而奔忙。作者多次用“在同一时间内”作小标题，分别表现不同地方人们的行动。于是文章的局部出现了空间并列的结构形态。

这种两相结合的结构方式，一般只适用于篇幅较大的通讯，篇幅小的文章很难容得下这样复杂的结构。

（三）通讯的标题、开头和结尾

1.通讯的标题

通讯的标题不同于消息的标题。消息的标题要直接揭示新闻事实，写法比较固定，形式有单标题、引题式双标题、正副式双标题、引题正题副题俱全的三标题等模式，只需套用其中一个模式即可。而通讯的标题跟一般记叙文的标题比较接近，它可以直接揭示新闻事实，也可以曲笔达意。在写法上，通讯的标题可实可虚、可直可曲、可长可短、可庄可谐，没有定规，作者可以充分发挥自己的创造性。在形式上，通讯一般只有一个标题，也可以用破折号引出一个副标题来，副标题大多是实述的写法，主要是交代报道的对象和新闻的来源。

在写作实践中，常见的通讯标题有以下几种：

（1）直述新闻事实。这样的写法不事雕琢，符合“最高的技巧是无技巧”的说法，写好了有“大巧若拙”的大家风度。例如：

莫斯科地铁——豪华、方便、整洁

哀乐低回送巨星

前者是一篇风貌通讯，写的是俄罗斯首都莫斯科的公共交通。后者是写著名数学家陈景润逝世。两个标题都采用了直述其事的写法，简洁明白而又不失文采。

(2)提出问题，引人思考。用一个问题作标题，这个问题也是时常让读者感到困惑的社会现象，这就很容易引起人们的关注和思索。例如：

急诊，你为什么急不起来？

新华书店，你的位置在哪里？

医院的急诊形同虚设，真正来了危急患者，不是找不到医生就是没有器材，一些患者就这样被耽误了。问题出在那里？还有新华书店，大城市的新华书店都被更能赚钱的商场挤到城市的角落里去了，难道中国真的不再看重精神文明？这样的问题一经提出，引起的关注是可想而知的。

(3)设置悬念。在标题中制造悬念，更能引起读者的强烈关注。例如：

钱被风刮跑以后

钱被风刮跑以后，结局到底怎么样？读者读过标题后，会被悬念的力量所牵引，直到知道谜底为止。

(4)比喻双关。在标题中适当运用比喻双关等修辞手法，可以使文字更生动优美，形象更鲜活动人。例如：

手执金钥匙的人们——记北京景山学校几位小学教师

(5)引用口语。直接引用新闻当事人的口语做标题，也是一种活泼新颖的写法。例如：

“会计嫌我的油壶小”

口语是最能直接显示人物个性、最富生活气息的语言。

(6)相反相成。把矛盾状态和谐地组织在一起，叫做相反相成。标题的相反相成，可以增加思维的广度。例如：

道是无情却有情

多一份清醒少一份醉

“无情”和“有情”是一对矛盾，“清醒”和“醉”是一对矛盾，但作者把它们和谐地统一在一起了。前者还是唐代诗人笔下的名句，有典故的意味，更增添了几分情趣。

2.通讯的开头

通讯的开头也是多姿多彩、不拘一格的。大致有下列几种。

(1)开端进入情节。在一些事件通讯和人物通讯中,常常有开端就叙述事件的写法。处于开端位置的可以是整个事件的开端,也可以是事件的结局或某一个精彩段落。这样写可以强化通讯的情节性,用生动的故事吸引读者。例如:

1999年9月15日上午10时,福建省厦门高市闹市区——连板步行街。一名男子走下汽车,他环顾四周后,快步向街口站着的一名女子走去。正当他张口问话时,路边上站着的三名男子快步冲上前去,猛力将其摔倒在地,“咔嚓”一声,将其双手铐住后,转身拦下两辆出租车,将这名男子塞进车里。

很快,1993年“1·7”旅客列车特大团伙持刀抢劫案主犯、公安部重点督捕的负案逃犯查海清,在潜逃近七年后落网的消息,迅速通过电波向上海铁路公安局和南京铁路公安处通报。

——《千里追踪擒“飞龙”》,1999年10月29日《中国青年报》

作者采用了倒叙的方法,将主犯被抓的情节放在最前面,然后再回到事件的开端进行叙述,这样的处理使文章极富故事性。

(2)起笔刻画人物。一开始就展开对人物形象的刻画,在人物通讯中很常见。先让笔下的人物给读者一个清晰的印象,有利于下文的展开。例如:

一块破布,两只鞋刷,几盒颜色不一样的鞋油,再加上个供客人坐的小板凳,就是她的全部挣钱工具。自从3年前从家乡兰考来到郑州以后,她就天天在火车站给人擦皮鞋,虽说只有12岁,却已经是个有3年工龄的“老”擦鞋匠了。

——《小小擦鞋匠》,1996年3月1日《大河文化报》

擦皮鞋的小姑娘似乎就在我们面前摆开了地摊,她的生活和命运不由我们不关心。

(3)场景描写在先。人物、情节、环境,是记叙文的基本内容。通讯当然也可以从环境着手切入,然后铺展开事件和人物。在风貌通讯和工作通讯中,在开头之处先作一番场面描写或风光描写的,不在少数。例如:

莲花镇盛产柿子。广西恭城瑶族自治县所产“恭城月柿”,一半出自莲花镇。

不久前,记者来到距莲花镇2千米的南山村。南山是瑶族乡镇中的壮族村寨,远看绿树掩映几间屋宇,近看房屋与月柿等树木错杂相间,黄橙橙、光鲜鲜的柿果挂满枝头,垂向屋檐,垂在路边。……

——《柿乡访柿》,1999年12月29日《人民日报》

一番风光描写,使人不由得对那个盛产月柿的地方产生了浓厚的兴趣,愿意跟着记者的笔去游览一番。

(4)先作抒情议论。入篇先作一番抒情或议论,给读者以情绪的感染或理性的启迪，为下文叙述的新闻事实定好一个基调。例如：

平凡，与大多数人终身相伴。然而有的人，却能于平凡之中感悟到生活的真谛，在生命的履历上，描画大写的人生。

云南省西双版纳傣族自治州勐海县勐混乡的司法助理员李书奎，就是这样一个人。……

——《平凡岗位大写人生》，1996 年 2 月 12 日新华社发

这个开头揭示了人生的价值所在，为所报道的英模人物李书奎作了一个定评。

(5)落笔先用比兴。比是比喻，兴是由一物引出另一物。比兴是《诗经》的基本表现手法，对后世的文学技巧影响很大。在通讯的开头使用比兴，可以大大强化作品的文学性。例如：

在平坦宽阔的迪拜沙岸边，一座被命名为“阿拉伯塔”的摩天大厦宣告建成。从外表看，它的模样确实有些奇特，似一轮插入黄沙的弯月，似一张顺风鼓胀的风帆。据悉，设计师受《天方夜谭》故事的启迪，企盼追回阿拉伯天堂的梦幻，将全部设计灵感赋予这座高塔。如今，每逢夜幕降临，七色彩光照射直冲天穹的塔身，煞似阿拉伯梦幻世界再现。

——《沙海蜃楼》，1999 年 12 月 12 日《人民日报》

这篇风貌通讯发表在副刊上，因为它同时也是一篇优美的散文。

(6)引经据典开篇。引用典故、诗词、谚语、名人名言来作开头的通讯，有较强的文化意味。例如：

我国元代戏剧家关汉卿著作《窦娥冤》，几百年民间传诵“千古奇冤，六月飞雪”。然而，我在加拿大访问时确实见到了六月飞雪和冰莹的大千世界。

——《六月飞雪琉璃世界》，1999 年 12 月 12 日《人民日报》

六月飞雪的典故用在这里，十分贴切，将中国传统的古老文化与北美的自然风光结合在一起使用，有一种独特的文化韵味。

3. 通讯的结尾

通讯的结尾大致有 3 种基本类型：

(1)自然收束。这是一种客观化的结尾。新闻事实说完了，通讯就自然地结束了，严格地说起来，并没有一个专门的结尾。但仍不失为一种很好的结尾方式，特点是干净利落。

(2)卒章显志。在文章的最后揭示主题思想或写作目的，使整篇文章有一个思想的落脚点，这种写法在其他类型的文章中也是经常见到的，符合从物质到认识、从现象到思想的认知规律。

(3)补上一笔。有意将一些新闻事实留到最后再作补充交待，当事实似乎已经说尽的时候补上一笔，可以使文章“清音有余”，韵味无穷。

四、通讯写作

(一)关于选材与提炼主题

占有材料对通讯写作来说就是通过扎实细致的采访广泛搜集第一手材料。随后在纷繁的直接材料中剥离出典型材料、背景材料。这些材料不仅要求真实，而且要有意义，具有典型性、指导性，同时还要有意味，具有具体、完整、感人的生动性、情节性。在这般基础上根据深和新的原则提炼主题，通讯才可能呼应社会关注热点，反映时代风尚特点，宣传党的路线方针，从而以正确的舆论引导人，以先进的人物激励人，以真实的事件震撼人。然而通讯写的是真人真事，其主题必须从实际生活中提炼而来，不能随意“拔高”，更不能虚构夸大，它永远不能违背新闻的真实性原则。

(二)关于写人

事因人生，人以事观。人与事虽不可分，但在人物通讯与事件通讯中的确有以人为主和以事为主之别，为叙述方便故而分之。写人在文学创作中已积累丰富经验，在“非虚构”的原则下，我们不妨可借用其多种手段，并注意以下 3 个方面：第一，形与神兼备。即不仅要写出人物的行为和事迹，更要展示其精神世界；第二，言与行统一。人物语言、行为表达、传递出人物的思想，而不同的语气、句式、词汇及动作表情、神态等是极富个性色彩的内心表露形式。写好了人物的言与行，无疑是写活了人；第三，画龙必须点睛。如果说言行、事例、情节勾勒出人物的整体形象称为“龙”，那么揭示人物行为意义、指出人物个性特点的评点便是“睛”。“画龙”用的是纪实的叙述、描写，“点睛”则是超脱的议论或抒情。

(三)关于叙事

通讯离不开写事，事件通讯更须完整地叙述事件的起因、人员、场面、结果等，以交待事件的复杂性和社会影响度。叙事要注意两点：第一，理清主线、丰满细节。一个新闻事件的发生、发展过程中，有因有果，有人有事，头绪多而关系复杂，作者须理清主线，按事件原貌将其完整地、动态地、立体地呈现给读者。而为实现这一目标，就须选择典型的细节。一篇优秀的事件通讯，必然有几个生动感人的细节来充分展示主线，使作品丰满而具现场感。第二，时间为经、空间为纬。通讯须有一定的时间要领，因为事件、故事总在于一定的时间和空间中。纺织好时空画面既是一个结构，也是一个表达方法问题。篇幅不长而情节不太复杂的事件通讯可多运用插叙、补叙、分叙等手段，充分展开矛盾和利用背景材料，使文章有变化起伏。容量大而情节复杂的事件通讯则常常运用时空交叉方式，以时间推进、空间变换等手段来切割事件，构成若干侧面。经过作者精心的组合剪辑，将事件完整而利落地报告于世。

显然选材与提炼主题是各类通讯写作中必须面对的，而写人与叙事则因通讯品种不同而有所侧重。但是通讯的写作模式也必然带来约束，因而通讯的散文化写法也逐渐为人注目。所谓的散文化倾向有以下几个特点：

(1)生活面更趋广阔。

(2)结构不拘一格。

(3)技法更多样化。

(4)报道呈系列化。

【思考题】

1. 阅读下列消息，然后给它拟写引题和正题：

本报讯(记者董洪亮)我国唯一的教育艺术刊物《教育艺术》杂志日前度过了五周岁生日。冰心老人、贺敬之等知名人士为之题词致贺。

《教育艺术》由中华教育艺术研究会暨中华教育艺术家协会、首都师范大学青年教育艺术研究所共同主办，李燕杰教授担任社长。该刊以“激扬正气，振奋民魂”为办刊宗旨，主要栏目有“名家谈教育艺术”、“时代精神磁场”、“青春思絮”、“教育艺术一千问”等。《教育艺术》杂志被海内外读者誉为“青年的良师，家长的益友，干部的参谋，教师的助手”。

(《中国教育报》1994 年 11 月 17 日第 2 版)

2. 一件新闻在不同的报纸上刊出时，会因编辑的眼光不同而出现不同的标题。请就近日发生的一件重大新闻，比较、分析各大报纸刊出时的标题有何不同。

3. 找一篇有分量的事件通讯，改写成消息。

4. 消息和通讯的区别是什么？

第十章 专用文书

除了前面九章讲到的文种以外，还有一些文种是我们日常生活、工作、学习中经常用到的，比如求职自荐信、述职报告、演讲稿等，具有较为广泛的社会功能，起着互通信息、交流经验、沟通思想、礼尚往来等作用。求职自荐信有很强的自荐性和针对性，对于成功求职具有不可估量的作用。作为日常事务文书的述职报告，应用范围比较广，领导干部多用，普通干部职工有时也能用到，能起到提高述职本人的自身工作能力和素质、帮助考核干部和发扬民主等积极作用。演讲稿应用范围更加广泛，公众人物、领导干部、普通群众、学生等都可以是演讲者。演讲者通过演讲，表达自己的某种观点、思想或某种情感，以达到相应的某种目的。职业生涯规划对于大学生或一般求职者的作用也不容小觑，好的目标是成功的开始，合理的规划有助于最终获得人生职业生涯的成功。

第一节　求职自荐信

一、求职自荐信

（一）求职自荐信的概念

求职自荐信也称为求职书、求职信、求职函，是求职者向有关用人单位或相关领导介绍自己的基本情况、专业水平、业务能力等，表达自己求职愿望的一种专用书信。

求职自荐信在求职过程中具有重要作用。求职者通过求职自荐信可以很好地推介自己、营销自己，让招聘单位有一定的选人依据，从而架起求职者和招聘单位之间沟通、联系的桥梁。正式与招聘单位接触之前，求职自荐信就是双方之间的媒介，招聘单位选人依据之一就是求职自荐信，招聘单位通过它来对求职者做出评估，从而决定求职者是否具有面试的机会。目前，国内外谋职大部分是通过求职自荐信的方式。在发达国家，诸如美国、日本，三分之一以上的求职者是通过求职自荐信谋求到工作的。在我国，进入2000年以来，越来越多的大学毕业生和社会求职者通过求职自荐信的方式推介自己，从而有机会参与复试和多轮面试，最终通过层层考核应聘成功。

（二）求职自荐信的特点

1. 自荐性

求职自荐信的目的是推介自己，表达自己的求职愿望，介绍自己的专业才能和潜力，让用人单位录用求职者。这就是求职自荐信的自荐性。为达到成功自荐的目的，求职者必须想方设法让用人单位通过求职自荐信重点了解自己的性格特点、专业特长、业务水平、潜在能力等，用自己的实力和真诚打动用人单位，从而说服用人单位录用自己。

2. 针对性

如前所述，求职自荐信的目的就是要用人单位最终录用自己。因此，求职者必须充分把握用人单位的用人要求，根据实际情况，阐明自己的专业、特长正是用人单位之所急需。这种具有很强针对性的专业才能和业务能力的介绍是求职成功的关键之一。

3. 真实性

求职者必须保证求职自荐信中所介绍的求职者的特长、能力等均属事实，是客观公正的表达，绝不能为了展示自己具有单位所急需的才能而夸大、吹嘘自己，更不能有任何虚假成分。为表明自己所述的真实性，求职书应附带能证明自己特长和业务能力的佐证材料和具体案例等。如求职自荐信不真实，即便一时蒙混过关，也终将被揭穿，于人于己都有害而无益。

二、求职自荐信的写作

求职自荐信是书信体的一种，其基本格式与一般书信体相同，结构主要包括标题、称谓、问候语、正文、祝颂词、署名日期、附件等7个部分。

（一）标题

一般用文种“求职自荐信”（或“求职书”）作标题，求职书第一行居中位置写“求职自荐信”、“求职书”等即可。

（二）称谓

标题下空一行顶格写明用人单位的名称或领导、负责人的姓名和职务。事业单位一般是人事处、人事科。企业单位一般是人力资源部、人事部。直接给领导或负责人，则在姓名后加上职务，姓名前面也可加上“尊敬的”等修饰语。

（三）问候语

称谓之下另起一行空两格处独立书写，常用“您好”、“打扰了”、“冒昧打扰”等。

（四）正文

问候语之下另起一行空两格开始书写正文，这是求职书的核心部分。正文一般包含求职意向、求职缘由、自身条件、答复请求等。

1. 求职意向

求职意向包括就业目标、工作环境，到什么地区、什么单位、什么部门、干什么工作等。求职成功的重要保证就是做好合适的自我定位。求职者在社会中找到自己合适的位置，取决于自身条件和社会现实情况，因此求职者在表达求职意向时一定要思维缜密，充分考虑自身情况和社会现实情况，给自己定一个合适的工作意向，并表达清楚。

2. 求职缘由

一般在求职书的开头即开门见山向用人单位阐明自己的求职缘由。求职缘由一般包括以下几个方面：求职者对工作单位、岗位等的认识、了解；自己对用人单位的向往和憧憬；用人单位所需与自身条件相符等。在说明用人单位的优势、特点和自己进行如此选择的理由的同时，也是自我才华和能力的展示，一定要简洁明了、诚实可信。

3. 自身条件

包括基本情况、教育背景、实习或工作经历、性格能力等。

基本情况主要包括姓名、性别、出生年月、政治面貌、生源地、籍贯、民族、职称、健康状况、婚姻状况等。其中，政治面貌、生源地、籍贯、婚姻状况等根据实际情况灵活选择。

教育背景包括毕业院校、所学专业、研究方向、最高学历、学制、培训与进修情况等。

实习或工作经历主要包括实习/工作的时间、单位、工作性质、工作成绩、实习或工作单位的评价、所获荣誉等。

性格能力包括兴趣、爱好、特长、敬业精神、团队合作精神、外语水平、计算机应用水平等。

4. 答复请求

正文的结尾部分再次强调求职目标，表达对用人单位答复自己的希望，并进一步大胆提出如几天之内无答复自己将主动联系用人单位。

5.祝颂词

正文结束后，可在正文下一行空两格写致谢类的话，如“感谢您百忙之中阅读我的求职书，衷心感谢”等。最后，另起一行空两格写“此致”，再下一行顶格写“敬礼”。

6.署名和日期

致敬语的下一行后半部分的位置署名，署名的下一行稍后的位置写明完稿日期。最后，在日期的下一行写清自己的联系方式，包括电话、E－mail等。

7.附件

附件起重要的证明作用。附件一般包括个人简历、所学专业课程成绩一览表、各类证书、有关证件、发表著作、有关部门的推荐意见等。附件一般采用复印件。

三、求职自荐信的注意事项

（一）内容完备

联系方式、教育经历、实践经历、工作经历等都要写明，不能有遗漏，以免用人单位对求职者了解不全或联系不到或给用人单位留下粗心大意的不良印象。

（二）重点突出

求职者应根据不同单位的要求和自身的条件，巧妙地突出自己具备符合招聘单位的个人优势和实践或工作经历等，有能力去用人单位独挡一面、干出成绩。

（三）篇幅简短

人力资源管理部门工作繁忙，没有时间精力阅读每一份求职信，若太长会让人丧失阅读兴趣，造成致命漏读。因此，求职信最好不要超过一页。

（四）定位准确

客观评价自己的优势和不足，结合社会实际情况，确定和自己条件最相近的岗位和待遇。

（五）设计大方

版面设计如同一个人的脸面，第一印象很重要，体现求职者的文化素养和美学品味等基本素质。

（六）新颖独特

求职信大多千篇一律，如能把握好尺度，创作一份独树一帜的优秀求职信也是求职成功的因素之一。

【例文】

求职信

××总经理：

打扰了！

我是广州××大学中文系即将毕业的涉外企业秘书专业学生。贵公司是闻名遐迩的中外合资企业，总经理知人善用，我仰慕已久。求职网上得知贵公司因扩大业务经营需要增加文职人员，我现在求职，渴望能为贵公司效劳。

我喜欢秘书、公关工作。在校期间，利用寒暑假在××公司、××公司连续实习两年，积累了丰富的实际工作经验。

本人在校期间，注重思想品德修养，严格要求自己，积极参加社会实践活动，努力提高水平。四年来，我系统学习了秘书学、应用写作、管理学、公共关系学、外贸基础等20余门专业课程，熟悉文章写作和公文处理知识，曾获本校征文比赛一等奖。我还熟练地掌握了电脑操作技术，完全能适应现代化办公的工作要求。

本人性格开朗，热情诚实，通晓普通话、广州话、英语，会听一些潮州话、客家话。曾代表本系参加学校的中文演讲比赛和英文演讲比赛，分别获得一等奖和二等奖。我爱好广泛，业余特别喜欢文娱、体育活动。本人历任班长、系学生会宣传部长，热情踏实，擅长交际，工作广受老师和同学们的好评。

我有本市户口，有住房，对福利待遇没有特殊要求。如能录用，一周后即可上班。

静候佳音。

祝生意兴隆！

自荐人：×××

××年××月××日

电话：××××××

E—mail：××××××

第二节　述职报告

一、述职报告的含义和作用

（一）述职报告的含义

述职报告是指在各级机关、团体和企事业单位担任领导职务的干部或单位负责人，根据制度规定或工作需要，定期或不定期向上级领导机关、主管部门以及本单位的干部职工等，陈述本人或单位在一定时间内履行岗位职责情况的自我述评性书面报告。

日常所说的述职报告通常是口头报告，但需先写成书面文稿。作为日常事务文书的述职报告就是书面报告，应用范围比较广，领导干部多用，普通干部职工有时也能用到。

(二)述职报告的作用

其一，有利于提高述职本人的自身工作能力和素质。述职本人通过述职，回顾过去的工作，总结经验吸取教训，明确职责，改进工作，便于更好地完成日后的各项任务。

其二，有利于考核干部。述职报告包括述职者的基本工作情况，上级机关和群众可以根据述职报告掌握述职者的工作情况，从而对其进行综合评定，述职报告也就为上级领导和人事部门考核干部提供了依据。

其三，有利于发扬民主。述职报告的对象之一是本单位的干部职工，通过述职报告，本单位群众可以了解领导集体或领导个人履行职责的情况，从而增强透明度，便于群众监督。

二、述职报告的分类

从不同角度，述职报告可以分为不同类别。

从时间上分，可以分为任期述职报告、年度述职报告、临时述职报告等。任期述职报告是指领导干部任期内的工作情况汇报；年度述职报告指任期内一年度的工作情况汇报；临时述职报告即因临时工作需要所做的工作情况汇报。

从内容上分，可以分为综合述职报告、专题(单项)述职报告。前者的内容全面综合，是常规意义上的述职；后者是针对某一个专项任务所做的工作情况汇报。

从作用上分，可分为例行述职报告、晋职述职报告。前者是根据单位的有关要求，定期向组织和群众进行的述职；后者是干部要晋升职务时，向上级领导或主管部门进行的述职。

从作者的角度上分，可分为领导干部述职报告、普通干部述职报告。前者由各级领导干部所做，内容综合广泛，视野较为开阔；后者由普通干部所做，内容较为单一，主要讲自己的本职工作。

三、述职报告的结构

述职报告一般由首部、正文、落款三大部分。

(一)首部

主要包括标题、主送机关或称谓等内容。

1.标题

述职报告的标题主要有以下几种。

一是以文种为标题,只写“述职报告”四个字;

二是“时间+文种”的写法,如《2009年述职报告》;

三是“××(单位)+××(职务)+××(姓名)+文种”的写法,如《×市公安局局长张X任职期间的述职报告》;

有时述职报告也可采用双行式的标题,正标题是对述职报告内容的概括,副标题是述职者及其工作单位职务等。如《思想政治工作要结合经济工作一起抓——北京××大学党委书记×××的述职报告》

2.主送机关或称谓

标题之下第一行顶格写主送机关或称谓。向上级机关呈送的述职报告,应写明收文机关;向领导和本单位干部职工作述职报告,则应写明称谓。

(二)正文

述职报告的正文由导言、主体和结尾三个部分组成。

1.导言

述职报告开头的第一段话。导言一般包含两部分内容,一是任职介绍,说明自己的任职时间、所任职务、主要职责,以确定述职的内容和范围;二是任职评价,简明扼要地评价和介绍任职以来的工作情况。

2.主体

述职报告的核心,主要介绍工作期间职务履行的情况,内容广泛,材料丰富,主要包括3个方面的内容。

一是任职期间岗位职责的履行情况、取得的主要工作成绩。主要是把自己所承担的工作按性质等分为几个方面,密切联系实际,用工作事实具体、生动、客观地阐述各方面工作的主要进程、采取的主要措施、取得的主要成绩。

二是存在的问题及经验教训。通过总结回顾过去的工作,找出问题,分析问题,总结原因,归纳教训,面对问题和失误,绝不一带而过,遮遮掩掩,也不能泛泛而谈,仅作表面文章。

三是今后工作的工作目标、努力方向或打算。主要针对以往工作的缺点和不足指出今后的努力方向和打算,为以后的工作打下更好的基础,树立更好的指导思想和目标。

3. 结尾

一般要求用格式化的习惯语来结束全文。如“以上报告，请审查”、“特此报告”、“专此述职”、“专此报告，请审阅”等。

（三）落款

包括署名、成文或述职时间。正文右下方写述职者的职务和姓名，成文时间在署名下方。也可以将署名放在标题之下居中。

四、述职报告的写作要求

（一）述职报告的特点

1. 自我性

述职报告的第一个鲜明特点。通篇采用第一人称叙述方式，对“我”所做工作进行陈述、回顾，并加以客观评论。

2. 限定性

限定性包含 3 个方面的内容。

(1)选材限定。无论是什么类型的述职报告，述职者所用的材料、所讲的事实都限定在述职者的职责范围内，不能随意游离职责，任意述职。

(2)作者限定。述职报告的作者，一般仅限定于代表单位、部门的领导集体或领导者个人。

(3)时间限定。述职报告一般不超过 20 分钟。

3. 严肃性

严肃性是指述职报告从始至终都要坚决遵守实事求是、客观公正的原则。具体而言，成绩要讲准，缺点要指明；不虚美，不隐恶；不夸大，不缩小；既不能争功诿过、掠人之美；又不能让功揽过、让美于人，一切都要恰如其分，准确无误。述职报告中涉及的时间、地点、数字、事例等，都必须真实可靠，不能有任何虚假成分。

4. 规律性

述职报告并不是事实的简单罗列，而是具有很强的实践理性。述职者必须充分掌握情况，对搜集来的数据、材料等进行认真分析、研究，从中找出规律，得出公正的结论，从而更好地发挥述职的作用，有效地指导以后的日常工作。

（二）述职报告的写作要求

1. 一分为二，喜忧均报

述职者一定要用客观求实的原则严格要求自己，坚持一分为二地审视自我，既看到成绩，也看到不足，既看到能力，也看到缺点。写述职报告时，不能只谈成绩不谈缺点，也不能只谈缺点不谈成绩。

2. 详略得当，重点突出

一般而言，述职报告主要包含德、能、勤、绩 4 个大的方面，但这 4 个方面并不需要每份均等，而应以工作成绩为重点，以德、能、勤为辅助。另外，有影响的或带有全局性的或有开创性的主要工作，要详细具体陈述；而日常性、一般性、事务性的工作，陈述要简洁明了，可一带而过。

3. 内容客观，科学表达

不论述职者是高官还是普通领导干部，都应该客观地评价自我。写述职报告，一定要做到实事求是、客观实在、全面准确，不掠美不贪功，也不让美于人，看不清自己在工作中发挥的重要作用。

4. 语言庄重，行文朴实

写述职报告，用词要平实质朴，措辞要严谨，语气不卑不亢，自我评价要客观实际。在对工作成绩或不足的表述上，要以叙述为主，可辅以一定的议论，但绝不能有描写、抒情等手法的运用，更不允许比喻、夸张等手法的出现。

【例文】

述职报告

主任、副主任、秘书长、各位委员：

我于××××年 5 月被省人大常委会任命为省财政厅厅长，至今已有×年多的时间。遵照省人大常委会的要求，现述职如下：

职责履行情况

一、树立依法行政观念，着力推进财政改革，全面规范财政管理

如何管好钱、用好钱，发挥好财政的宏观调节作用，促进全省经济和社会事业发展，是我任新职后必须首先要解决的问题。为此，我带领一班人，进行了近半个月的调查研究，提出了全省财政工作的总体思路，即树立依法行政、依法理财的观念，围绕省委、省政府中心工作，以保稳定、保改革、保发展为目标，通过深化财政改革，规范财政管理，逐步建立适应公共财政要求的财政运行机制。这一思路得到了省委、省政府的肯定和支持。两年来我和党组一班人大力倡导并组织实施了一系列加强管理与深化改革的举措。

(一)适时调整全省分税制财政体制。……

(二)全面推行农村税费改革，切实减轻农民负担。……

(三)认真执行省人大常委会《关于加强省级预算审查监督的决定》，改革财

政收支预算管理。……

(四)调整优化支出结构,确保工资发放等重点支出需要。……

(五)规范国有资产管理,建立健全国有资产管理监管机制。……

(六)加大干部交流力度,改革用人机制。……

二、以行风评议为契机,全面加强财政部门廉政建设和作风建设

2001年,根据省纪委十一次全会和省纠风办的部署,全省财政系统广泛开展了行风评议活动。对各方面反映的问题,从思想上和作风上找原因、挖根源,逐项制订整改措施,逐条进行落实纠正。

(一)积极推行文明办公制度,切实提高办事效率。……

(二)针对少数干部政治素质不高、廉洁从政要求不严等问题,加强全系统干部的思想教育工作。……

(三)根据中央“作风转变年、调查研究年”的要求,大力推行“基层工作法”,努力形成求真务实、注重实效的工作作风。……

此外,我本人在思想作风方面:坚持实事求是,说真话、办实事,决不说假话。为人坦诚,办事力求公道。班子内部,能以身作则,平等待人,多商量,多通气,不搞一言堂。凡符合党的路线、方针,符合改革的方向,自己又看准了的事,就全力推进,不怕流言蜚语,不计个人得失。在廉政建设方面:执行省委、省政府和省纪委各项规定,并切实负起了党风廉政建设第一责任人的责任。两年多来,厅机关未发现严重违法违纪的现象。

三、自觉接受省人大及其常委会的监督,认真办理人大代表建议,全面提高省级财政管理水平

在日常工作中,我注意自觉接受人大的监督。每年编制预算过程中,及时向人大有关部门通报预算编制的指导思想、原则,接受人大有关部门的审查意见;预算经人代会审议通过后,认真执行人代会通过的预算审查报告和大会决议,及时批复单位执行;预算执行过程中,对收入的超收和支出预算的追加及时向人大常委会提出变更预算的报告,严格履行法定程序;财政管理中的重大改革等事项,及时向人大常委会报告。

对待代表建议的办理工作,我把它作为一项有利于促进我们改进工作,推进依法行政、依法理财,实现决策民主化、法制化、科学化的重要任务来看待。一是明确了继续实行处室一把手责任制,做到责任落实到人;二是要求承办处室加大“开门办案”的力度,对主办件和分别办件在答复前,要尽可能地与建议人进行沟通、交换意见。三是对代表的建议,凡是具备条件解决的,在当年就给予解决;暂

时没有条件解决的，千方百计创造条件解决，并将具体工作设想以书面形式告知代表；答复时做出承诺的，在答复后认真落实；对按照现行政策规定确实不能解决的，列明具体理由，向代表解释清楚。几年来，我厅的办理工作得到了代表的广泛好评。2001～2002年，我厅共承办省人大代表建议164件，从反馈情况看，建议人对我厅的办理工作均表示满意或基本满意。

存在问题和努力方向

任职两年来，虽然做了一些工作，取得了一些成绩，但也存在一些不足之处。主要有：

一是，执行财经法规的力度还不够强。在两年多的工作中，尽管自己尽力想做到依法行政、依法理财，但由于多方面的原因，在年度预算执行中，对单位的经费申请有追加的现象；财政资金下拨后，追踪问效不够；省级少数单位存在违反财经纪律的现象，督查处理也不够。

二是，个人理论学习不够。学习理论的自觉性、持久性、系统性不足。抓理论学习教育的各项措施落实不到位，执行制度不严。在学习中有偏重学习经济理论、管理知识和财政知识，偏轻学习政治理论、党建理论和知识的倾向。

三是，有些工作抓得不紧。财政支出结构调整仍存在薄弱环节，保工资、“两个确保”和“低保”的保障基础还不牢固；管理工作滞后，清理财政供给范围的力度仍需加强；巩固、完善、提高农村税费改革成果的任务比较艰巨；队伍建设抓得不够严，制约监督机制不健全；对机关一般干部的谈心和思想政治工作不到位，至今仍有一些干部不熟悉。

四是，廉政建设与中央、省委要求有差距。对党风廉政建设和反腐败斗争的重要性、紧迫性、长期性理解和认识仍显不足。干部接受吃请等现象虽受到制约，但尚未绝迹。存在重业务、轻监管现象。

五是，当矛盾多、压力大时会出现急躁情绪，有时不注意工作方式、方法。与兄弟单位，尤其是主要经济部门主动沟通不多。

针对上述这些问题，我将借助这次向省人大常委会述职的机会，进一步认真反思自己的工作和思想，实事求是地总结经验教训，增强做好本职工作的责任感和使命感，并切实做好以下几方面的工作：

1.带头抓好政治理论和业务知识学习。……

2.进一步增强依法行政、依法理财观念，深化农村税费改革和部门预算、国库集中支付、政府采购、预算外资金管理等各项改革。……

3.抓好财政部门的党风廉政建设工作。……

以上述职如有疏漏和不当之处，恳请主任、副主任、秘书长和各位委员批评指正。

（本文选自文秘114网站，并作删节处理。）

第三节　演讲稿

一、演讲稿的含义和特点

（一）演讲稿的含义

演讲稿也叫演说辞、演讲词、讲话稿，指的是在较为隆重的仪式上和某些公众场所，演讲者发表意见和主张、进行宣传和鼓动的讲话文稿。

一般而言，演讲稿应用范围广泛，公众人物、领导干部、普通群众、学生等都可以是演讲者。演讲者通过演讲，表达自己的某种观点、思想或某种情感，以达到相应的某种目的。

（二）演讲稿的特点

1. 针对性

演讲稿从内容到用词等，都是针对听众的。演讲稿的写作必须充分考虑听众的思想状况、接受水平、认识水平等，否则很可能“对牛弹琴”，难以达到预期的效果。

2. 有声性

演讲稿终归是以口语的形式传递给受众，是有声音的。因此，演讲稿的用词从声音上来讲，对于演讲者要朗朗上口、容易诵读，对于听众要容易入耳、听来顺畅。

3. 真实性

演讲不是文学创作，演讲稿中表达的思想、观点必须清楚明确、真实可靠；所传递的情感必须真诚感人；所用的内容、材料等必须符合客观实际，不容半点虚假。

4. 鼓动性

“鼓天下之动者存乎辞。”演讲要在短时间内使听众信服，打动他们，“煽动”起他们的热情，这就是演讲稿所谓的“鼓动性”。演讲稿的鼓动性主要从演讲内容和演讲词的语言色彩中体现。具有鼓动性的好的演讲稿能够使听众“快者抛髯，愤者扼腕，悲者掩泣，羡者色飞”。

二、演讲稿的分类

从不同角度，演讲稿可以分为不同类别。

从表达形式上，可以分为命题演讲、即兴演讲、论辩演讲等。命题演讲是由他人拟定演讲主题或演讲范围，经过演讲者准备后所做的演讲。即兴演讲是演讲者在事先毫无准备的情况下就眼前情境、事物、人物临时起兴发表的演讲。如婚礼祝辞、聚会演讲等。它往往都是有感而发、时境感强、言简意赅。论辩演讲是指意见相悖的的双方就同一问题展开争辩，以确立己方观点、驳斥对方观点的演讲。

从内容上，可以分为政治演讲、学术演讲等。政治演讲是带有政治性的演讲，如竞选演说、就职演说、述职演说、政治动员、开(闭)幕词、祝酒辞等。学术演讲是就学术问题进行的演讲。

从用途上，可以分为竞职演讲、竞赛演讲、礼仪演讲等。竞职演讲主要是为了竞争某一个工作岗位，而在演讲中展示自己的才能优势和业务特长等，语言要富有感染力，能打动招聘者。竞赛演讲又叫主题演讲，是各种演讲比赛所需的文稿，一般都有特定的鲜明主题。礼仪演讲是在各种庆祝、聚会、酒会或其他礼仪性场合所做的具有祝福意味、表达良好愿望的富于礼节性的演讲。

三、演讲稿的结构

演讲稿由标题、称谓、正文、时间等几部分组成。

(一)标题

演讲稿的标题主要有以下两种形式。

1. 单标题。一般是对演讲稿主要内容的概括，如《爱我中华扬我国威》。

2. 双标题。由正标题和副标题构成。正标题概括演讲稿的主要内容，副标题是对正标题的补充说明。如《以史为鉴开创未来——在日本早稻田大学的演讲》

(二)正文

演讲稿的正文由开头、主体、结尾 3 个部分构成。

1. 开头

演讲稿的开头不必太长，要抓住听众，引人入胜。开头一般采用以下几种方法。

(1)开门见山。例如宋庆龄先生《在接受加拿大维多利亚大学荣誉法学博士学位仪式上的讲话》的开头:“我为接受加拿大维多利亚大学荣誉法学博士学位感到荣幸。”

(2)介绍情况。如竞职演说,开头就要介绍自己的姓名、学历、职务、经历、工作成绩等。

(3)提出问题。弗雷德里克·道格拉斯 1854 年 7 月 4 日在纽约州罗彻斯特市的国庆大会上发表的《谴责奴隶制的演说》:“公民们,请恕我问一问,今天为什么邀我在这儿发言?我,或者我所代表的奴隶们,同你们的国庆节有什么相干?《独立宣言》中阐明的政治自由和生来平等的原则难道也普降到我们的头上?因而要我来向国家的祭坛奉献上我们卑微的贡品,承认我们得到并为你们的独立带给我们的恩典而表达虔诚的谢意么?”

(4)使用名言。利用名言警句做开场白,使听众易于接受,引起注意。

总起来说,开头可以根据人、事、地、时的不同,采用灵活多变的形式,以吸引听众注意、调动观众情绪为目标,没有固定不变的程式。

2. 主体

演讲稿随着演讲主题的不同,主体内容和结构也有所不同。但就演讲本质而言,演讲稿的主体在结构上都应环环相扣,层层深入;在内容上要注意突出中心思想,采用材料和案例应与中心观点保持高度一致,构筑高潮。

就结构而言,主体主要需要注意文章的层次、节奏、衔接。层次是内容的表现次序,体现演讲者的思路。在演讲中反复设问,根据设问层层阐述自己的观点,能使层次更加清晰。节奏是内容在结构安排上表现出的张弛起伏,主要通过演讲内容的变换实现,比如在文中适当地插入幽默、轶事等,以便听众的注意力既保持集中,又不因为高度集中而产生兴奋性抑制。

就内容而言,主体在内容上一定要保证有突出的、明确的中心思想,所采用材料、事迹等须与中心观点保持高度一致。同时,还要注意构建演讲高潮。高潮的构筑需要注意两个方面的内容。首先要注重思想感情的升华,使听众有可能与演讲者的思想、感情产生共鸣,从而构筑高潮。其次要注意语言的精心锤炼。

3. 结尾

结尾往往没有固定格式,原则是给听众留下深刻的印象。常见的演讲稿结尾有:或对全文要点进行简要小结,给听众留下深刻印象;或以号召性、鼓动性的话结束,提出希望,发出号召;或在结尾进一步提出问题,启发听众,进一步思考问题进而解决问题;或以诗文名言以及幽默俏皮的话结尾等。

四、演讲稿的写作要求

1. 了解对象,有的放矢

不论是演讲用词还是内容,演讲都是直面听众的。因此,演讲稿写作必须要充分了解听众对象的思想状况、文化水平、职业状况等,了解他们的愿望、关心的问题和迫切需要解决的问题等,了解他们想从该演讲获取什么内容或信息等。

2. 观点鲜明,感情深厚

观点明确,主张什么、反对什么,一目了然。一般一篇演讲一个主题,不追求面面俱到。同时,演讲的目标之一就是鼓动听众,让听众信服,因此理性行文的同时,也要以情感人,真正从情感上说服听众,让其自然接受甚至与演讲者产生共鸣。

3. 行文变化,富有波澜

"文似看山不喜平。"平铺直叙的文章总会让人感觉到呆板、单调和乏味。演讲稿需要保持张弛有度的节奏,在演讲中适当穿插幽默、笑话、诗文、轶事等内容,调节听众情绪。

4. 控制时间,不宜过长

德国演讲学家海茵兹·雷德曼在《演讲内容的要素》一文中指出:"在一次演讲中不要期望得到太多。宁可只有一个给人印象深刻的思想,也不要五十个让人前听后忘的思想。宁可牢牢地敲进一根钉子,也不要松松地按上几十个一拨即出的图钉。"

5. 语言流畅,深刻风趣

主题、材料、结构、语言等几要素构成演讲稿,其中,语言是最重要的。演讲稿的语言需达到以下几个要求:口语化、通俗易懂、生动感人、准确朴素。

【例文】

以史为鉴　开创未来

———在日本早稻田大学的演讲

中华人民共和国主席江泽民

(一九九八年十一月二十八日)

校长先生,同学们,老师们:

首先,感谢奥岛孝康校长的邀请,使我有机会来到你们这座久负盛名的大学,同青年朋友们聚集一堂,共同回顾我们两国人民友好交往的历史,展望两国关系发展的未来。

在中国，早稻田大学是人们熟知的名字。这里是日本文化学术研究和培养建设人才的著名学府，也是日本最早接受中国留学生的地方，廖仲恺、李大钊、彭湃等中国革命的著名人士早年曾在这里学习。今天，早稻田大学同中国许多大学和研究机构保持着良好的关系，为两国的学术文化交流做出了积极的贡献。

人类即将迎来21世纪。新世纪应该是怎样一个世纪？如何在新世纪里实现更持久的和平和创造更普遍的繁荣？这是摆在世界各国人民面前的一个重大题。我这次到贵国进行国事访问，同贵国领导人和各界人士就中日关系的未来坦诚深入地交换意见，达成了广泛的共识。双方一致认为，要面向21世纪，建立致力于和平与发展的友好合作伙伴关系。这标志中日关系将进入一个新的发展阶段。

中国有句古话："明镜所以照形，古事所以知今。"当此世纪之交的重要历史时刻，深刻地回顾和总结过去，从历史长河中汲取有益的经验和前进的动力，对于我们正确地把握未来，更好地开创未来，无疑是至关重要的。

中国和日本一衣带水，比邻而居，两国都有着悠久的历史。我在少年时代就知道，一千多年前的中国唐朝，我的家乡扬州的鉴真和尚不畏艰险，六次东渡，百折不回，终于把中国的佛教、医药学、建筑和雕塑传到日本，成为当时促进中日文化交流的一位杰出代表。中日两国人民的友好交往源远流长，相互影响之深，持续时间之长，为世界历史所罕见。我们两国的先人早在两千年前就开始了相互往来。秦汉之际，中国大陆传到日本的生产技术和生产工具，促进了日本列岛从渔猎采集为主的绳文时代进到农耕为主的弥生时代。南北朝时，日本史学界称为"渡来人"的中国移民，在日本传播了植桑养蚕、制造丝织品和冶铁的技术。3至5世纪，汉字逐渐传到日本。隋朝时，日本多次派遣使节来中国，学习典章制度和文化知识。到了唐朝，中日友好交往更是盛况空前。日本的遣唐使、留学生、学问僧大批前往中国。吉备真备和阿倍仲麻吕，就是他们中的著名代表。吉备真备在唐18个年头，钻研儒家经典，学习律令、礼仪、音韵、天文和历法。阿倍仲麻吕善诗能文，同大诗人李白、王维结下深厚友谊。中国古代文化典籍和文学作品陆续传入日本，对两国文化交流产生了深远影响。日本著名作家川端康成说过，日本吸收中国古代文化，很好地融汇成自己的审美传统。日本著名历史学家井上清认为，就整个日本历史来说，平安时代完成的最大贡献是利用汉字创造了平假名和片假名。这生动地说明日本人民是善于学习外来文化，并结合自己的实际进行创新的伟大人民。从宋朝开始直至清朝前期，贸易往来也成为中日交往的一个重要方面。经过漫长的交往，两国人民建立了相互尊重、相互学习的优良传统,形成了相互友好的深厚底蕴和重要纽带。

1840年鸦片战争后,中国逐步沦为半殖民地半封建社会。当时,先进的中国人为寻找救亡图存的道路,如饥似渴地向外国学习。一时之间,到日本求学、考察成为时尚。中国民主革命的先行者孙中山先生15次到日本。中国许多先进分子和仁人志士,如陈独秀、周恩来、鲁迅、郭沫若、何香凝等,都在日本学习和生活过。先后到日本求学的中国人有数万人之多,他们同日本人民友好相处,留下许多动人的佳话。

不幸的是,19世纪末,日本走上军国主义的侵略扩张之路,1894年甲午战争后,侵占了中国领土台湾。1905年日俄战争后,日本一度占领中国的旅顺、大连。20世纪30年代开始,日本军国主义发动全面侵华战争,致使中国军民3500万人伤亡,经济损失6000亿美元以上,这场战争给中国人民带来深重的民族灾难,也使日本人民深受其害。

作为一个历史的见证人,我在比你们更年轻的时候,亲身经历了国土沦丧和民族危亡的痛苦,有责任把这段史实告诉年轻一代。作为一个多年关心和支持中日友好的年长者,我又目睹了战后两国从敌对到友好、化干戈为玉帛的进程,深知和平友好之可贵。

中华人民共和国成立后,毛泽东主席教导中国人民,那场侵略战争的责任应由极少数军国主义分子承担,中国人民应该和日本人民世世代代友好下去。为推动两国关系正常化,中国提出"民间先行,以民促官"。周恩来总理不辞辛劳,亲自同日本各界广交朋友。两国社会名流和广大民间人士积极奔走,做了大量工作。1972年,经过双方的共同努力,在和平共处五项原则的基础上,两国政府发表联合声明,恢复了邦交。中日关系从此开始了一个新的时代。1978年,我们两国又签订了和平友好条约,从法律上进一步巩固了中日关系的政治基础,着重确认了中日联合声明的各项原则。今年是中日和平友好条约缔结20周年。我们应该沿着中日联合声明、中日和平友好条约确定的方向,发展持久的睦邻友好关系。邓小平先生曾指出,中日两国人民友好团结,中日两国亲密合作,这是两国人民的共同愿望,是历史发展的潮流。

中日两千多年交往的进程,说明了一个很重要的历史真理:不同民族、不同国家之间的交往,只有在和平友好的气氛中按照人民的意愿来进行,才会对他们的共同发展和整个人类进步事业产生巨大的推动作用。而任何以武力侵略、奴役别国人民,或者把自己的文化和生活方式强加于其他民族,都必然带来浩劫和灾难,是注定要失败的。这个人类曾经付出惨痛代价才得到的基本教训,值得我们的今人和后人格外珍重。在当今世界上,各个民族、各个国家之间的交往,应该坚持相互尊重,相互借鉴,平等互利,友好相处,以促进我们居住的这个星球上的所有国家,在丰富多彩的发展中不断地实现共同进步。

中国和日本是亚洲也是世界上的两个重要国家。两国建立长期稳定的友好合作关系,既有地理的优势,又有历史的渊源,不仅符合两国人民的心愿和根本利益,而且有利于亚洲和世界的和平与发展的崇高事业。总结过去,展望未来,可以得出几点重要的认识。

第一,要百倍珍惜和维护中日两国人民历尽艰辛共同努力建立起来的睦邻友好关系。纵观两千年来的中日关系史,尽管有过严重的曲折,但睦邻友好是主流。这要归功于两国的人民,也要归功于两国有远见的政治家。无论是现在还是将来,我们两国的人民和政治家们,都要继续精心培育和发展这种友好关系。有利于中日友好的事,要竭尽全力去做。不利于中日友好的事,决不要去做。这样,我们两国的友好关系就能不断向前发展,就能永做好邻居。

第二,要正视中日关系史上出现的那段不幸经历,从中真正吸取历史教训。“前事不忘,后事之师。”历史实践证明,搞军国主义,不仅给邻国带来深重灾难,危及国际和平与安全,也使本国人民遭受危害,造成国力严重衰退的局面。而今天日本所以发展成为经济大国,则是得益于走和平发展的道路,得益于同邻国和平相处。因此,无论从日本的国家利益出发,还是从促进亚洲和世界的和平与发展出发,日本都应坚持走和平发展的道路,用正确的历史观引导国民和青年一代,而绝不能允许任何形式的军国主义思潮和势力重新抬头。这样,中日友好才能不断加强,日本也才能进一步以和平发展的良好形象,博得亚洲国家和国际社会的信任和尊重,从而在国际事务中发挥自己应有的作用。

第三,要随着时代的前进推动中日两国关系不断向前发展。今天我们两国实现的友好关系,不仅凝结了两国人民在两千年交往中形成的传统友谊,也是建立在和平共处五项原则这一当代世界公认的国际关系准则基础之上的。我们应该以长远的观点来审视中日关系,顺应历史潮流,把握时代主题,排除各种干扰,严格按照国际关系的基本原则办事。这样,我们就一定能够真正建立面向新世纪的致力于和平与发展的友好合作伙伴关系。

亚洲是人类文明的摇篮之一。亚洲各国人民创造了璀璨夺目的东方文明,对世界文明进步做出了不可磨灭的贡献。近代以来,亚洲许多国家都遭受了殖民统治和外来侵略,亚洲人民为民族解放和国家独立长期英勇奋斗,终于摆脱殖民主义的枷锁,掌握了自己的命运。亚洲 20 世纪这一百年的历程,是一幅亚洲人民反对殖民主义、帝国主义，争取国家独立和民族解放的雄浑画卷，是一部亚洲人民为摆脱贫穷落后而奋发图强、崛起于世界民族之林的宏伟史诗。近二三十年来，亚洲经济快速增长，成为世界上富有发展活力的地区之一。亚洲国家通过各自的努力和相互合作，对本地区和世界的和平与发展做出了重大贡献。亚洲越来越成为促进世界安宁和繁荣的一支重要力量。

亚洲前进的道路并不平坦。经济全球化趋势加速发展，科技进步日新月异，知识经济正在兴起，给亚洲带来了机遇，也带来了挑战。不公正不合理的国际政治经济秩序还没有得到根本改变。亚洲一些国家的经济在多年快速增长中又积累了一些亟待解决的突出问题。去年爆发的金融危机，使亚洲一些国家的经济发展面临严重困难。但是应该看到，亚洲地域广阔，资源丰富，市场潜力巨大。亚洲人民素以勤劳智慧著称于世。亚洲国家在发展本国经济和开展区域合作方面也已取得很大成就。

我相信，只要善于总结经验，进行必要的改革和调整，继续弘扬东方文化的优秀传统，同时加强合作，互相帮助，特别是发达国家要多帮助发展中国家，那么目前受到金融危机冲击和影响的国家与地区，就一定能够克服暂时的困难，赢得新的更大的发展和进步。

当前，中国人民正在中国共产党的领导下，意气风发地推进改革开放和社会主义现代化建设。今年，我国遭受了特大洪涝灾害，又受到亚洲金融危机的影响，但经济和社会继续稳定发展。我们正在深化改革，调整结构，扩大内需，以进一步增强经济活力，同时我们保持人民币币值稳定，并向有关国家提供了力所能及的援助。我们为缓解亚洲金融危机和稳定世界经济尽到了自己的责任。中国改革开放进行了20年，取得了举世瞩目的巨大成就。中国共产党第十五次全国代表大会已制订了跨世纪发展的蓝图。我们将坚定不移地沿着邓小平先生开创的建设有中国特色社会主义道路继续前进。

中国人民将一心一意地推进现代化建设。在经济上，加快建立社会主义市场经济体制，实现工业化和经济的社会化、市场化、现代化，不断提高人民生活水平。在政治上，进一步发展社会主义民主，依法治国，建设社会主义法治国家，保证人民充分行使管理国家和社会事务的权力。在文化上，建设面向现代化、面向世界、面向未来的，民族的科学的大众的社会主义文化，实行科教兴国战略，不断提高全民族的思想道德素质和科学文化素质。总之，就是要把中国建成富强民主文明的社会主义现代化国家。

中国人民将坚定不移地完成祖国的统一大业。这是中华儿女不可动摇的共同愿望和决心。在“一国两制”方针的指引下，香港已顺利实现回归祖国，明年澳门也将回到祖国怀抱。中国政府将继续坚持“和平统一、一国两制”的方针，最终解决台湾问题。实现中国的完全统一，只会有利于维护亚洲和世界的和平与稳定。反之，以任何方式搞“两个中国”、“一中一台”和“台湾独立”，就必然造成这一地区的紧张局势，危及亚洲和世界的和平与稳定。

中国人民将始终不渝地奉行独立自主的和平外交政策，努力构筑一个长期和平稳定的国际环境特别是良好的周边环境。中国是维护地区和世界和平的坚定力量。即使中国发展了，也绝不会欺负别人。中国永远不称霸。“亲仁善邻，国之宝也。”我们坚持在和平共处五项原则的基础上同所有邻国和世界各国发展友好合作，为维护世界和平、促进共同发展的崇高事业而不断做出新的贡献。

中国是世界上最大的发展中国家，现在仍处于社会主义初级阶段。中国基本实现现代化，实现全体人民的共同富裕，还需要进行长时期的努力。我们必须继续艰苦奋斗，急起直追世界经济科技的发展潮流。我们必须继续扩大对外开放，积极吸收人类一切进步的文明成果，来加快我们的现代化建设。中日两国应该本着平等互利的原则，继续加强贸易、投资和金融等方面的合作，拓展高新科技、环境保护等新的合作领域，不断提高合作的水平。我们还应该共同为促进区域合作，改革和完善国际金融体制，推动建立公正合理的国际新秩序，发挥积极的作用。

美好的未来要去创造。未来终究属于年轻一代。我衷心希望中日两国青年，相互学习，加深了解，增进友谊，发展合作，为实现两国人民世世代代友好的崇高目标，为促进亚洲和世界的和平、繁荣与进步而共同努力。

在结束我今天的讲话之时，我想用曾在早稻田大学学习过的李大钊先生的一句名言，作为给中日两国青年的赠言：为世界进文明，为人类造幸福，以青春之我，创建青春之人类。

谢谢各位。

《人民日报》1998.11.29 第1版

第四节　职业生涯规划写作

一、职业生涯规划的概念

职业生涯规划是指个人对自己具有的主客观条件，即专业、兴趣、爱好、能力、特长、经历及不足等各方面，进行测定、分析、总结研究与权衡，结合社会实际的人才供需情况和自己的职业倾向，为自己确定最佳的职业奋斗目标，并为实现目标做行之有效的努力。如：个人职业的近期目标、路径设计、职业定位、阶段目标、远景规划、评估与行动方案等一系列计划与行动。

职业生涯规划从时间上来看，主要包含短期规划、中期规划、长期规划、人生规划。短期规划一般以三年为限，主要确定未来三年内的目标，需要完成的任务等，如两年内需要掌握什么业务知识。中期规划一般三至五年，主要是在近期规划实现情况的基础上设计中期目标和任务，如五年内从小型公司部门经理做到大型公司部门经理。长期规划一般是五年至十年，主要是根据自己的主客观条件和社会实际情况设定合理可行的长远目标，如四十岁时评上教授等。人生规划是整个职业生涯的规划，包括从求学阶段的学业规划一直到退休之后的生活规划，需设定整个人生的发展目标。

大学生职业生涯规划是指大学生在大学期间进行系统的职业生涯规划的过程。它包括大学期间的学习规划、职业规划、生活规划等。大学生职业生涯规划的有无以及好坏将直接影响到大学生就读期间的学习、生活质量和水准，更直接影响到毕业后的求职、就业乃至未来职业生涯的成败。

二、职业生涯规划的作用

职业生涯实际上就是一个人一生的工作经历。选择什么职业作为自己的工作，对任何人而言都具有不言而喻的重要性，拥有成功的职业生涯才能有完美人生。目标决定前程，我们要想在职业生涯中获得成功，首先需要结合自身情况和社会实际确定一个符合实际的职业目标，同时把目标阶段化分解，加以细化，再设计出合理的职业生涯规划图，付诸行动，并在实践中不断调整完善，直到最后实现目标，获得人生的最大成功。因而职业生涯设计的重要意义不言自明。职业生涯设计的目的不仅是为了帮助个人踏入社会找到一份安身立命的工作那么简单，更重要的是帮助个人真正了解自己，为自己订下合适的近期目标和远景规划，甚至拟订一生的职业发展方向。具体而言，职业生涯规划对个人有以下几个方面的重要作用。

1. 帮助个人准确认识自己的特点和专长

进行职业生涯规划，首先需要做的就是对自己具备的优势进行客观的综合分析，然后参照社会情况，权衡、评估自己，通过评估，能更清楚地认识自己的优势，职业生涯规划会更有针对性、有更强的可实现性。

2.准确把握个人目标和自身条件之间的差距

职业生涯规划是对自己具有的主客观条件，结合社会实际的人才供需情况和自己的职业倾向。进行测定、分析、总结研究与权衡主客观条件既包含优势，也包含不足，通过综合测定，能更清楚地认识到自己的不足，认识到现实条件和个人理想之间的差距，有利于对自己重新进行定位，有利于进一步完善或调整自己的职业目标，最终帮助设定合理可行的职业目标。

3.扬长避短，增强职业竞争力

谋求职业发展不是“撞大运”，通过职业生涯规划，清楚了解自身的优点长处、缺点不足，清醒把握全局，扬长避短，发挥最大优势。一方面通过学习和实践不断改善提高自己；另一方面，不能短期改善甚至是难以改变的一些弱势因素，尽量避免。这样一来，即可规避弱势，发挥优势，大大增强职业竞争力。

4.以既有成绩为基础，确立人生职业方向

有了正确的职业生涯规划，实现了短期规划和中期规划，以此作为基础，我们便可以大胆地确立人生职业方向，脚踏实地地发展下去，最终实现人生职业的最大成功。

通过职业生涯规划，个人综合分析自身的主客观条件，发现自己的优点、潜力、缺点、不足，不断学习和进步，充分发挥自己才能，实现职业生涯的成功。总而言之，职业生涯规划是帮助个人尤其是初入职场的人顺利成才的有效办法，每个人尤其是大学生都应有属于自己的合适的职业生涯规划。

三、职业生涯规划的特点

1.可行性

职业生涯规划，不论是短期规划、中期规划还是长期规划，都应该符合客观实际，绝非不切实际的幻想。理想再美好，再远大，没有事实的依托，也是幻想，只会延误人生发展良机。因此，职业生涯规划从内容、时间到时序都应做出合理的安排，保证职业生涯规划的顺利实施。

2.适应性

职业生涯规划，短则三年，长则十年，这其中都会遇到许多不可控的突发因素，影响职业规划。因此职业生涯规划要有一定的弹性，能最大地适应各种情况，减少变化冲突带来的不利影响。

3.连续性

如同人的每个成长阶段都有连续性一样，职业生涯规划也应具有良好的连续性，以保证职业生涯规划的顺利实现。

大学生处于人生发展的关键时期，有自身的特殊性。一，大学生处于探索期。舒伯(Super)将人生发展阶段分为5个阶段：成长、探索、建立、维持、衰退。其中，探索期(exploration)(15～24岁)：建立个人生活方式，确立人生理想目标，学会与人交往与竞争，选择适合自己生存发展的职业，并创造实现自身价值的条件。探索期既是人生奠基期，也是适应过渡期，在这个阶段，大学生需要创造条件，确定目标，实现角色转换。二，憧憬未来。经过十几年寒窗苦读，大学生进入梦寐以求的大学深造，对未来的生活和事业充满了憧憬之情，信心十足、热情十足地梦想着未来的美好生活。三，职业迷茫。大学生学习之余，面临终将毕业参与社会职场残酷竞争的事实，有各种各样的困惑。如对专业的困惑、对实习的困惑、对参加社会活动的困惑、对出国深造的困惑、对国内考研的困惑、对考取各类证件的困惑、对考公务员的困惑、对求职就业的困惑等。

因此，大学生的职业规划除了具有一般职业生涯规划的特点外，也有自身的特殊性。

1. 目标设定不同

一般的职业生涯规划是已入职场的人为一定时间内取得一定工作成绩。但大学生的职业生涯规划，最根本的目的是毕业后的初次就业成功，能拥有与专业相符的岗位。如大一新生入校后即可为自己设定明确的阶段目标，一年级实现什么，二年级完成什么，毕业要实现什么目标等。

2. 时间规划不同

职业生涯规划一般包括短期规划、中期规划、长期规划和人生规划四种。大学生活却是相对固定的一个时间段，三至五年。如果从大一就开始职业生涯规划，对一般本科院校的学生而言，他的规划期限则为五年，对医学院学生而言则是五年；如是从二年级开始，则分别是三年和四年。

3. 采取措施不同

一般的职业生涯规划，主要是根据职业发展目标，参加相关的学习培训，提高专业才能，加强人际关系锻炼等。大学生则不同，大学生处于探索期，主要是了解和探索相关职业，在学校内完成与即将可能从事的职业相关的专业学习，提高自己的基本素质和修养，并在相关单位或公司参加相关实习，为毕业后进入职场作一定准备。

四、职业生涯规划的基本步骤

要做好职业生涯规划，必须按职业生涯设计的流程，认真做好每个环节。职业生涯设计的基本步骤主要有以下几个方面。

1. 自我评价

"知己知彼，百战百胜。"任何机构或权威人士都代替不了自己对自己的认识评价。职业生涯设计的根本前提是充分、正确认识自身主客观条件与相关环境。要进行职业生涯设计，首先要实事求是地审视自己，如专业、学识、兴趣、爱好、特长、能力、性格，以及自己的家庭、朋友等。审视这些主客观因素就是为了要弄清我喜欢干什么、在现有条件下我能干什么、我应该干什么、在社会现实面前我应该选择什么职业等问题。

2. 确立目标

确立切实可行的目标是职业生涯规划的关键。职业生涯规划的目标一般包含短期目标、中期目标、长期目标和人生目标4种。中短期目标相对具体，可操作性和可控性相对较强，对人的影响也更直接，是长远目标的组成部分。长远目标则是在中短期目标实现的基础上，综合考虑各方面的主客观因素，立足现实来确定。人生目标则是整个人生的规划目标，需要为之付出一生的坚持不懈的努力和奋斗才可能实现。

3. 环境评价

职业生涯规划不是孤立进行的，除了充分认识自我，还要充分了解相关的环境，环境因素对职业生涯发展有着不可估量的影响。因此，一个有效的职业生涯规划离不开对环境进行正确评估。这主要包含了解本专业的社会地位、社会形势、未来趋势；社会经济大环境的特点、发展变化情况；把握环境因素与本职业相关的优势与局限。

4. 职业定位

职业定位是寻求职业目标与自己的主客观条件之间的最佳匹配。良好的职业定位需以自己的最优性格、最佳才能、最大兴趣、最有利的环境等信息为依据。做职业定位时应注意以下几个问题：①注意分析权衡职业的要求与自身条件的匹配情况，选择更符合自己专长或自己更感兴趣、经过努力能很快胜任、有发展前途的职业；②扬长避短，抓主要矛盾，看主要方面，不要过分追求完美，不去追求十全十美的职业；③依据客观现实，综合考虑个人与社会、单位的关系；④审时度势，根据个人情况变化或者社会情况变化，及时调整择业目标。

5. 实施措施

实施措施即制订切实可行的实现职业生涯目标的行动方案，并一步一个脚印踏踏实实地实践它。没有具体行动，再美好远大的职业目标也只能是纸上谈兵。我们不但要制订周详的行动方案,更要注意把职业生涯目标的行动方案落到实处,真正保证职业生涯目标的实现。

6.评估与反馈

整个职业生涯规划成效如何,要在实践中检验。要在实践中不断地评价、诊断职业生涯规划,审时度势,灵活处理,及时发现各个环节中的问题,总结出经验和教训,迅速找出解决问题的办法,对职业生涯规划进行相应的调整与完善,最终保证职业生涯规划目标的达成,实现最成功的人生。

以上6个步骤中,自我评价是最为根本的。简单而言,要做好职业生涯规划,就是要问自己这样几个问题:我是谁?我想做什么?我会做什么?客观条件允许我做什么?我的职业生涯目标是什么?想清楚这几个问题,再加上实际努力,则会收获成功的职业生涯。

【例文】

大学生职业生涯规划

9月,是新生步入大学校园的季节,同时也是毕业生走出校园、重新定位的一个转折点。作为一名大一新生的我,怀着激动、喜悦的心情,充满着希望,也带着几分迷茫走进了大学校园。在我进入大学校园时,迎面而来的是美丽新奇的校园建设、亲切相似的同学面容、陌生向往的生活环境。有高兴,也有失落,但我都走进了大学校园,一切的一切将从这里开始四年新的学习和生活。

进入大学,我曾思考过一个问题:“我将如何度过自己的大学生活?”

同时,更多的问题还将接踵而来,“课余时间自己怎么安排?”“我的专业学习该怎么计划?”一下子从高中时代如上弦箭般的紧张沦落到无拘束的生活,人就很容易变得慵懒。习惯了高中时代的生活,上课、作业、考试及活动,都由老师或班主任统一安排。而到了大学,我们就像松了缰绳的野马,尽情玩乐,反而把最重要的学习丢一边了。所以,对于刚进大学的我们来说,要先把目标定下来,想想四年后的路我要决定怎样走。大学是一个全新的环境。步入这个环境的大学生,其实已经是半个社会人。作为一名新生,应该树立一个全新的意识:独立自主,自己来规划即将开始的大学生活。

规划学习　明确四年后要做的事,制订计划

刚到大学的时候,老师就说要在进校时就好好把握自己,尽快溶入角色。记得一定要把入门的基础学好,为以后打好基础。相比高中,大学中的学习,更多的是自学,明确知道自己想做什么,然后制订相关目标。作为我们美术学专业的学生,在学好专业的同时,还要学好普通话,学习计算机知识,以及如何教育的知识，然后获得一些相关的证书，为将来的就业做好充分准备。

调整心理　你不再是尖子生，一切从零开始

首先要正确看待自己。在这里，我们的基础都差不多，不管你在高中是多么出色还是落后……在这里我们都是普通人，一切从零开始。

刚到大学，我们要先熟悉环境，适应大学生活。有的新生由于心理准备不足，高中时期的心理问题没有得到及时调整，而导致不能适应新环境，人际交往能力差，过分自卑和不够自信。经过这个学期的学习，我明白大学和高中一样都是顶着很大的压力的。学习上的相互竞争，繁重的学习任务，紧张的考试压力以及期望与现实之间的差距等。然而由于胆量小，人际关系不是很好，有些时候失去了自我展示的机会。这些会让我心情烦躁，无心学习。我想到了大学我一定要克服这种种的问题，要做好对抗挫折的准备。有位老师对我们说树立正确的价值观很重要，能有效提高抗挫折的能力。如果能自觉地树立科学的价值观，就能正确认识挫折，分析挫折，就能克服挫折。同时也能更有效地控制自己的情感，提高分析问题和解决问题的能力。我们就会明确学习、工作和生活的方向，无论遇到什么困难和挫折，都会心胸开阔，朝气蓬勃。

处理关系　增强自我吸引力，让大家肯定你

大学是个团体生活的地方，一个寝室四个人，大家的生活方式成长环境都不一样。所以彼此间要学会宽容和融合，不断磨合。没有必要因为自己是来自大城市的富家子弟，就自觉高人一等，态度傲慢无礼，这样的话必然会被别人排斥孤立起来。相反，更没有必要因为自己是来自贫穷山区，吃的穿的没别人好，而产生强烈的自卑感，认为自己比别人矮了半截，我想没有一个人愿意跟一个看不起自己的人交往。我想大家在同一个团体里面，就是互相平等的，要互相关心和谅解。但在团体生活中特别是寝室生活中，新生一定要把握好人际交往的几个原则：

（一）要以诚待人，不要过于世故。

（二）要言而有信，不要轻易做出许诺。

（三）保持适度距离，不要过于亲近。

（四）要自尊自爱，不要热衷于接受他人的馈赠。

（五）要平等待人，不要盛气凌人。

（六）要虚心听取不同意见，不要好为人师。

（七）要善始善终，不要见异思迁。

（八）要不谄不骄，不要见风使舵。

(九)要宽以待人,不要苛求于人。

我将要以上述条件要求自己对待身边的人际关系。

锻炼胆识　积极参与社团活动,拓展能力

在大一时,遇到学生会和感兴趣的社团招新人,我们都应该去试试,即使没有选上,也会让自己在竞选时锻炼胆子;若成功担任了职务,更能体会到这些工作真能锻炼人。因为在工作中我们会学会如何待人接物,学会如何应对突发事件,通过这些实践会比别人早进入社会一步。

业有科别,术有专攻,我们都有自己的专业。在学好本专业的同时,还应再学些什么?自己在哪些方面的知识还应补充、提高?我们都要早作好打算。大一时除了尽快适应大学生活,还要注重培养自己的独立意识和能力,最好是积极参加各种课外活动,拓宽视野,发掘兴趣爱好,多方面锻炼自己。我们入学时就会碰到学生会和各个社团招新人,要积极尝试,让自己走出与他人相处的第一步。而做这些工作的话容易与他人联系,可以提高自身的基本素质。而且在做相关工作中,能发现自己其他方面的能力。现在还是大一新生,到了大二我会开始尝试兼职、社会实践活动,并开始有选择地辅修其他专业的知识充实自己。兼职可以使自己的职业素质得到提升,而一些与自己专业对口的兼职或者实习,能提高自己的职业技能,在将来的就业中赢得有利的砝码。

1. 一年级目标:初步了解职业,提高人际沟通能力。主要内容有:

和师哥师姐们进行交流,询问就业情况;参加学校活动,增加交流技巧;学习计算机知识,辅助自己的学习。

2. 二年级目标:提高基本素质。主要内容有:

通过参加学生会或社团等组织,锻炼自己的各种能力,同时检验自己的知识技能;主要尝试兼职、社会实践活动,并具有坚持性;提高自己的责任感、主动性和受挫能力;英语口语能力增强,计算机应用能力增强。

3. 三年级目标:提高求职技能,搜集公司信息。主要内容有:

撰写专业学术文章,提出自己的见解;参加和专业有关的暑期工作,和同学交流求职工作心得体会;学习写简历、求职信;了解搜集工作信息的渠道,并积极尝试。

4. 四年级目标:工作申请,成功就业。主要内容有:

对前三年的准备做一个总结。然后,开始毕业后工作的申请,积极参加招聘活动,在实践中检验自己的积累和准备。预习或模拟面试,参加面试等。积极利用学校提供的条件,了解就业指导中心提供的用人公司资料信息、强化求职技巧、进行模拟面试等训练，尽可能地在做出较为充分准备的情况下进行施展演练。

【思考题】

1. 述职报告的特点和写作要求是什么？
2. 演讲稿的写作需要注意什么？
3. 结合自己的实际情况，写一封求职自荐信。
4. 结合自己的实际情况，写一份职业生涯规划。

图书在版编目(CIP)数据

医学应用文写作/李一鸣，王爱香主编．—济南：山东人民出版社，2010.5（2017.7 重印）
ISBN 978-7-209-05301-3

Ⅰ.①医… Ⅱ.①李…②王… Ⅲ.①医学—应用文—写作—高等院校—教材 Ⅳ.①H152.3

中国版本图书馆 CIP 数据核字(2010)第 063644 号

责任编辑:袁丽娟　王　晶
封面设计:武　斌

医学应用文写作
李一鸣　王爱香　主编

山东出版传媒股份有限公司
山东人民出版社出版发行
社　址:济南市经九路胜利大街 39 号　邮　编:250001
网　址:http://www.sd-book.com.cn
发行部:(0531)82098027　82098028
新华书店经销
山东华立印务有限公司印装
规　格　16 开(169mm×239mm)
印　张　19.75
字　数　330 千字　插　页 2
版　次　2010 年 5 月第 1 版
印　次　2017 年 7 月第 2 次
ISBN 978-7-209-05301-3
定　价　38.00 元

如有质量问题,请与印刷厂调换。　电话:(0634)6216033